맛있는 책수업 천천히 깊게 읽기

맛있는 책수업 천천히 깊게 읽기

교과서 대신에
책 한 권을
학생들과 천천히,
그리고 깊게 나누기

유새영 지음

지식프레임

‘천천히 깊게 읽기’를 함께한 나주중앙초 선생님과 학생들의 이야기

● 학생일 때부터 교사가 된 지금까지 가장 취약하고 선호하지 않는 과목이 국어였다. 수업 준비는 늘 열심히 했지만, 내 표정이나 목소리에서 전달되는 느낌 때문인지 아이들도 국어 수업에 큰 흥미를 보이지 않았다. 그러다 수업나눔 동아리를 하면서 선생님들의 소개로 ‘천천히 깊게 읽기’를 알게 되었다. 처음에는 책을 읽고 그 안에서 주인공의 경험을 공유하는 다양한 활동들이 어색하기도 하고 따라가기에 급급했다. 하지만 동학년 선생님들과 다양한 아이디어를 주고받으며 수업의 흐름이 매끄럽게 다듬어지니 아이들도 점점 책 읽는 즐거움을 느끼는 듯했다. 2학기가 되자 어느새 나도 아이들도 책 읽기 수업시간만을 기다리는 상황이 되었다. 아이들은 내가 책 읽어주는 시간을 손꼽아 기다렸다. 수업이 끝날 때면 아쉬워하는 모습이 너무 예뻐서 수업하는 재미가 가득했다. ‘천천히 깊게 읽기’를 함께하며 나와 아이들에게 오랫동안 마음에 남을 1년의 시간을 보냈다.

_ 김보람 선생님

● 중학교 2학년 때 국어 시간은 아직도 내 마음에 남아 있는 수업이다. 국어 선생님은 항상 다양한 자료와 책을 선정하여 보여주셨

고, 수업 시간에 다양한 활동을 할 수 있도록 안내해 주셨다. 그때부터 국어 수업을 좋아했다. 책을 읽을 때면 더 깊이 이해하려고 노력했고 작가의 의도까지 생각하며 읽기 시작했다.

교사가 된 후에도 항상 중학교 시절의 국어 수업이 그리웠고 나름대로 시도를 해보았지만 마음처럼 잘 되지는 않았다. 좀 더 아이들의 흥미를 이끌고 창의성을 유발해 주는 수업이 있다면 좋지 않을까? 그런 고민을 하던 중에 수업나눔 동아리를 통해 '천천히 깊게 읽기'를 알게 되었다. 그리고 《방과 후 초능력 클럽》이라는 책으로 아이들과 함께 책 읽기 수업을 시작했다. 처음에는 어렵고 어색했지만 수업나눔 동아리 선생님들의 협조와 도움으로 조금씩 익숙해져갔고 아이들도 재미를 느끼기 시작했다. 혼자 도전했으면 막막하고 어려웠겠지만 동료 선생님들과 함께하니 서로 도움을 주고받을 수 있는 소중한 시간이었다. 이젠 나도 다른 동료 선생님들에게 '천천히 깊게 읽기'를 추천할 수 있게 되었다. 내가 중학교 시절 경험했던 소중한 국어 수업을 우리 아이들에게도 남겨줄 수 있어 정말 뿌듯하다.

_ 김세영 선생님

● 2015개정교육과정이 적용되면서 가장 걱정했던 수업은 국어 독서 단원 수업이었다. 평소 독서가 학생들에게 중요하다고는 생각하고 있었지만 수업 시간에 같이 책을 읽고 생각을 나누는 활동이

나에게는 다소 생소했다. 독서 단원 수업을 어떻게 진행할까 고민하던 중에 유새영 선생님의 도움을 받았다. 유새영 선생님께서 학생들과 함께 진행해 온 '천천히 깊게 읽기' 수업 방법(연구 노트 작성, 샛길 새기 활동)을 듣고 결과물(학생들과 함께 만든 책, 사진 등)을 보니 독서 단원 수업을 할 자신이 생겼다. 동료 선생님들과 독서 단원을 '천천히 깊게 읽기' 방법으로 진행하기로 협의하고 우리 학교 4학년 학생들의 환경과 수준에 맞는 책을 골랐다. 시수 확보를 위해 교육과정을 분석하고 주제를 통합하여 수업을 진행했다. 같은 책을 함께 읽는 경험을 통해 학생들이 즐거워하는 모습을 보면서 교육과정에 독서 단원이 도입된 까닭을 조금이나마 알 것 같았다. 학생들은 짧은 이야기, 이야기의 한 부분이 아닌 온전한 책을 읽고 등장인물, 사건, 낱말의 뜻을 알아보며 국어 성취기준에 자연스럽게 도달했다. 또한 샛길 새기 활동을 통해 등장인물과 비슷한 경험을 하며 학생들은 어느새 책 속의 주인공이 되어가고 있었다. 독서 활동을 하는 학생들을 보며 '나도 어렸을 때 이런 독서 방법을 경험해 봤다면 어땠을까? 아이들은 정말 좋겠다!' 하는 부러운 마음마저 들었다.

_ 신혜지 선생님

● 신규 발령, 첫해, 첫 4학년, 2015개정교육과정. 내게는 어느 것 하나 익숙하고 편해 보이는 명제가 없었다. 게다가 국어 교육과

정에 들어 있는 '한 학기 한 권 읽기'는 특히나 낯설고 부담스러웠다. '천천히 깊게 읽기'의 전문가 유새영 선생님의 설명과 동학년 선생님들의 이야기를 들어보니 책을 함께 읽고 즐거움을 나누는 일 같았다.

그렇게 해서 시작된 첫 책 수업. 경험을 나눠줄 수 있는 열정적인 동료이자 멘토 선생님들이 계셔서 내게는 한결 수월한 시작이었다. 도입 차시에서 제목과 표지를 보며 이야기를 나누고, 샛길로 새는 활동을 하며 기대감을 높였다. 본격적으로 책을 읽고 나서는 그날의 내용과 소감을 나눌 수 있는 연구 노트를 정리하면서 낱말의 뜻도 찾아보고, 내용을 요약하고, 한 문장으로 만들어보는 자연스러운 과정으로 이어졌다.

모두가 함께 읽었지만, 좋아하는 부분이 달랐고, 감동을 받은 부분도 달랐다. 이 다름을 알게 되는 일 역시 즐거웠다. 정답은 강요되지 않았고, 애초에도 존재하지 않았다. 책 속의 인물들을 온전히 이해할 수 있었고, 어떤 교훈도 누군가의 설명으로 주입되지 않았다. 아이들이 스스로 느낄 수 있었다. 정해진 성취기준의 도달을 위해 평가를 할 필요도 없이 아이들은 이미 그 기준에 도달해 있었다.

발령 첫해, 실전에서 처음 만난 한 학기 한 권 읽기. 조금 두려웠지만 너무 즐거운 경험을 나눈 탓에 어쩐지 다음 교육과정에 들어 있지 않으면 허전할 것 같다.

_ 양동욱 선생님

● 처음에는 '맛있는 책 수업'이 별로 재밌지 않은 줄 알았다. 그런데 막상 해보니 점점 재미있고 샛길 새기도 흥미로웠다. 가장 기억에 남는 수업은 처음에 '세 박자 찾기' 수업을 할 때였다. 맛있는 책 수업은 즐거움이다. 친구들과 읽고 몸으로 행동하며 즐겁게 하기 때문이다.

_ 이민지 학생

● 맛있는 책 수업은 정말 재미있었고 그다음 이야기가 정말 궁금했다. 2학기에도 어떤 책을 함께 읽을지 정말 정말 궁금하다. 또 읽고 싶다. 샛길 새기도 정말 재밌었다. 맛있는 책 수업은 라면이다. 그만큼 재미있다.

_ 황진아 학생

● 책 수업을 하면서 책이 좀 더 좋아지고 더 쉽게 읽을 수 있었다. 그리고 주인공의 생각이 잘 느껴졌다. 나는 2학년과 4학년 때 두 번 이 수업을 만났다. 그때마다 그냥 책을 읽는 것보다 훨씬 재미있었고 다음 책 수업이 기대되었다. 6학년이 되어서도 책 수업을 하면 좋을 것 같다. 유새영 선생님 반뿐만 아니라 모든 반이 책 수업을 했으면 좋겠다. 그리고 내가 몰랐던 다양한 책을 읽을 수 있다는 것도 좋

았다. 나는 책 수업으로 책에 조금의 흥미가 생겼다. 책 수업은 정말 재미있다.

_ 한요안나 학생

● 책 수업을 하면서 책을 읽으니 3년 전에 읽었던 2학년 책도 생각이 난다. 그리고 머릿속에 더욱더 생각이 깊게 남는 것 같다. 인물들에 대해서 알아보고 그 입장이 되어보는 활동을 하니 그냥 읽는 것보다 훨씬 재미있었다. 또 여러 작가님들도 만나고 수업과 관련 있는 책들을 읽을 수 있어서 좋았다. 책 수업을 하는 경험을 쌓게 되어 재밌었고 이 수업을 다른 학생들도 경험하면 좋겠다.

_ 최은우 학생

프롤로그

Prologue

모든 사람들이

어린이책을 어린이와 함께 읽는

동료 독자가 되기를 바라며

3년 전, 아일랜드로 여행을 다녀왔다. 수도 더블린에 위치한 트리니티 칼리지(Trinity College)에는 세계에서 가장 아름다운 도서관 중 하나로 불리는 '롱룸도서관(Long Room Library)'이 있다. 하지만 기대가 크면 실망도 크기 마련인 것일까? 비싼 입장료를 내고 들어간 도서관 내부에는 책 읽는 사람이 없었다. 도서관의 이름처럼 긴 복도의 양옆으로 상징성 있는 고서들이 종이 냄새를 풍기며 가득 채워져 있었지만 정작 방문자들은 서가에 가까이 다가갈 수가 없었다. 서가로 들어가는 입구에 줄이 쳐져 있어 멀리서 그저 책이 꽂혀 있는 모습을 관람할 수밖에 없었던 것이다. 그 모습을 보니 이곳은 도서관이 아니라 책 창고나 책 박물관이라고 해야 할 것 같았다.

도서관을 나오며 우리 학교의 도서관이나 학급 책장이 학생들에게 어떤 의미일지 생각해 보았다. 어쩌면 그 역시 학생들에게 단순한 책 창고에 불과할 수도 있다는 생각이 문득 들었다.

책을 읽고 있다면 그곳은 어느 곳이나 도서관이 된다. 그리고 이제 나는 우리 반 학생들이 모두 도서관이 되어 누리는 삶의 이야기를 전하고자 한다.

교과서 대신에 책 한 권을 학생들과 천천히, 그리고 깊게 나누기 시작한 것은 처음으로 6학년 담임 교사가 되었을 때였다. 초등학교 교사에게 6학년은 두려움과 기대감이 함께 존재하는 학년이다. 학교에서 가장 높은 학년이기 때문에 생활지도와 경험해 보지 않은 업무가 부담스럽게 다가오기도 하지만 한편으로는 수준 높은 수업으로 초등학교 과정을 잘 마무리 해서 학생들에게 가장 기억에 남는 교사가 되어야겠다는 기대감도 함께 다가오기 때문이다.

그 당시 나는 기대감으로 가득한 교사였다. 욕심껏 해보고 싶은 수업은 다 하고 싶었다. 그런데 기대와 열정은 어느새 고민이 되어 있었다. 실제 교실 수업에서는 국어 교과서 한 차시를 학생들과 나누는 것조차 힘이 들었다. 그래서 책 한 권만이라도 제대로 함께 읽어보자는 생각으로 책 수업을 시작했다. 그렇게 학생들과 보낸 1년은 행복한 책 여행의 기억으로 마음에 남았다. 배움을 책과 연결하니 학생들과 함께 한 모든 순간이 책을 읽는 순간이 될 수 있었다.

"선생님! 오늘 책 수업 있어요?"

학생들과 책을 만나며 가장 행복을 느낀 사람은 나였다. 어린이 문학을 어린이들과 함께 읽는다는 것은 어린이의 언어를 익히는 일이며 어린이와 함께 세계를 공유하는 일을 의미한다. 그래서 어린이책을 읽으면 어린이들의 삶에 가깝게 다가갈 수 있다. 어린이책을 읽으며 비로소 나는 수업을 하는 교사로서의 기쁨을 알 수 있었다. 시간표에 '맛있는 책 수업'이 들어 있으면 학생들은 동그라미로 그 시간을 표시하고 아침부터 온몸으로 기대감을 표현한다. 학생이 기다리는 수업을 할 수 있다는 사실만큼 교사를 기쁘게 하는 일이 있을까?

이 책에는 한 명의 교사가 교과서 대신 문학 작품을 가지고 학생들과 삶을 나눈 여러 빛깔의 이야기가 담겨 있다. 한 학급의 학생이 8명이었던 작은 학교부터 한 학급의 학생이 28명이었던 학교의 이야기까지, 그리고 고학년, 저학년, 중학년 학생들과 함께 나눈 책 수업 이야기를 담았다.

이 책을 쓰기까지 5년의 시간이 필요했다. 더 일찍 나올 수도 있었겠지만 책으로 나오기까지 무르익을 시간이 필요했다. 책 읽는 것을 오래된 포도주를 마시는 것에 빗대어 이야기하는 것처럼 이 책도 그렇게 즐기며 읽어주면 좋겠다. 한 명의 교사가 다양한 학생들을 만나며 했던 고민과 실천의 과정들을 자세히 들여다 볼 수 있을 것이다.

책 수업을 시작할 수 있었던 것은 한 통의 문자 메시지 덕분이었다. 그 메시지를 보냈던 사람이 멋진 선배 교사의 모습을 보여주는 양승복 선생님이다. 이 자리를 빌어 함께 연구할 수 있음에 고마운 마음을 전한다. 또 교사로서의 삶을 고민할 때 힘이 되어 준 전국초등국어교과 모임 광주전남 '우리말 가르침이' 선생님들, 항상 열정과 새로운 에너지를 주는 'Book극곰' 멤버들에게도 감사의 마음을 전한다.

무엇보다 글을 읽고 쓰는 것의 중요성을 일찍이 알려주셨던 부모님과 글 쓰는 일을 함께 고민해 주고 응원해 준 H님, 그리고 지식프레임 윤을식 대표님이 없었다면 이 책이 세상에 나오지 못했을 것이다.

학생들과 함께 책을 읽는 시간이 있는 날이면 교사인 나도 학교 가는 길이 즐겁다. 내가 쏟는 에너지도 달라진다. 학생들과 이야기를 두고 삶을 나눌 수 있는 기회이기 때문이다.

교사와 학생이 모두 기다리는 수업을 책을 함께 읽으며 할 수 있었다. 그리고 교사로서의 삶이 즐거움과 기쁨으로 다가왔다. 서로의 동료 독자가 되어준 도포초등학교와 나주중앙초등학교 친구들에게 누구보다 고마운 마음을 전한다. 기다려지는 수업을 할 수 있어서 행복하다.

2020년 2월

유새영

Contents

넷. 천천히 깊게 읽는 열 가지 방법

다섯. 샛길 새기, 책을 온전히 누리는 즐거움

"선생님, 오늘 책 수업 있어요?"
선생님과 학생 모두가 손꼽아 기다렸던 수업!

교과서 대신에 책 한 권을
학생들과 천천히, 그리고 깊게 나누기

하나

책 읽는 기쁨, 달라진 국어 시간

01

책을 통해 전해 주고 싶은 것

"선생님, 오늘 비가 올까요?"

초여름 어느 날, 6학년 학생들은 며칠째 창밖만 바라보고 있었다. 보통의 학생들이라면 비가 와서 마음껏 뛰어놀 수 없다는 것을 걱정할 테지만 이 교실은 달랐다. 얼마 전, 김남중 작가의 《불량한 자전거 여행》에서 주인공 호진이가 비를 맞으며 자전거 타는 장면을 함께 읽었기 때문이다.

비를 기다리던 학생들의 기대에 대답이라도 하듯 때마침 비가 내리기 시작했다. 머리에 수건으로 양머리를 한 학생들과 선생님은 밖으로 나가 우비를 입고 비를 맞으며 맨발로 운동장을 걸었다.

타닥- 타닥-

입고 있던 우비에 빗방울 부딪치는 소리가 들렸다. 체육 시간이었

우비를 입고 운동장을 걷는 학생들(2015년, 도포초등학교 6학년)

지만 학생들은 이 시간을 통해 누구보다 천천히, 그리고 깊게 책을 읽고 있었다.

어린이들 손에 책을 건네주어야 하는 까닭

부모와 교사를 포함한 양육자들은 어린이들에게 "책 읽어라!"라는 말을 자주 한다. 그런데 책을 왜 읽어야 하는지에 대해 어린이들이 반대로 물어보면 '훌륭한 사람이 되기 위해서'라던가 '지혜를 얻기 위해서'와 같은 추상적인 대답을 하는 경우가 많다. 곰곰 생각해 보면 우리는 어린이들에게 책을 읽으라고 권하기만 했지, 왜 책을 읽어야 하며 또 어떻게 읽어야 하는지에 대해서는 제대로 안내해 주지 못했다.

그렇다면 어린이들의 손에 책을 건네주어야 하는 까닭은 무엇일까? 이미 많은 정보들이 온라인에 존재하며 영상과 직접 경험을 통해서도 얼마든지 지식을 얻을 수 있는데, 왜 굳이 책이어야 할까?

첫 번째로, 문해 환경이 어린이들의 성장에 미치는 영향력을 생각해 볼 수 있다.

문해 환경을 대하는 태도가 긍정적인 어린이는 그렇지 않은 어린이에 비해 언어 발달의 속도와 크기가 다르다. 《학교 속의 문맹자들》에서 엄훈 교수는 이러한 현상을 사회학자 로버트 머튼(Robert K. Merton)이 말한 '매튜 이펙트(Matthew effect)'라는 용어를 들어 설명했다. 매튜 이펙트란 "무릇 있는 자는 받아 풍족하게 되고 없는 자는 그 있는 것까지 빼앗기리라."라는 마태복음의 구절에서 유래한 말로 주로 부익부 빈익빈 현상을 설명할 때 사용된다.

그럼 매튜 이펙트를 읽기 현상에 적용해 보자. 부모와 교사 등 양육자들이 건강한 문해 환경을 만들어 문자언어나 음성언어에 관심을 갖게 된 어린이들은 언어 발달의 성취가 지속적으로 이루어지고 이러한 언어 발달의 성취는 학습 영역에서의 성취로 연결된다. 반면에 적절한 문해 환경을 만날 기회를 갖지 못했던 어린이들은 점점 학습에 어려움을 겪게 되고 이 둘의 차이는 점점 더 커진다.

나는 이 현상을 첫 발령을 받았던 해에 학교 현장에서 직접 목격할 수 있었다. 당시만 해도 교육청에서 학교 평가를 정량적으로 실시하고 등급을 주었는데 그 지표 중 하나가 학생들의 도서 대출률이었다. 학생들의 도서 대출이 학교 평가로 연결되었기 때문에 이 학교의 학생들은 매달 정해진 날짜가 되면 담임 선생님을 따라 도서관에 가서 관심 있는 책을 두 권씩 대출해야 했다.

과연 학생들은 이렇게 빌린 책들을 즐기며 끝까지 읽었을까? 그랬다면 좋았겠지만 대부분의 학생들은 빌렸던 책을 교실에 두었다가 한 달 뒤에 다시 도서관에 돌려주었다. 한 달에 한 번을 제외하면 학교 도서관은 책을 보관하는 책 창고, 그 이상의 역할을 하지 못했다. 초임 교사라는 변명으로 넘어가려 했지만 당시 도서관 담당자였던 나는 아직도 마음속에 부채를 안고 있다.

4년의 시간이 지나고 학교를 옮겼다. 그리고 놀라운 모습을 발견하게 되었다. 이 학교 도서관 앞에는 아침부터 책을 빌리기 위해 줄을 서는 학생들이 있었던 것이다. 일부 학생들은 쉬는 시간에도 책을 읽고 있었다. 이전에 근무했던 학교에 비해 학생들이 문해 환경을 대하는 태도는 너무나 달랐다.

태어나면서 초등학생이 될 때까지 매일 저녁마다 그림책을 양육자와 함께 읽은 어린이와 문자언어라고는 도무지 찾아볼 수 없는 환경에서 성장한 어린이의 언어발달 성취는 분명 다르다. 그리고 그에 따라 다른 학습 영역에서의 성취도 점점 더 벌어진다. 우리가 어린이들의 경제적 환경을 쉽게 개선해 줄 수는 없지만 주변에 문자언어와 음성언어를 쉽게 접할 수 있는 환경을 조성해 주고, 이를 가까이 할 수 있는 마음 정도는 안내해 줄 수 있다. 책을 어린이들에게 건네는 것만으로도 우리는 그들의 성장에 도움을 줄 수 있는 것이다.

책을 어린이들에게 건네주어야 하는 두 번째 까닭은 글 읽기를 통해 세상을 보는 시야를 넓힐 수 있다는 것이다.

브라질의 교육학자인 파울로 프레이리(Paulo Freire)는 언어의 생성적 힘과 비판적 의식의 역할을 강조했다. 프레이리는 어린이들이 감각적으로 세상을 경험하는 방식을 '세계 읽기'라고 표현했는데, 이러한 세계 읽기는 글 읽기에 항상 선행한다고 이야기했다. 어린이들은 자신이 가지고 있는 감각 경험을 가지고 글을 읽게 되며, 또 글 읽기를 통해서 감각으로 경험했던 세계를 새롭게 이해한다. 이러한 글 읽기와 세계 읽기의 역동적인 과정을 경험하며 어린이들은 다시 새로운 눈으로 세계를 읽을 수 있게 되는 것이다.

어린이들은 글 읽기를 통해 비판적으로 세상을 바라보는 눈을 가질 수 있다. 이러한 사실은 어린이들의 실질적인 삶에 있어서도 의미하는 바가 상당히 크다. 언어는 정치적 속성을 가지고 있어서 우리 삶에 많은 영향을 미치기 때문이다.

이는 우리가 살면서 언어라는 것이 어렵다고 느껴졌던 때가 언제인지 생각해 보면 쉽게 이해할 수 있다. 일테면 지인이 찾아와 보험을 권

유할 때 건네주는 계약서와 증권에 담긴 작은 크기의 언어들은 큰 무게감으로 '을'을 두렵게 만든다. 부동산을 계약할 때도, 법원에서 판결을 받을 때도, 병원에서 진찰을 받을 때도 우리는 힘을 가진 사람들의 언어 앞에서 주눅이 든다. 글을 제대로 이해하지 못해 권리를 제대로 찾지 못하는 경우가 많은 것이다.

글을 제대로 읽는다는 것은 문자언어 너머에 있는 목소리까지 파악하는 것을 의미하는데, 글에 담긴 목소리가 누구에게서 온 것이며 무엇을 원하고 있는지 알게 되면 우리가 경험하고 바라보는 세계의 모습이 크게 달라진다. 글 읽기는 곧 세계를 읽는 과정이며 그 세계에서 자신의 권리를 찾아가는 과정이기도 한 것이다. 이렇게 우리는 글 읽기를 통해 어린이들에게 세계를 넓고 깊게 바라볼 수 있는 눈을 길러 줄 수 있다.

책을 어린이들에게 건네주어야 하는 세 번째 까닭은 책을 함께 읽으며 자신과 다른 사람을 바라보는 이해의 폭을 넓힐 수 있다는 것이다.

책, 특히 문학 작품에는 다양한 삶을 가진 인물들이 등장한다. 자기를 중심으로 세상을 바라보던 어린이들은 책을 읽으며 인물들의 상황과 마음을 들여다보고 그들의 시선에서 이야기를 들여다볼 기회를 얻는다. 이렇게 작품 속 인물들을 이해하고 공감하는 경험이 쌓이면 현실 세계에 있는 사람들도 보다 폭넓게 이해할 수 있다. 때로는 책 속의 여러 인물들 모습에서 자기 자신의 모습을 발견할 수도 있다. 이를 통해 자신을 객관화해서 바라볼 수 있고, 자기 자신을 더 깊게 이해할 수 있게 되는 것이다.

이현주는 《읽는 삶, 만드는 삶》에서 다음과 같은 말을 남겼다.

"책을 읽는다고 유능하거나 훌륭한 사람이 되지는 못한다. 모두 자기만큼의 사람이 될 뿐이다."

자기 자신이 누구인지 제대로 알고 자기만큼의 사람이 된다는 것은 얼마나 행복한 일일까? 우리는 책을 통해 이러한 삶으로 어린이들을 안내할 수 있다.

책을 어린이들에게 건네주어야 하는 네 번째 까닭은 책을 읽으면 이야기를 통해 다른 사람과 소통할 수 있다는 것이다.

독자인 여러분과 내가 개인적으로 만나게 된다면 어떤 이야기들을 나누게 될까? 아마 어색한 분위기 속에서 사는 지역이나 직업들을 묻게 될 것이다. 그러나 같은 책을 읽었다면 상황이 달라진다. 우리 두 사람은 같은 정보를 공유하고 있기 때문이다. 우리는 책을 읽으며 마음에 들었던 부분을 서로 나누고 작가의 다른 작품을 추천할 수도 있을 것이다. 만약 둘 중 누군가가 작품의 배경이 되었던 곳에 다녀온 경험이 있다면 이야기는 끝을 모르고 진행될 것이다. 이렇게 이야기는 우리를 연결해 주는 힘이 있다.

어린이들도 마찬가지다. 나는 책을 읽으며 학생들과 더 가까운 관계를 만들 수 있었다. 어린이 문학에 관심을 갖기 전에는 학생들과 소통을 하기 위해 최신 가요들을 찾아서 듣고 인기 있는 방송 프로그램들을 챙겨서 봐야 했다. 학생들과의 공감대를 만들어야 했기 때문이다. 그러나 학생들과 함께 책을 읽고 난 후로는 그럴 필요가 없어졌다. 이야기라는 공통의 관심사가 생겼기 때문이다. 쉬는 시간에도 학생들은 함께 읽은 책에 등장하는 인물들과 사건, 그리고 작품의 배경이 되는 장소에 대한 이야기를 즐겨 했다. 몇몇 학생들은 작품 속 인물들의 모습을 그림으로 그려 자주 나에게 보여주기도 했다. 이야기가 소통의 연결 다리가 된 것이다.

어린이들에게 책을 건네주고 함께 읽으면 어린이들과 이야기를 가지고 소통할 수 있다. 그리고 이 어린이들은 시간이 지나면 우리와 함께 살아갈 시민이 된다. 나는 무례한 질문들이 가득한 사회를 벗어나 시민들이 이야기를 나누고 소통하는 사회를 상상해 본다. 우리는 책을 통해 이런 사회를 어린이들과 미래의 우리들에게 선물해 줄 수 있다.

책을 어린이들에게 건네주어야 하는 마지막 까닭은 책을 읽으면 자기 언어를 가지게 되고 이를 통해 자신의 생각을 다양한 방식으로 표현할 수 있다는 것이다.

자기 언어를 갖게 된다는 것은 자신의 생각을 표현할 말과 글을 가진다는 의미다. 또 반대로 말과 글은 훌륭한 생각의 도구가 된다. 말과 글로 표현할 수 없는 생각은 공식적으로 존재하지 않는다. 자기 언어를 갖지 못한 사람들은 힘 있는 사람들의 언어에 휘둘리며 살아가야 한다. 자기 언어를 가진 사람만이 다른 사람들의 목소리에 휘둘리지 않고 자기 자신만의 삶을 주체적으로 꾸려갈 수 있다. 그래서 어린이들에게 책을 건네주는 일은 자기 말과 글을 가지고 삶을 살아갈 수 있도록 힘을 전해 주는 일이다.

책을 통해 진짜 전해 주고 싶은 것

그렇다면 성인 독자인 우리는 책을 왜 읽을까?

나는 내가 바라보는 세상의 풍경이 기적적으로 변하기를 기대하며 책을 읽는다. 책을 읽고 나면 평소에 그냥 지나치던 풍경이 새롭게 다가온다. 길을 걷다 작은 돌멩이 하나에 눈길이 가기도 하고, 작은 동물들의 모습이 눈에 들어오기도 한다. 가끔은 눈에 보이지 않는 것들을 상상해 보기도 한다. 대학 학부 시절에 도서관에서 무라카미 하루키의 《해변의 카프카》를 읽고 집으로 돌아가던 길이었다. 지하철 계단을 올라가는데 하늘에서 비가 내리고 있었다. 그 비가 순간 나에겐 작품 속의 풍경처럼 정어리로 보였다.

책을 읽으면 내가 바라보는 세상의 풍경만큼이나 내가 나를 바라보는 관점도 달라진다. 주인공의 고민이 나의 고민과 맞닿아 있으면 더 열심히 읽게 되고, 작품 속 인물을 통해 내 자신을 보다 자세히 들여다볼 수 있는 기회를 갖게 된다. 이처럼 나는 새로운 발견의 즐거움과 내 삶을 이해할 기회를 얻기 위해 책을 읽는다.

두 가지 이유를 들었지만 사실 나는 무엇보다 글 읽는 재미를 위해 책을 읽는다. 여기서 글 읽는 재미란 글 읽기라는 행위 자체에서 오는 즐거움과 글을 읽으며 느낄 수 있는 내 마음의 기쁨을 모두 의미한다.

우리와 함께 세상을 살아가고 있는 어린이들도 마찬가지다. 그들도 기쁨, 슬픔, 분노 등 다양한 감정을 가지고 우리와 동시대를 살아가고 있는 사람이기에 책을 읽는 목적이 성인 독자와 다를 까닭이 없다. 그들에게도 어른들의 목소리에서 벗어나 책 읽기를 통해 즐거움을 얻고 자신들의 삶을 공감받을 시간과 공간이 필요한 것이다.

그런데 우리는 지금까지 어린이들에게 책 읽는 것마저 '독해'라는 이름의 역량으로 강요해 온 것이 사실이다. 나는 어린이들에게 책 읽는 즐거움을 되돌려주고 싶다. 책을 정복해야 하는 대상이 아니라 곁에 두고 누리며 살아갈 수 있는 친구로 선물해 주고 싶다.

이를 위해 나는 최근 재미있는 프로젝트를 하나 시작했다. 이 프로젝트의 아이디어는 정재승 교수의 강연에서 얻게 되었는데, 그 강연의 내용이 담긴 책《열두 발자국》의 프롤로그에는 흥미로운 실험이 하나 소개되어 있다. 2004년 7월 9일 미국 실리콘밸리 고속도로 광고판에 오일러수를 이용해 풀어야 하는 문제가 등장한다. 그 문제의 끝에 '.com'이 붙어 있는 것으로 보아 어떤 인터넷 페이지로 안내를 하는 것으로 보였다. 이 광고판을 본 대부분의 사람들은 그냥 지나치거나 집에 가서 검색을 하다가 포기했지만 호기심과 끈기를 가진 어떤 사람들은 이 문제를 해결했고 연결된 페이지에서 또 문제를 해결해야

비밀독서단 모집을 위해 복도에 붙인 QR코드

'배고픈 독서단' 모임

했다. 그리고 두 번째 문제까지 해결한 사람들은 구글(Google)의 채용 사이트로 접속할 수 있었다. 이는 구글이 창의적 인재를 선발하기 위해 2004년과 2005년에 실시한 채용 방식이었다.

실리콘밸리의 광고판처럼 나도 학교 곳곳에 QR코드와 'Book'이라는 글자만 들어 있는 종이를 붙였다. 그 QR코드를 스캔하면 한 페이지로 연결이 되는데 그 페이지의 첫 질문은 다음과 같다.

'최근 가장 재미있게 읽은 이야기 책은?'

이 질문에 대한 답을 하고 나면 다음 페이지로 연결이 되는데 그곳에는 또 다른 질문이 있다.

'가장 좋아하는 작가는 누구인가요? 그 까닭은?'

이 질문에 대답을 하고 나면 비밀독서단에 지원하는 페이지가 등장한다.

'이 설문은 비밀독서단 회원을 모집하는 신청 설문입니다. 비밀독서단은 책을 읽고 서평을 쓰는 모임입니다. 보상은 없습니다. 그래도 참가하시겠습니까?'

이렇게 해서 전교에서 6명의 학생들이 모이게 되었다. 이 학생들은 자신들의 모임을 '배고픈 독서단'이라고 이름 붙이고 일주일에 한 번씩 만나 새로 나온 어린이책을 함께 읽고 이야기를 나누었다. 이 학생들은 보상을 주지 않아도 재미를 위해서 책을 읽었다. 책을 읽으며 얻을 수 있는 내적 기쁨과 책을 함께 읽고 나누는 즐거움을 알게 된 것이다. 그리고 그 후로 1년 동안 '어린이책에 대한 평가는 어린이가 직접 한다!'라는 구호 아래 읽은 책에 대한 서평을 어린이책을 소개하는 플랫폼 '책가방(어린이책이 가득한 방)' SNS에 남겼다.

책은 처음부터 즐거움과 소통을 위해 존재했다. 그래서 책을 읽으면 작가와 독자, 텍스트와 독자, 그리고 함께 책을 읽은 독자와 독자들이 서로 이야기를 나눌 수 있다. 그래서 책은 혼자 읽는 것보다 함께 읽으면 더욱 즐겁다. 내 생각과 다른 사람의 생각이 같으면 작품을 함께 누리고 공감할 수 있다. 작품에 대한 생각이 다르면 작품을 다시 한 번 들여다보며 보다 깊은 독서와 생각을 할 수 있다.

어린이들의 좋은 동료 독자가 되어 함께 책 읽는 기쁨 알려주기. 이것이 내가 책을 통해 학생들에게 진짜 전해 주고 싶은 것이다.

02

달라진 국어 시간

수업연구모임에서 오랜만에 만난 선생님 한 분이 나에게 물었다.

"선생님은 국어 교과서를 다 가르치시나요? 교과서가 너무 많아서 다 다루자니 시간이 없고, 그냥 넘어가자니 마음이 불편해서요."

이 질문은 아마도 많은 교사들이 고민하는 부분일 것이다.

초등학교에서 학생들이 1년 동안 공부하는 국어 교과서는 1~4학년은 6권, 5~6학년은 4권이다. 한 학기에 '국어-가', '국어-나' 두 권을 배우고, 3~4학년은 수학익힘책처럼 배운 내용을 적용할 수 있는 '국어활동' 교과서가 있다. 교육부에서는 '국어활동' 지도가 의무가 아니라고 말하지만, 학교 현장에서 교과서는 그 존재만으로도 부담스러운 면이 있다. 그러다 보니 나를 비롯한 많은 초등학교 교사들에게 국어 시간은 하루하루 교과서 진도를 나가기에도 벅찬 과목이 되어버렸다.

토막 난 글, 토막 난 감동

1년에 4권에서 6권, 초등학교 6년 동안 총 32권의 국어 교과서를 읽은 학생들은 교과서에 수록된 많은 작품들을 만났을 것이다. 그런데 그중에서 감동을 받고 기억에 남는 작품은 얼마나 될까? 물론 국어 교과서에는 작품성 있고 재미있는 글들이 많다. 그런데 왜 학생들은 교과서에 담긴 글에서 감동을 받지 못하는 것일까?

이 문제에 대한 해답은 교과서라는 매체가 가진 한계에서 찾을 수 있다. 교과서 속에는 '온전한 작품'이 들어 있지 않다는 점이다. 주어진 수업 목표를 달성하기 위해 전체 작품의 일부분을 학생들이 '토막글'로 읽을 수밖에 없으니 그 속에서 느낄 수 있는 감동도 함께 토막 나버리는 것이다.

이오덕 선생님은 《민주교육으로 가는 길》에서 감동이란 것에 대해 다음과 같은 말을 남겼다.

"아이들이 읽는 문학이 진짜 문학으로 되어 있다면 읽는 이들에게 깊은 감동을 주어야 하는 것인데, 이 감동이란 것은 슬픔일 수도 있고 기쁨일 수도 있고 분함일 수도 있고 해서 작품에 따라 온갖 감정과 생각을 안겨줍니다. 결코 어떤 한 가지 감정을 강요하는 문학이 되어서는 안 되지요."

이오덕 선생님의 말에 따르면 감동은 복합적인 감정이다. 그리고 이를 느끼기 위해서는 전체 이야기를 읽으며 인물이 겪게 되는 사건과 감정, 그리고 위기를 극복하는 성장 과정을 모두 경험해야 한다. 그런데 학생들은 국어 시간마다 교과서에 실린 서너 쪽의 글을 읽고 인물의 성격과 사건에 대한 질문에 답을 해야 하는 수업을 경험하고 있다. 이 모습을 자세히 관찰해 보면 수업 시간에 책을 읽는 것이 아니라 시험지의 지문을 해결하고 있는 것처럼 보인다. 이런 폭력적인 수업 앞에서 학생들은 감동을 느끼지 못하고 점점 더 글을 멀리하게 된다.

교과서가 무조건 나쁘다는 것이 아니다. 이러한 현상은 교과서가 가진 매체의 특성과 제도적 문제 때문에 일어난다. 2015개정교육과정에서 국어 교과의 교수·학습 내용은 듣기·말하기, 읽기, 쓰기, 문법, 문학으로 이루어져 있다. 1년 동안 이 다섯 영역을 모두 다루어야 하기 때문에 교과서는 매 단원마다 다양한 자료를 제시해 서로 다른 성취기준을 달성할 수 있도록 안내하고 있다. 문제는 이렇게 각 단원에 담긴 국어 자료들이 서로 밀접하게 연결되어 있지 않다는 것에 있다. 그래서 성취기준에 비해 수업 시간에 다루어야 할 자료의 양은 당연히 많아질 수밖에 없다. 교과서에 단편적으로 제시된 국어 자료들을 한정된 수업 시간에 모두 다루어야만 하는 교과서 중심의 수업은 항상 여유가 없고, 그렇게 학생들이 느껴야 할 감동은 학습 진도로 대체된다.

초등학교 국어 교과서가 국정교과서라는 것도 또 다른 원인이다. 전국에 있는 같은 나이의 모든 학생들은 교과서에 담긴 같은 글을 읽는다. 월요일 9시 국어 시간에 대한민국에 사는 수만 명의 학생들이 같은 글을 읽는다고 생각해 보자. 소름 끼치지 않는가? 사는 지역에 따라 바라보는 풍경이 다르고 경험하는 삶의 모습이 다른데 표준화된 글을 교과서라는 매체로 읽으니 학생들의 마음에 와닿을 수가 없다.

그렇다면 학생들의 읽기 수준과 관심사를 가장 잘 아는 사람은 누구일까? 바로 학급의 담임 교사이다. 그래서 학생들에게 가장 필요한 국어 자료를 선택하고 제공해 줄 수 있는 사람 역시 학생들이 매일 만나는 교사인 것이다.

나는 우리 반 학생들에게 가장 필요한 국어 수업을 하고 싶었다. 교과서라는 자료의 홍수 속에서 벗어나 책 한 권을 제대로 읽는 방법을 알려주고 싶었다. 교과서 속의 토막글이 아닌 온전한 한 권의 책을 천천히 깊게 읽으며 책 읽는 기쁨을 함께 누리고 학생들과 삶을 나누고 싶었다.

한 권의 책을 천천히 깊게 읽는 수업은 학생들에게 정답을 강요하지 않는다. 작품을 읽고 각자 느끼는 모든 감정들이 정답이기 때문이다. 이러한 수업 방향은 학생들을 감동의 길로 안내한다. 또 책을 함께 읽는 수업은 학생들에게 학습의 맥락을 만들어준다. 단원 단위의 학습에서 벗어나 책 한 권을 통해 문학뿐만 아니라 여러 영역의 성취기준을 함께 다룰 수 있기 때문이다. 학생들은 이야기라는 하나의 흐름 속에서 맥락 있는 학습을 경험하고, 이러한 경험을 통해 비로소 자신의 말과 글을 세상에 내보일 수 있다.

국어 시간은 교육 과정에서 가장 많은 시간을 차지하고 있다. 5~6학년을 기준으로 교육과정에서 제시하고 있는 수업 시수가 2,176시간이고, 이 중 국어 교과에만 408시간이 배정되어 있다. 학교 수업에서 5분의 1을 차지하고 있는 이 시간이 달라지면 교실의 풍경이 바뀌고 학생들의 삶이 달라진다.

실제로 책을 만나면서 나와 우리 반 학생들의 삶은 조금 더 행복해졌다. 그 행복한 과정을 많은 교사들과 학생들이 함께 누리면 좋겠다.

03

슬로리딩과 온작품읽기

2014년 가을, '슬로리딩, 생각을 키우는 힘'이라는 EBS 다큐멘터리가 방영되면서 '슬로리딩 수업'에 교육계가 관심을 갖기 시작했다. 슬로리딩 수업은 일본의 하시모토 다케시 선생님께서 60년 전에 효고현에 있는 나다중학교에서 학생들과 함께 나누었던 수업이다.

나다중학교는 한 번 교과 담임을 맡으면 졸업할 때까지 똑같은 학생들을 가르치는 독특한 제도를 운영하고 있었는데, 하시모토 다케시 선생님은 그 시간을 이용하여 교과서 대신에 책 한 권을 3년 동안 천천히 그리고 깊게 읽는 슬로리딩 수업을 실천했다.

일본에서 슬로리딩 수업이 본격적으로 관심을 받기 시작한 것은 한 언론사의 취재 덕분이었다. 하시모토 다케시 선생님의 제자들이 사회 각계에서 자기 역할을 다하고 있었고 그 사람들이 모두 입을 모아 자신들의 삶을 열정적으로 꾸릴 수 있었던 것이 하시모토 다케시 선생님의 슬로리딩 수업 덕분에 가능했다고 이야기한 것이다.

'당연해 보이는 것에 의문을 갖는 것'이라는 주제의식 아래 하시모토 다케시 선생님은 나카 간스케의 《은수저》라는 책으로 나다중학교 학생들과 3년 동안 국어 수업을 진행했다. 작은 문구 하나도 그냥 넘어가지 않고 깊이 생각하고 직접 체험해 보는 활동을 통해 학생들과 소통했다.

이토 우지다카의 《천천히 깊게 읽는 즐거움》에서 하시모토 다케시 선생님은 다음과 같은 말을 남겼다.

"함께 《은수저》를 읽은 학생들이 환갑이 지나서도 모두 앞을 보고 걷고 있어요. 그것이 무엇보다 기쁩니다. 그것을 알 수 있어서 정말로 좋았습니다. '결과'가 나와서 다행입니다."

많은 사람들은 하시모토 다케시 선생님의 특별한 수업을 통해서 학생들이 동경대학교 같은 좋은 학교에 진학을 하고 사회적으로 성공한 것을 수업의 결과로 생각했지만 선생님의 가치는 다른 곳에 있었다.

하시모토 다케시 선생님의 수업을 연구하면서 가장 인상 깊었던 것은 수업 기술이나 수업을 통해서 얻게 되는 뛰어난 독해 능력 같은 것이 아니었다. 슬로리딩 수업을 통해서 하시모토 다케시 선생님이 학생들에게 진짜 알려주고 싶었던 것은 단순히 책을 깊게 읽는 것이 아니라 삶의 태도였다. 작은 것에도 의문을 가지고 탐구해 보려는 마음가짐, 그리고 삶의 어느 순간에나 자신이 하고 싶은 일을 정해 온 마음으로 성장하려는 의지를 선생님은 책이라는 도구를 통해 전하고 싶었다고 생각한다.

혼자서 슬로리딩 수업을 열심히 연구해 나가던 중 우리나라에도 교과서의 토막글이 아닌 온전한 책으로 수업을 하고 있는 분들이 있다는 사실을 알게 되었다. 십수 년 전부터 서울 북부, 수원, 시흥, 전남, 대구 등 전국 각지에 지역 공부 모임이 있었고, 이 모임들이 연합해 '전국초등국어교과모임(이하 전국모)'이라는 이름으로 함께 공부를 하고 있었다. 전국모 선생님들은 이미 국정교과서의 문제점을 알고 대안교과서 작업을 하고 있었으며, 우리 말과 글을 소중히 여기고 어린이들에게 아름다운 말과 글을 알려주어야 한다는 철학을 실천하고 있었다.

동화작가이기도 한 전국모의 김영주 교장 선생님은 교과서의 토막난 글 대신 책 한 권을 온전히 가지고 어린이들과 나누는 활동을 '온작품읽기'라는 이름으로 부르자고 제안했다. 김영주 교장 선생님은 공저 《삶의 이야기판을 펼치는 온작품읽기》에서 '온'이라는 말이 '백', '모든', '꽉찬(완전)'이라는 뜻을 가지고 있으며, 완전 텍스트, 완전한 작품이라는 말보다 우리말의 '온'이 더 어울린다고 생각하여 '온작품'이란 말을 쓰게 되었다고 말한다. 그래서 책이나 그림, 만화, 영화 등 어린이들이 만나는 모든 작품을 온전히 읽는다는 의미로 '온작품읽기'를 소개하고 전국모 선생님들과 함께 '온작품읽기 운동'을 전개했다.

'작품을 온전히 읽는다.'라는 의미를 말 그대로 놓고 보면 책뿐만 아니라 음악, 무용, 그림, 영화 등 매체 전체를 통틀어서 일부분이 아닌 작품 전체를 나누는 수업 모두가 온작품읽기 수업이라고 말할 수 있다. 그리고 온작품읽기는 하나의 방법론이 아니라 오히려 철학에 가깝다. 그래서 특정한 방법이 존재하지 않으며, 온작품읽기를 실천하는 선생님들은 다양한 방법으로 어린이들의 삶과 말 그리고 글을 나누고 있다.

나는 온작품읽기를 학생들과 함께 나누고 있다. 온작품읽기를 나누는 방법 중에 '천천히 깊게 읽기'의 방법으로 학생들과 삶을 나눈다. 이를 학생들에게는 '맛있는 책 수업'이라고 이야기한다. 프란치스카 비어만의《책 먹는 여우》에 나오는 여우 아저씨가 재미있는 책을 좋아하듯이 학생들이 책을 읽는 순간도 즐겁기를 바라는 마음을 담아 이름 붙인 것이다.

한 학기 한 권 읽기가 교육과정에 제시되며 온작품읽기, 슬로리딩, 천천히 깊게 읽기, 깊이 읽기 등 책 수업을 가리키는 용어들이 쏟아지고 있다. 그러나 나는 내 수업을 하나의 틀에 가둬두고 싶지 않다. 더 중요한 것은 학생들과 함께 책을 나누려는 마음이기 때문이다.

책에 흥미를 잃어버린 학생들과는 이야기의 즐거움을 느낄 수 있도록 서사 중심으로 빠르게 책을 함께 읽기도 하고, 깊은 사고가 필요한 학생들과는 책을 읽다가 잠깐 멈추어 서서 함께 고민해 볼 수 있는 수업을 나누기도 한다. 우리가 교실에서 만나게 될 학생들 중에는 교사가 들려주는 이야기를 세상에서 가장 편안한 자세로 듣는 것부터 필요한 학생이 있으며 그저 책 한 권을 다 읽었다는 뿌듯함이 필요한 학생들도 있다.

슬로리딩이든 온작품읽기든 두 수업은 모두 교과서가 가진 한계에 주목하여 책 한 권을 학생들과 함께 온전히 누리기 위해 시작되었다. 이 수업들의 본질적인 목표는 독해력 증진이나 우수한 성적을 얻는 것에 있지 않다. 그보다는 학생들이 자신의 말과 글을 가지고 건강한 삶을 살아갈 수 있도록 돕는 것이 더 중요한 목적이다.

교과서 대신에 책 한 권을
학생들과 천천히, 그리고 깊게 나누기

둘

책으로 세상을 보고 이야기하다

01

고학년 학생들과 함께한 책 수업

– 김남중, 《불량한 자전거 여행》

6학년 담임 교사의 2월은 어느 때보다 외롭고 바쁘다. 졸업 관련 업무와 졸업식 행사 준비를 동시에 해야 하기 때문이다.

그렇게 지친 하루를 보내던 어느 날, 텅 빈 교실에서 마지막 방학 숙제로 제출한 한 학생의 일기를 살펴보았다. 그 일기에는 나와 함께 했던 수업에 대한 글이 있었다. 1년 동안 함께 책을 읽었던 그 학생은 책 수업을 '선생님과 학생이 교감을 나누고 서로 맞춰가며 책을 읽는 수업'이라고 기록했다.

우리는 함께 책을 읽으며 1년 동안 어떤 이야기들을 나누었을까?

시작, 당연한 것에 의문을 품는 것

한 해 동안 어린이들과 함께 김남중 작가의《불량한 자전거 여행》을 읽었다. 시골의 작은 학교, 8명의 학생들과 수업을 시작했다. 사실 처음에는 책도 준비하지 못했다. 밤을 새워가며 다음 날 수업할 내용을 준비했다. 책 수업에 대해 누구에게도 배운 적이 없었기에 처음에는 한 장 한 장 학습지처럼 제작하여 학생들에게 나눠준 뒤 수업을 진행했다. 학습지 앞장에는 함께 읽을 작품의 글이 있었고, 뒷장에는 중요하다고 생각하는 낱말 몇 가지와 핵심 질문이 제시되어 있었다.

하시모토 다케시 선생님이 하신 방법을 책과 인터넷을 통해 검색하고 따라 했다. '일단 해보자!'라는 마음가짐으로 그렇게 작은 걸음을 내디뎠다. 학생들도 선생님이 정성 들여 이 수업을 준비했다는 것을 잘 알고 있었다.

당연한 것에 의문을 품는 것. 이것이 천천히 깊게 읽기의 핵심이다. 작은 것이라도 그냥 넘어가지 않는 것이다. 그래서 첫 장을 열고 학생들과 책을 읽은 뒤 처음 했던 일은 '자반'과 '한 손'이라는 낱말의 뜻을 찾는 일이었다. '자반'은 소금에 절여서 만든 반찬감이라는 뜻이었고, '한 손'은 고등어 두 마리를 의미했다. 그런데 수업을 진행하다 보니 학생들이 모르는 단어가 의외로 많았다.

연말도 아닌데 머릿속에서 보신각종이 울렸다.

터널 안에서는 경차가 지나가도 비행기 소리가 나요. 트럭이 지나가면 로켓 소리가 납니다.

-《불량한 자전거 여행》 중에서

학생들은 "보신각종이 뭐예요?"라고 물었다. 이외에도 어른들은 당연히 알고 있는 것이지만 학생들의 입장에서는 이해하지 못하는 낱말이나 표현이 많았다. 가르치는 입장에서는 알고 있겠다 싶어 알려줄 기회가 없었고, 학생 입장에서는 뜻을 몰라 용기를 내어 질문하면 "그것도 모르니?"라고 핀잔을 들을까 두려워 생긴 일이었다.

그래서 학생들과 함께 보신각 종소리를 들었다. 이 종은 언제 치는지, 종을 치는 의미는 무엇인지 찾아보고 이야기도 나누었다. 그렇게 수업을 하던 어느 날, 학생들이 모르는 낱말이 하나도 없다고 말하는 순간이 왔다.

"정말이야? 모르는 낱말이 하나도 없어?"

"네! 정말 없어요. 다 알아요."

"경차가 무슨 뜻인지 알아?"

"선생님! 저희 무시하세요? 경차 그거잖아요. 똥차요!"

국립국어원 표준국어대사전을 통해 학생들과 함께 경차에 대해서 찾아보았다.

경차 : 무게가 가볍고 크기가 작은 승용차. 현재 우리나라에서는 엔진 배기

량이 1,000cc 미만의 승용차를 이른다.

"선생님, cc가 뭐예요?"

"배기량을 나타내는 단위야."

"배기량은 뭐예요? 배기량이 높으면 뭐가 좋아요?"

"우리 아빠 차는 포터인데 포터는 몇 cc예요?"

학생들과 '경차'라는 낱말 하나를 놓고 꼬리에 꼬리를 물고 이야기를 나누었다.

당연하다고 생각하는 것에 의문을 품는 것, 알고 있다고 생각하는 것에 의심을 갖는 것. 그렇게 학생들과 천천히, 그리고 깊게 세상을 알아가고 삶에 대한 이야기까지 나누게 되었다.

연구 노트를 만들다

책을 읽으며 학생들과 무엇을 할 것인가라는 고민은 매 순간 다가온다. 그냥 읽기만 할 것인가, 아니면 읽고 이야기를 나누거나 글을 쓸 것인가, 또는 예술 분야로 연결해 수업할 것인가 등 수많은 선택지가 있다. 처음에는 글을 읽고 내가 미리 학습지에 준비해 둔 질문에 학생들이 답을 채워가는 형태로 수업을 진행했다. 그러다 문득 이렇게 수업을 하면 교과서와 다를 게 없다는 생각이 들었다. 그래서 학습지 풀

책 수업을 처음 시작했을 때 만들었던 《불량한 자전거 여행》 연구 노트

이 형태의 수업을 과감하게 버리고 학생들과 나눌 핵심적인 질문들을 정리하기 시작했다.

책을 읽으며 학생들과 나눌 수 있는 질문을 생각해 보자. 내용 확인이나 낱말의 뜻을 찾기 위한 '이해'와 관련된 질문, 인물의 마음이나 작가의 의도, 학생들의 마음을 나누기 위한 '추론'과 관련된 질문, 앞으로 일어날 일 등을 예상해 보는 '예상'과 관련된 질문 등이 있다. 이러한 질문을 좀 더 체계적으로 정리하고 나누기 위해 만든 것이 바로 '연구 노트'였다. 책을 읽고 무엇인가를 하기 전에 책을 '제대로 읽는 연습'이 필요했기 때문이다. 하시모토 다케시 선생님이 '은수저 연구 노트'를 만든 것에서 아이디어를 얻어 책을 읽고 나눌 질문들을 일어난 일(사건), 새로 알게 된 낱말, 한 문장으로 말해요(요약), 짧은 글쓰기(단문 연습), 마음에 들어요!(감상) 등의 형태로 정리하고 이야기를 나누기 시작했다.

학생들은 글을 읽으며 연구 노트를 통해 작품 속 인물, 일어난 일, 낱말 파악하기, 요약 등 내용적 요소를 파악하는 기초 독해 훈련을 할 수 있었다. 이 기초 훈련은 이후 더 깊은 읽기로 나아갈 수 있는 기본 바탕이 되었다.

책을 읽다가 멈추고 토론을 하다

'독서토론수업'이라는 말을 많이 들어봤을 것이다. 책을 읽고 학생들이 토의나 토론을 하는 활동을 의미한다. 그리고 대부분의 독서토론 수업은 '독서 후'에 이루어지는 경우가 많다. 책은 읽기 전, 중, 후 활동이 모두 중요하다. 그런데 지금까지의 학교 교육은 유독 책 읽는 것을 학생들의 몫으로만 넘기고 '독서 후' 활동만 지나치게 강조해 왔다. 하지만 꼭 그럴 필요가 있을까? 책을 읽다가 토론을 할 수는 없을까?

《불량한 자전거 여행》에서 호진이는 집을 나온 지 이틀 만에 하동에 도착해 엄마와 아빠에게 전화를 건다.

"나 여행 중이야."

"호진아, 엄마 속 타서 죽기 전에 빨리 돌아와."

"이혼했어?"

엄마가 대답을 하지 못했다.

이혼을 하루 이틀 만에 할 수 없다는 거 나도 안다. 적어도 사 주가 필요하다. 텔레비전에 나오는 판사 할아버지는 이혼을 하려는 부부한테 늘 "사 주 뒤에 뵙겠습니다."라고 말한다. 그 전에 엄마한테 나도 우리 집 삼분의 일이라는 걸 강력하게 알려 줄 필요가 있다.

-《불량한 자전거 여행》 중에서

학생들이 작품에 좀 더 푹 빠져드는 기회를 만들고 싶었다. 토론이라는 이름이 붙었지만 통계자료 같은 객관적 근거를 바탕으로 상대방을 설득하는 논리적 토론을 바란 것은 아니었다. 책을 다시 한 번 들여다보고 주인공의 상황과 마음을 알게 되기를 바랐다. 주인공의 마음을 추론하며 학생들 자신의 마음도 이해할 수 있게 되면 더 좋겠다는 마음도 있었다. 그래서 책을 읽다가 다음과 같은 토론 주제를 제시했다.

"호진이는 자전거 여행을 계속해도 되는가?"

- **찬성 측** 혼자 있는 것도 아니고 삼촌과 함께 여행하는 것이기 때문에 괜찮다. 호진이는 사랑과 관심이 필요하다. 현재 집에서는 받을 수 없다.

"호진이는 자전거 여행을 계속해도 되는가?"에 대한 토론 수업

- **반대 측** 부모님이 걱정하신다. 아직 어리기 때문에 집으로 빨리 돌아와야 한다.

학생들은 찬성과 반대가 0부터 10까지의 척도로 표시되어 있는 가치수직선에 처음 자신의 생각을 표시했다. 치열한 토론이 끝난 후 다시 한 번 가치수직선에 자신의 입장을 표현했고, 토론 후 달라진 생각들을 확인할 수 있었다.

'팩트 폭행'이라는 말이 유행했었다. 팩트(Fact)라는 객관적 사실이나 자료를 가지고 상대방을 제압한다는 뜻이다. 그런데 깊게 생각해 보면 팩트 폭행이라는 말은 정말 무서운 말이다. 상대방의 상황이나 마음을 돌아보지 않고 눈에 보이는 객관적 사실만으로 세상을 이해하고 사람을 대한다는 것을 의미하기 때문이다. 나는 팩트로만 가득한 세상에 학생들이 살게 하고 싶지 않았다. 나의 이런 마음이 잘 전달됐을까? 학생들의 마지막 대표 발언을 들으며 무엇보다 이 수업을 통해 학생들이 주인공 호진이를 더 깊게 이해할 수 있었다는 사실에 기뻤다.

"호진이는 집으로 돌아가야 합니다. 아직 13살밖에 되지 않은 호진이에게는 사랑과 관심이 많이 필요합니다."

책 한 권을 통한 배움

전국적으로 일제고사를 보던 시기였다. 교과서 대신 책 한 권으로 국어 수업을 하겠다고 했더니 한 학부모께서 조심스럽게 평가에 관한 걱정을 전해 주셨다.

"선생님, 시험은 어떻게 봐요?"

"어머님, 걱정하지 마세요. 배운 곳에서 나올 거예요."

최근까지 우리 사회는 학생들이 학교에 출석해 일정한 내용의 '교과 지식'을 학습하고 지필평가를 통해 그 성취를 확인하는 것을 학교교육이라고 생각해 왔다. 그 교과 지식은 교과서라는 그릇에 담긴 것이었고, 교과서에 있는 '내용 지식'을 잘 배우는 것이 공부를 잘하는 것이라고 여겼다. 그런데 어느 날 한 교사가 교과서로 국어 수업을 하지 않겠다고 선언했다. 그러니 학부모들이 놀란 것은 당연한 일이었을 것이다.

그렇다면 문학 작품 하나가 교과서를 완전히 대체할 수 있을까?

처음 책 수업을 시작했을 때 내가 생각한 국어 수업의 최종 목표는 '국어과 교과 지식 익히기'가 아니었다. 학생들이 책 한 권만이라도 온전히 읽는 경험을 하고 이를 통해 주변의 작은 의문에도 스스로 깊게 탐구해 보려는 삶의 시선을 갖게 도와주고 싶었다. 그러나 국가수준 교육과정을 이수해야 하는 정규 과정의 학교 교육에서는 학생들과 교과서를 대신하여 책 한 권으로 수업을 하더라도 '성취기준'이라는 것을 달성해야 했다(국가에서는 무조건 '교과서'를 가르치라고 하지는 않는다. 다만 '교육과정'을 가르치라고 이야기한다). 그래서 나는 국가수준 교육과정의 성취기준을 중심으로 수업을 계획했다.

학생들과 책을 읽으며 비유적인 표현을 배우고, 고유어, 외래어, 외국어를 작품 속에서 직접 찾아보았다. 비문학과 관련된 성취기준은 지구사랑 주간, 독도사랑 주간 등의 계기교육과 연계해 수업을 진행했다. 지금은 한 학기 한 권 읽기가 교육과정에 도입되었고 교과서 내에 독서 단원이라는 내용까지 배정되었지만 처음 책 수업을 시작할 때는 이 작업에 많은 노력과 시간이 필요했다.

• **《불량한 자전거 여행》 수업에 적용한 국가수준 교육과정**(2009개정교육과정)

- (문학) 작품 속 인물, 사건, 배경의 관계를 파악한다.
- (문학) 작품에 나타난 비유적 표현의 특징과 효과를 이해한다.
- (쓰기) 목적과 주제를 고려하여 내용을 조직하여 글을 쓴다.
- (읽기) 주장의 타당성을 판단하며 주장하는 글을 읽는다.
- (쓰기) 자신이 쓴 글을 내용과 표현을 중심으로 고쳐 쓴다.
- (문법) 고유어, 한자어, 외래어 개념과 특성을 알고 국어 어휘의 특징을 이해한다.
- (읽기) 여러 가지 독서 방법이 있음을 알고 이를 적용한다.
- (쓰기) 자신이 쓴 글을 내용과 표현을 중심으로 고쳐 쓴다.
- (문법) 국어의 기본적인 문장성분을 이해하고 성분 사이의 호응 관계가 올바른 문장을 구성한다.

• **활동 계획**

- 작품 천천히 깊게 읽기
- 인물의 성격, 사건, 배경 알아보기
- 비유적 표현 알아보기
- 지구사랑 글쓰기
- 친구들의 글 읽고 합평하기
- 고쳐 쓰기
- 성평등 글쓰기

- 고유어, 한자어, 외래어 찾기
- 찬반 토론하기(호진이는 자전거 여행을 계속해도 되는가?)

• **다른 교과 연계**

- 미술 : 주인공 호진이처럼 여행 가방 그리기(콜라주 기법 활용)
- 사회 : 여행 이동 경로를 지도를 통해 탐색하기
- 과학 : 지구와 달의 운동 알아보기
- 체육 : 비 맞으며 운동장을 걷고 느낌 표현하기
- 창체 : 성평등 계기교육과 연계

6학년 국어과 성취기준 중 하나인 관용적인 표현을 학생들과 나누는 수업이었다. 관용적인 표현의 정의와 예시문을 몇 가지 학습한 뒤 한 가지 제안을 했다.

"우리가 1년 가까이 '불량한 자전거 여행'이라는 책을 읽었는데, 이 책 전체를 다시 살펴보며 관용적인 표현을 한번 찾아볼 수 있겠니?"

학생들은 책을 앞뒤로 살펴보며 관용적인 표현을 찾았다. 다음은 학생들이 《불량한 자전거 여행》 책 한 권에서 직접 찾은 관용적인 표현이다.

• 시작이 반이랬으니 이제 나머지 반만 하면 된다
• 웃는 얼굴에 침 뱉으랴

- 삼촌이 주먹을 불끈 쥐었다
- 가끔 별똥 같은 불똥이 튀었다
- 눈앞이 캄캄했다
- 시간이 마법을 부렸다
- 몸부림 치는 중이지
- 어깨가 넓어지다
- 입이 벌어졌다
- 몸으로 때우다
- 기가 막히다
- 눈물이 핑 돌았다

그때였다. 은주가 나에게 물었다.

"선생님! 우리가 1학기 때 비유적인 표현에 대해서 배웠잖아요. 그런데 관용적인 표현을 책에서 찾다 보니까 이게 비유적인 표현인지 관용적인 표현인지 헷갈려요. 비유적인 표현하고 관용적인 표현하고 어떻게 다른 거예요?"

그 순간 내 머리가 무엇인가에 퍽 하고 부딪힌 것만 같았다. 교과서만으로 수업을 했다면 분명히 '관용적인 표현이란 이런 것이다'라고 개념을 정의하고 예시 문장을 몇 개 공부한 뒤 퀴즈를 포함한 다양한 놀이를 통해 학습 내용을 확인했을 것이다. 그런데 교과서라는 안전한 틀이 아닌, 실제 맥락 속에 존재하는 책 한 권에서 관용적인 표현을 직접 찾아내려니 학생들에게 인지갈등이 일어났던 것이다.

교과서에는 올바른 개념 정립을 위해 대체적으로 옳은 것과 틀린 것이 분명한 사례를 담는 경우가 많다. 그런데 실제 세상은 옳고 그름을 분명하게 나누기 어려운 것들로 가득하다. 나는 질문을 하는 은주에게 되물었다.

"은주야, 너는 어떻게 생각해?"

"비유적인 표현 중에서 널리 쓰여서 다른 사람들이 들어도 한 번에 그 뜻을 오해하지 않고 들을 수 있다면 그 표현은 관용적 표현이 아닐까요?"

"나도 네 의견에 동의한단다."

교과서로 공부했다면 이렇게 반짝이는 수업의 순간들을 경험할 수 있었을까? 훌륭한 연구자들이 모여 만든 교과서도 좋은 학습자료 중에 하나인 것은 분명하다. 다만 교과서만 가지고 학습한 학생들은 실제 맥락 속에서 학습한 내용을 적용하는 것에 어려움을 겪는다. 교과서라는 자료의 특성상 문학 작품이나 정보를 전달해 주는 글들이 온전히 다 들어가지 못하고 토막이 나서 들어가기 때문이다. 그 토막 난 글 안에서 학생들은 주인공의 성격을 찾고 글의 중심문장을 찾으며 문법을 학습해야 한다. 하지만 학생들이 살아갈 세상은 토막 나거나 분절된 세상이 아니다.

책 한 권을 온전히 읽으며 학생들은 더 깊은 공부로 나아가는 경험을 할 수 있었다. 그 반짝이는 순간들이 아직도 가슴에 가득하다.

샛길로 새어보기

천천히 깊게 읽기 수업은 보통 2시간을 한 단위로 진행한다. 첫 번째 시간은 '글 온전히 읽기' 시간이라고 부르는데, 말 그대로 글을 읽는 데 집중하는 시간이다. 이때는 글을 읽고 작품의 구성 요소를 정리하는 활동을 주로 진행한다. '샛길 새기'라는 이름으로 부르는 두 번째 시간은 작품을 온전히 누리고 즐기는 시간이다. 예를 들면 E. M. 레마르크의 소설《개선문》을 읽고 이전에는 알지 못했던 사과술인 칼바도스를 주인공 라비크처럼 마셔보는 것이다. 책을 공부나 자기계발을 위한 수단이 아니라 문화로써 누리고 즐기는 경험을 함께 나누고 싶어서 나는 아이들과 함께 '샛길 새기' 활동을 시작하게 되었다.

> 나는 재빨리 가방에 옷과 양말을 넣었다. 팬티, 만능 칼, 수첩, 손전등도 넣었다. 게임기를 가져갈까 말까 하다가 내려놓았다. 다음은 돈이다. 돼지 저금통을 소리 안 나게 침대 위에 쏟았다. 몇 달 전에 한 번 뜯은 적이 있어서 돈이 많지는 않았다. <중략>
> 가방을 챙기는 내 오 분이 설렜다. 나는 공책을 찢어 편지를 썼다.
> 여행가요. 찾지 마요. 나중에 전화할게요.
>
> **-《불량한 자전거 여행》중에서**

《불량한 자전거 여행》의 주인공 호진이가 집을 나서기 전에 가방을 챙겼던 것처럼 학생들도 여행지를 정하고 가방을 꾸렸다.

"너희들도 호진이처럼 마음이 너무 답답해서 어딘가로 떠나보고 싶었던 적이 있지 않았니? 여행을 멀리 그리고 길게 갈 수 있다면 어디로 가고 싶어? 호진이처럼 우리도 가방을 챙겨보자!"

학생들은 가고 싶은 여행지와 기간을 정하고 미술 시간을 이용해 잡지에서 가방에 챙겨갈 물건들을 찾아 오렸다. 잡지에 없는 물건은 그려도 좋다고 안내했다. 그렇게 책을 읽고 나서 샛길로 새어본 미술 시간에 멋진 콜라주 작품들이 완성되었다. 학생들이 단순히 잡지에서 물건들을 잘라 예쁘게 가방을 꾸민 것이었다면 이 활동은 흔히 하는 독후 미술 활동이 되었을 것이다. 그러나 학생들은 자기만의 이야기를 담아 물건 하나하나를 배치하고 그 까닭을 설명할 수 있었으며 이를 통해 주인공 호진이의 마음을 더 깊게 이해할 수 있었다.

툭! 투둑! 두두두두둑!

비옷에 굵은 빗방울이 떨어질 때마다 소리가 났다. 어디선가 먼지 냄새가 났다. 길 위에 빗물이 흘렀다.

-《불량한 자전거 여행》 중에서

비가 오던 여름날, 학생들과 비옷을 입고 운동장에 나갔다. 모든 감각기관을 열고 작품에 묘사된 장면들을 함께 느껴보고 싶었다. 천 원짜리 비옷을 사서 교실에 걸어두었는데 학생들은 비 오는 날만 손꼽아

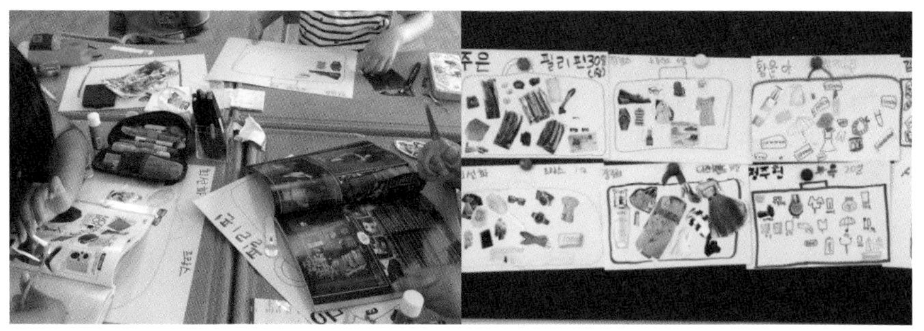

미술 시간을 활용해 샛길로 새어 보기

기다렸다. 그리고 마침내 비가 내리기 시작했다. 평소 비가 오면 우울한 모습을 보여주던 학생들이 떨어지는 빗방울을 바라보며 환하게 웃었다.

학생들은 수건으로 양 모양의 모자를 만들었다. 학생들과 함께 우비에 빗방울이 떨어지는 소리를 들으며 맨발로 촉촉한 운동장을 거닐었다. 그러다 물풍선 던지기까지 하며 놀았다. 누군가에게는 이 풍경이 그저 비 오는 날 아이들이 노는 모습으로 보였을지 모르겠다. 그러나 학생들은 그 순간 누구보다도 책을 온전히 누리며 읽고 있었다.

샛길 새기는 여기서 끝나지 않았다. 어느 순간부터 음악, 미술, 사회, 체육 시간 모두 《불량한 자전거 여행》이 수업의 주제가 되었다. 사물을 자세히 바라보고 정밀화로 그리는 미술 시간에 학생들은 과학 전담 선생님의 고물 자전거를 그려보고 싶다고 말했다. 그렇게 해서 교실에는 자전거 한 대가 들어왔고 아이들은 자전거를 자세히 관찰하며 그림을 그렸다. 사회 시간에는 우리나라 지리에 대한 공부를 하며 호진이와 자전거 여행 팀원들의 여행 경로를 지도에 표시했다. 이렇게 다양한 샛길 새기를 통해 문학 작품 한 권은 학생들에게 여러 교과를 하나의 흐름으로 연결해 주는 책으로 다가갈 수 있었다.

우리도 기차 타고 떠나볼까?

용산발 무궁화호 마지막 기차. 호진이가 삼촌이 있는 광주로 가기 위해 탔던 기차다. 그런데 학생들이 살고 있는 전라남도 영암군에는 기차역이 없다. 영암에 사는 학생들은 호진이가 왜 용산에서 기차를 탔는지 물어보았다. 서울에서 기차를 타려면 서울역으로 가야지 왜 용산역에서 기차를 타는지 그 까닭이 궁금했던 것이다.

광주로 가는 호남선 무궁화 열차는 용산역에서 출발한다. 그렇다면 왜 무궁화호를 탔을지 궁금해진다. 학생들과 이 의문을 해결하기 위해 기차의 종류에 따른 요금과 시간을 조사해 보았다. 이렇게 작은 의문 하나도 그냥 넘어가지 않았다. 학생들과 책을 통해 세상을 함께 여행하고 있다는 생각이 들었다. 그리고 학생들에게 기차 여행을 제안했다.

"우리도 호진이처럼 기차 타고 떠나볼까?"

학생들과 직접 기차 여행을 준비했다. 나주역에서 KTX를 타고 오송역을 거쳐 대전역에 갔다가 이틀 후에 무궁화호를 타고 서대전역에서 다시 나주역으로 돌아오는 코스였다. 6학년 수학여행을 학생들이 직접 계획하고 준비하는 기차 여행으로 다녀온 것이다.

몇 년 전 영국 여행을 하다 호어스(Haworth) 지역에 방문한 적이 있다. 그곳에는《제인 에어》,《폭풍의 언덕》,《와일드펠 홀의 소작인》 등의 작품을 남긴 브론테 자매의 생가가 있다. 여름에는 호어스 기차역에서 생가가 있는 마을 기차역까지 증기기관차를 운영한다. 언덕 위에 있는 생가에 도착하자 선생님으로 보이는 사람과 학생들이 있었다. 작품 속에 등장하는 무어의 언덕과 바람을 느끼기 위해 문학 여행을 온 것이었다. 작품을 읽고 바라본 무어의 언덕, 그리고 브론테 자매가 이야기를 나누던 바위 아래 작은 공간들을 바라보며 학생들은 작가의 삶과 작품의 주제를 더욱 깊게 이해할 수 있었을 것이다.

무궁화호를 타고 집으로 돌아오던 길, 도포초등학교 6학년 학생들도 기차에서 분명 호진이를 떠올렸을 것이다. 용산발 무궁화호 마지막 기차에 대한 작은 의문에서 시작된 열세 살의 수학여행은 어느새 문학 여행이 되어 있었다.

작가와의 만남, 꼴찌의 속도가 팀 전체의 속도가 된다

《불량한 자전거 여행》 수업의 끝자락에 김남중 작가를 직접 교실로 초대했다. 강연 요청을 했을 때 작가님은 작품 취재를 위해 쿠바를 여행 중이었다. 《하멜표류기》를 모티브로 하여 쓰고 있는 연작동화 《나는 바람이다》에서 설정한 항로를 따라 쿠바까지 가신 듯했다.

그리고 마침내 그날이 왔다. 그동안 책을 천천히 깊게 읽고 샛길 새기를 하며 그렸던 그림들을 칠판과 벽에 붙여두고 작가님에게 물어보고 싶었던 질문들을 차트에 미리 모아두었다. 작가와의 만남을 계획할 때 교장 선생님께서는 많은 학생들이 강연을 들으면 좋겠다는 뜻을 보이셨지만 나의 생각은 달랐다. 책을 읽지 않은 학생들이 작가를 만나서 한꺼번에 일방적인 메시지를 듣는 것은 의미가 없다는 생각을 했고 이를 그대로 전달해 드렸다. 그렇게 해서 대규모 작가 강연이 아니라 교실에서 만나는 우리만의 작은 파티가 시작되었다.

쿠바에서 돌아온 작가님에게 내가 앉아서 수업하던 작은 자리를 안내했다. 어색했던 첫 만남이었지만 학생들은 빠르게 작가님의 이야기에 빠져들었다. 처음 만난 작가와 학생들이 이렇게 즐거운 시간을 보낼 수 있었던 것은 책이라는 공통 관심사가 있었기 때문이다. 학생들은 작은 삽화 하나에 대한 질문부터 모델이 된 실존 인물에 대한 질문까지 작가보다 더 《불량한 자전거 여행》의 전문가처럼 질문을 던지고 답을 받았다.

작가님은 미리 준비해 두었던 학생들의 질문에 답을 주신 뒤 신발 만드는 회사에서 일하며 밤에 동화를 쓰던 이야기, 회사를 그만두고 동화를 쓰게 된 이야기들을 순서대로 이야기하셨다.

"작가가 되려면 잘 놀아야 해요. 공부 1등 하는 사람의 책은 재미가

《불량한 자전거 여행》 김남중 작가와의 만남

없어요. 머릿속에 공부만 있거든! 그런데 꼴찌를 하는 사람이 쓴 책은 재미있어요. 공부 빼고 머릿속에 다 들었거든!"

강연이 끝나갈 무렵 한 학생이 이 책을 통해 어린이들에게 전해 주고 싶었던 진짜 이야기는 무엇이었는지에 대해 물었다.

"작품의 주제에 대해 직접 말해 주는 작가는 없어요. 다만 이 자리에서 여러분에게 전해 주고 싶은 말이 있다면, 책에 그런 대사가 나와요. '꼴찌의 속도가 자전거 팀의 속도가 된다'라는 문장이에요. 1등만 잘사는 사회는 위험한 거예요! 나는 여러분이 1등의 기록이 중요한 자전거 경주가 아니라 자전거 여행을 하듯 세상을 살면 좋겠어요. 그리고 나처럼 여러분도 여러분이 잘하는 것을 꼭 찾아서 그 분야에서 행복하게 즐기며 살 수 있기를 바랄게요."

학생들이 작가의 사인을 받기 위해 줄을 서 있는 동안 나도 슬며시 학생들 뒤에 줄을 섰다. 내 앞에 서 있던 학생이 살짝 웃으며 나에게 말했다.

"유쌤, 그렇게 좋아요?"

의도적으로 나타내지 않은 동작, 표정 등도 모두 하나의 기호가 되어 학생들에게 전달된다. 선생님이 즐거운 순간이면 학생들도 즐겁다. 학생들이 즐거운 순간이면 선생님도 즐겁다.

마지막 불꽃놀이

'책에 나오는 것은 무엇이든 해본다'라는 말은 천천히 깊게 읽기 수업을 대표하는 말이다. 작품 속 팀원들이 밤바다에서 불꽃놀이를 보고 모닥불 주위에 앉아 국화차를 마시는 장면을 생각하며 우리 반 학생들도 막대 폭죽에 불을 붙이고 교실에서 국화차를 마시며 책 한 권을 1년 동안 함께 읽은 것을 서로 축하해 주었다.

6학년 마지막 평가를 보던 날, '바꾸어 쓰기' 성취기준을 활용하여 문제를 제시했다. 실제 시험 문제에서는 '스토리 스파인(글쓰기를 할 때 일정한 형태의 뼈대를 제공하여 글을 완성해 볼 수 있게 하는 기법으로 박한샘 선생님에게서 배웠다)'의 도움을 받을 수 있도록 안내했다. 평가라는 것도 배움의 한 과정이고 조금이라도 이 순간을 학생들이 즐길 수 있었으면 좋겠다는 생각이 들었기 때문이다.

학생들의 답은 놀라웠다. '사는 게 너무 힘든 이유로' 자전거 여행에 참가하게 된 학생부터 '내가 추구하는 삶을 찾기 위해' 자전거 여행에 참가한 학생까지 다양한 이야기가 평가지에 담겨 있었다.

학생들과 1년 동안 책을 읽으며 작품 속 인물들처럼 비를 맞고, 삼겹살을 먹고, 국화차를 마시며 함께 불량한 자전거 여행을 했다. 그리

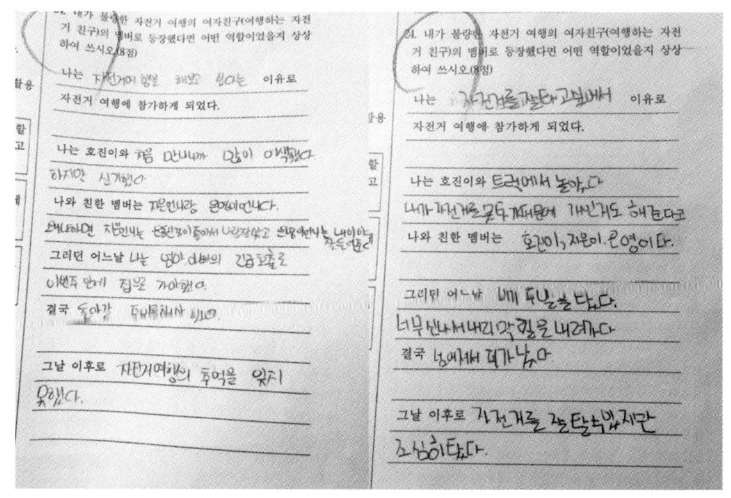

내가 불량한 자전거 여행의 여자친구(여행하는 자전거 친구)의 멤버로 등장했다면 어떤 역할이었을지 상상하여 쓰시오.(8점)

나는 자전거여행을 해보고 싶다는 이유로 자전거 여행에 참가하게 되었다.

나는 호진이와 처음 만나니까 많이 어색했다. 하지만 신기했다.

나와 친한 멤버는 지은언니랑 은영이언니다.

그러던 어느날 나는 엄마, 아빠의 긴급호출로 이번주 안에 집으로 가야했다.

결국

그날 이후로 자전거여행의 추억을 잊지 못했다.

24. 내가 불량한 자전거 여행의 여자친구(여행하는 자전거 친구)의 멤버로 등장했다면 어떤 역할이었을지 상상하여 쓰시오.(8점)

나는 이유로 자전거 여행에 참가하게 되었다.

나는 호진이와 트럭에서 놀았다

나와 친한 멤버는 호진이, 지은이, 은영이다.

그러던 어느날

결국 넘어져서 피가 났다

그날 이후로

작품 속 인물들을 실제 인물인 것처럼 쓴 학생들의 답안지

고 마지막 평가를 보는 시간에도 학생들은 교실 안에서 자전거 여행을 하고 있었다. 의자에 앉아 있는 듯 보였지만 의자를 신발처럼 신고 또 각또각 달리고 있었다.

내가 《불량한 자전거 여행》의 여자 친구(여행하는 자전거 친구) 멤버로 등장했다면 어떤 역할이었을지 상상하여 쓰시오.

나는 ______________________ 이유로

자전거 여행에 참가하게 되었다. ______________

____

나는 호진이와 ____________________________

____

나와 친한 멤버는 __________________________

____

그러던 어느 날 ___________________________

____

결국 ____________________________________

____

그날 이후로 _____________________________

____

스토리 스파인을 활용한 '바꾸어 쓰기' 평가지

02

저학년 학생들과 함께한 책 수업

– 프란치스카 비어만, 《책 먹는 여우와 이야기 도둑》

《불량한 자전거 여행》과 함께 1년을 보냈던 6학년 학생들의 졸업과 함께 나도 학교를 옮겼다. 6학급의 작은 학교에서 22학급의 학교로, 한 반에 8명이 있던 교실에서 28명의 아이들이 있는 곳으로 배움의 터를 옮겼다.

학교를 옮긴 첫 해, 나주중앙초등학교 2학년 1반, 아홉 살 인생 28명의 어린이들과 1년을 함께 보냈다. 처음에는 '천천히 깊게 읽기를 아홉 살 어린이들과도 할 수 있을까?'라는 의문을 갖고 3월을 보냈다. 하지만 학생들과의 관계가 형성되고 난 뒤 '이 어린이들과도 할 수 있겠다!'라는 결론을 내렸다. 그렇게 2학년 28명의 학생들과 40일 동안 나누게 된 책이 프란치스카 비어만의 《책 먹는 여우와 이야기 도둑》이다.

"오늘부터 선생님과 책을 천천히 그리고 깊게 읽어볼 거예요. 《책 먹는 여우와 이야기 도둑》의 주인공 여우 아저씨가 책에 소금과 후추를 뿌려 먹는 것을 좋아하니까 우리 앞으로 선생님과 책을 가지고 하는 수업을 '맛있는 책 수업'이라고 불러볼까요?"

《책 먹는 여우와 이야기 도둑》의 여우 아저씨는 유명한 탐정소설 작가다. 그래서 봄과 가을에 글감을 수집한다. 그런데 그 글감이라는 것이 봄의 향기, 뱃사람들의 이야기가 담긴 수첩들, 찢어진 우산 일곱 개처럼 남들 눈에는 필요 없거나 사소해 보이는 것들이다. 그렇게 글감을 수집한 뒤 겨울에는 지하 굴에 들어가 글을 쓴다.

학생들과 여우 아저씨처럼 나는 작은 것을 자세히 들여다보고 글로 자신의 생각을 담아내는 경험을 함께 나누고 싶었다. 글쓰기라는 행위가 거대 서사를 담아내는 것이 아니라 주변 사물을 자세히 관찰해 보는 것에서 시작하는 것임을 알게 해주고 싶었다. 이렇게 책 한 권을 통해 전하고자 하는 주제와 마음이 세워지자 자연스럽게 수업의 방향이 드러났다.

《책 먹는 여우와 이야기 도둑》 수업 계획서

차시	쪽수	책 내용	활동 내용(샛길 새기)	관련 교과 및 단원
1	1~3	《책 먹는 여우》 1권 간단히 줄인 이야기	《책 먹는 여우》 1권 전체 읽어주기	[아침독서시간]
2~3	4~17	여우 아저씨가 봄과 가을에 글감을 모아 이야기 창고를 가득 채웠다.	학교 숲 산책하며 글감 찾기, 이야기 창고 만들기	[국어]2-1-5. 무엇이 중요할까? [통합-봄]

4~5	18~22	여우 아저씨가 이야기 창고를 도둑 맞았다.	하루 이틀 사흘 나흘 등 날짜를 세는 우리말 알아보기, 봄에 나들이 갔던 경험 샌드위치 책에 그림 그리고 쓰기	[국어]2-1-5. 무엇이 중요할까? [통합-봄]
6~7	24~27	경찰관이 찾아왔지만 여우 아저씨의 마음을 알아주지 않았다.	마음을 알아주지 못해 속상했던 경험 이야기 나누기, 여우 아저씨가 잃어버린 물건 그리기	[국어]2-1-4. 생각을 전해요. [창체]학급특색
8~9	28~33	여우 아저씨가 몸에 털실을 두르고 도둑을 찾으러 땅속으로 떠났다.	줄로 신호 주고받기 놀이하기	[국어]2-1-5. 무엇이 중요할까? [통합-봄]
10 ~ 11	34~39	여우 아저씨가 잭키마론이 되어 책 냄새로 도둑을 찾아다녔다.	잭키마론 상상하고 특징을 설명하는 글쓰기	[국어]2-1-5. 무엇이 중요할까? [통합-봄]
12 ~ 13	40~43	여우 아저씨가 도둑을 찾으러 도서관에 도착했다.	맛있는 책 꾸미기, 책의 향기에 대해서 이야기하고 쓰기	[국어]2-1-6. 알기 쉽게 차례대로 [창체]학급특색
14 ~ 15	44~51	여우 아저씨와 사서가 도둑을 잡았다.	탐정놀이하기	[국어]2-1-6. 알기 쉽게 차례대로 [창체]학급특색
16 ~ 17	52~56	여우 아저씨가 도둑이었던 몽털 씨를 데리고 집으로 왔다.	글 쓰는 법 알아보기, 가족에 대한 글쓰기	[국어]2-1-8. 보고 또 보고 [통합-가족]
18 ~ 19	58~ 61(끝)	몽털 씨는 도서관 일에 적응했고, 여우 아저씨는 새 소설을 썼다.	하고 싶은 것과 잘하는 것 그리고 꿈 알아보기	[창체]학급특색 [통합-나]
20	총정리	샌드위치 책 완성하기	샌드위치 책 완성하고 책 파티 하기	[창체]학급특색

• 2017년 개정 교과서 이전의 수업 사례로 교과명과 단원은 현재와 다름

학교 숲을 함께 걸어볼까?

> 여우 아저씨는 귀를 쫑긋 세우고 눈을 번쩍 뜨고 코를 킁킁거리면서, 신기하고 이상야릇한 것들을 찾아다녔어요.
> 그리고 그것들을 모두 여우털 색깔 수첩에 꼼꼼히 적었어요.
> 그러다 기발해 보이는 물건을 발견하면 글 쓰는 데 사용하려고 집으로 가져갔어요. 물론 주인이 없는 것들만요.
>
> **–《책 먹는 여우와 이야기 도둑》 중에서**

탐정소설 잭키마론 시리즈의 작가인 여우 아저씨가 글감을 수집하러 가는 장면을 읽고 연구 노트를 작성했다. 2학년 학생들의 연구 노트에는 인물 찾는 과정을 추가하고 다른 과정을 과감하게 줄였다. 서사보다는 인물을 중심으로 작품을 파악하는 것이 저학년 학생들에게는 더 쉬울 것이라는 판단이 들었기 때문이다. 학생들은 생각보다 어렵지 않게 연구 노트를 통해 작품을 분석하고 정리하는 모습을 보여주었다.

연구 노트 활동을 마치고 통합교과 봄 시간을 활용해 학교 숲을 걸었다. 봄의 모습을 관찰하는 것을 작품과 연결해 여우 아저씨처럼 마음에 드는 글감을 찾아보도록 안내했다.

"여우 아저씨처럼 학교 주변을 산책하면서 글감을 모아보자! 꽃잎도 좋고 나뭇가지, 쓰레기라도 좋아. 글을 쓸 만한 소재가 되는 것을

여우 아저씨처럼 글감 찾고 이야기 창고 만들기

찾아보자!"

이 수업의 목표는 '사소한 것에 관심 갖기'였다. 학생들은 민들레 꽃씨, 부러진 나뭇가지, 스페이스 모양이 그려져 있는 카드 등이 신기하다며 깊게 관찰하더니 내게 다가와 자랑스럽게 보여주었다. 글감을 모두 찾은 뒤 국악실 서랍장을 이용하여 글감을 모둠별로 정리해 넣고 여우 아저씨처럼 이야기 창고를 만들었다.

맛있는 책 만들기 프로젝트

《책 먹는 여우와 이야기 도둑》은 글감을 찾아서 글을 쓰는 작가의 이야기다. 이 내용을 어떻게 국어 수업과 연결할 수 있을지 고민하다가 샌드위치 책(샌드위치 책에 대한 아이디어는 이현진 선생님의 책《초등 저학년 학급경영》에서 얻었다)을 떠올렸다. 생각이 떠오르자 바로 2학년 1학기 국어과에서 달성해야 하는 성취기준 중 쓰기 영역에 해당하는 것들을 모았다. 그리고 이 성취기준들을 달성하기 위해 학생들이 쓴 글을 교과서가 아닌 샌드위치 모양의 책에 담아보기로 했다.

"오늘부터 여우 아저씨가 맛있게 먹을 수 있는 샌드위치 책을 만들 거야. 너희들이 쓴 소중한 글들이 모여서 맛있는 책이 되고, 샌드위치 마지막 장에는 너희가 만든 이 책의 맛을 여우 아저씨에게 설명해 줄 거야."

식빵 그림이 그려진 하얀 종이와 함께 색종이를 학생들에게 한 묶음씩 나누어주었다. A4 사이즈 종이를 절반으로 접고 색종이 한 묶음을 그 안에 끼워 넣으면 크기가 딱 맞다. 아직 원고가 완성된 상태가 아니기 때문에 집게로 모서리를 고정하고 글을 쓸 때마다 학생들이 색종이를 한 장씩 꺼내 글을 쓸 수 있도록 안내했다. 샌드위치 책이니 글이 들어갈 색종이에는 샌드위치에 들어가는 재료 이름을 붙여가며 글을 썼다.

"오늘은 샌드위치에 양상추를 넣어볼까? 초록색 색종이를 꺼내 글을 써봅시다."

"오늘은 샌드위치에 치즈를 넣어보면 어떨까? 노란색 색종이에 글을 써봅시다."

이야기 창고에 보관해 두었던 글감을 가지고 초록색 색종이에 첫 글을 썼다. 글 제목은 '나의 글감 이야기'다. 학생들은 글감을 선택한 까닭, 글감의 색깔, 모양, 특징 등을 자신의 경험과 연결하여 살아 있는 글로 완성했다. 이렇게 쓴 글은 2학년 국어과 성취기준인 '대상의 특징을 설명하는 글쓰기'와 자연스럽게 연결되었다. 작품 속 주인공인 여우 아저씨처럼 글을 쓰다 보니 벌써 맛있는 책의 첫 페이지가 채워졌다.

샌드위치 책 만드는 법

① A4 크기의 샌드위치 표지를 반으로 접는다

② 색종이 한 묶음(5장 세트)을 샌드위치 안에 넣는다.

③ 집게로 임시 고정한다.

④ 색종이를 한 장씩 꺼낼 때마다 색깔별로 샌드위치 재료에 빗대어 이름을 붙이고 글을 쓴다. (초록-양상추, 노랑-치즈, 분홍-소시지, 주황-당근)

⑤ 글을 길게 써야 할 경우 A4 종이를 절반으로 잘라서 글을 쓰고 샌드위치 안에 넣는다.

⑥ 책이 완성되면 구멍을 뚫어 엮어주고 이 책의 맛을 설명하는 글을 마지막 장에 표현한다.

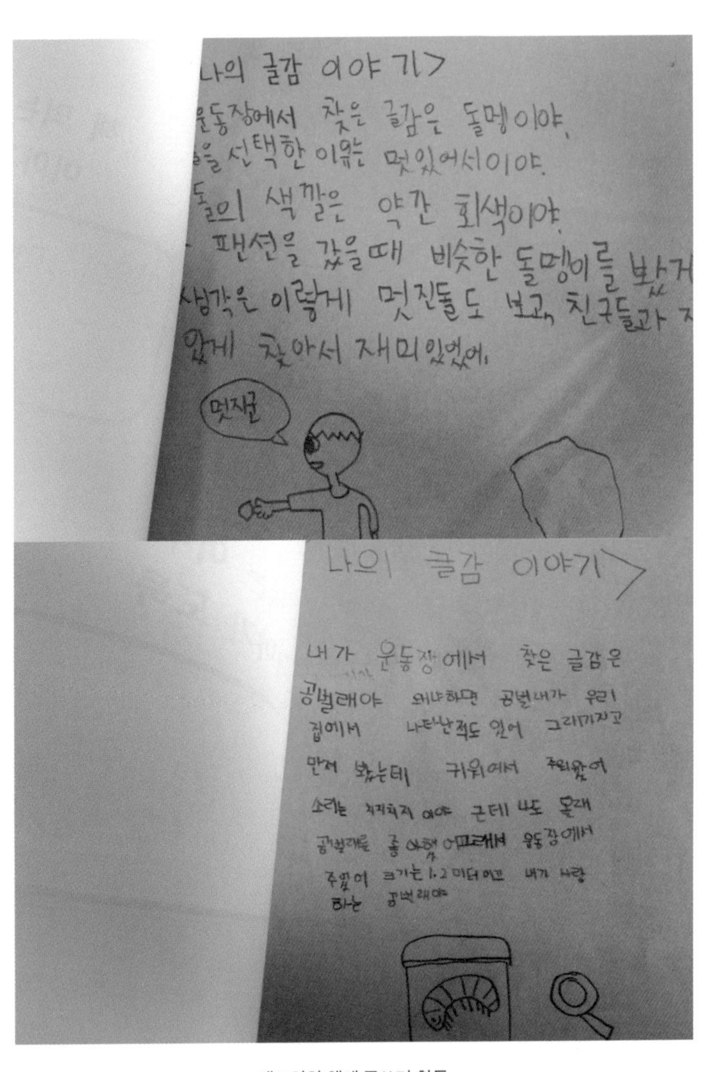

샌드위치 책에 글쓰기 활동

두 번째 시간에는 고운 말을 사용하여 고마운 마음을 전하는 글을 파란색 색종이에 썼다. 이렇게 학생들과 국어과 수업을 하며 샌드위치 책을 계속 채워나갔다. 국어 교과뿐만 아니라 2학년 통합교과와도 연계해 글을 썼다. 봄과 관련된 경험을 글과 그림으로 노란색 색종이에 나타내기도 하고 보라색 색종이에 가족을 소개하는 글을 쓰기도 했다.

《책 먹는 여우와 이야기 도둑》에서 글감 도둑이었지만 작가가 되고 싶었던 몽털 씨를 딱하게 여긴 여우 아저씨는 몽털 씨에게 글 쓰는 방법을 알려준다. 작품의 흐름에 따라 학생들도 글 쓰는 방법을 배웠다. 어색한 문장이란 어떤 것인지 알아보고 문장부호에 대해서도 알게 되었다. 그리고 자신의 글을 고쳐보는 과정을 경험했다. 학생들은 자신의 글을 꼼꼼하게 점검하며 고쳐나갔다. 교과서나 학습지에 글을 쓰는 것과는 확연히 다른 모습이었다.

2학년 학생들은 샌드위치 책을 만들고 있다는 이유 하나만으로도 즐겁게 글쓰기에 참여했다. 그렇게 학생들은 책의 흐름에 따라 자연스럽게 각자의 책 한 권을 가진 작가가 되었다.

내 마음을 알아주지 않아서 속상한 적이 있었나요?

"이봐요, 날 바보로 아는 거요? 이야기를 도둑맞았다고? 웃기지도 않군. 없어졌다는 게 아무짝에 쓸모없는 낡아 빠진 것들이잖소! 다 쓰레기 아니오?"

–《책 먹는 여우와 이야기 도둑》 중에서

봄과 가을에 글감을 가득 채워두었던 여우 아저씨의 창고에 도둑이 들었다. 출판사 대표인 빛나리 씨의 도움으로 겨우 정신을 차린 여우 아저씨는 이 사실을 경찰에 신고한다.

현장에 출동해 도둑맞은 물건들을 하나하나 적어 내려가던 경찰관은 이내 수첩을 닫으며 화를 버럭 낸다. 봄의 향기, 뱃사람들의 이야기가 담긴 수첩들, 찢어진 우산 일곱 개 등 여우 아저씨에게는 소중한 물건이었지만 경찰관의 눈에는 쓰레기에 불과했던 것들이었다. 결국 여우 아저씨의 마음을 이해하지 못한 채 경찰관은 그 자리를 떠나버린다. 학생들과 글을 함께 읽으며 공감받지 못했던 경험을 나누었다.

"누군가 경찰관처럼 여러분의 마음을 알아주지 않아서 서운했던 적이 있나요?"

"언니에게 장난감 고장 난 곳을 고쳐달라고 이야기했는데 무시해서 속상했어요."

"엄마에게 저녁에 무엇을 물어보려고 전화했는데 술 마시고 있다며 무시하셔서 속상했어요."

누군가가 내 마음을 알아주지 않았던 경험들을 나누고 우리들은 다른 사람의 마음을 잘 헤아려주면 좋겠다는 이야기를 함께 나누었다. 주인공의 감정에 공감하고 귀를 기울이는 모습을 통해 학생들이 조금씩 책을 천천히 깊게 읽는 것에 익숙해지고 있다는 것을 느낄 수 있었다.

경찰관이 가버린 후 여우 아저씨는 혼자서 도둑을 추적하기로 결심한다. 그리고 자신의 후원자인 빛나리 씨의 스웨터에서 털실을 풀어내 안전장치로 활용한다. 도둑을 찾아 들어간 땅속에는 겨울잠을 자는 토끼도 있고 땅 밑을 흐르는 개천도 있다. 이러한 상황을 함께 상상해 보는 것만으로도 학생들의 상상풍선은 커진다.

연구 노트를 작성하며 '추적'이라는 낱말을 가지고 짧은 글을 썼다. 그리고 자연스럽게 샛길로 들어갔다.

> "내가 끈을 당겨 신호를 보낼 거야. 세 번 잡아당기면 아무 일 없다, 두 번 잡아당기면 낌새가 안 좋다. 한 번 잡아당기면 위험하다는 뜻이야. 한 번도 잡아당기지 않으면……. 흠, 그런 일이 없기를 바라야지."
>
> **-《책 먹는 여우와 이야기 도둑》중에서**

"얘들아, 우리 여우 아저씨처럼 탐정이 되어 땅굴 속에서 도둑을 추적해 볼까? 땅굴 속은 분명 어두울 거야. 안대를 쓰고 모둠원들이 주는 신호에 맞춰서 반환점을 돌아오자!"

책에서 여우 아저씨가 끈 한 가닥을 가지고 땅굴 속을 탐험했던 것처럼 학생들도 모

주인공처럼 동굴 속 탐험하기

둠마다 규칙을 만들어 도둑을 추적해 보기로 했다. 학생들은 안대를 쓰고 친구들이 전해 주는 줄 신호에 맞추어 목적지에 도착했다. 어둠 속에서 땅굴을 상상하며 작품의 한 장면으로 빠져드는 모습이 정말 흥미진진해 보였다. 학생들은 책 속의 여우 아저씨가 되어 탐험을 하며 이 순간을 즐기고 있었던 것이다.

우리는 즐거움을 위해서 책을 읽어야 한다. 글 읽기는 삶을 풍요롭게 한다. 학생들은 이 사실을 온몸으로 배우고 있었다.

막연한 꿈이 아닌 흥미와 재능 찾기

여우 아저씨의 이야기 창고를 털었던 몽털 씨는 작가가 되고 싶었다. 글감이라도 가져오면 글을 잘 쓸 수 있을 것이라고 생각했는데 글감만 가지고는 어려웠다. 이런 상황을 안타깝게 여긴 여우 아저씨는 몽털 씨를 집으로 데려와 작가 수업을 시작한다. 하지만 아무리 글 쓰는 방법을 알려주고 종이에 소금과 후추를 뿌려보아도 몽털 씨의 글은 나아지지 않았다. 몽털 씨에게는 글을 쓰는 재능이 없었던 것이다. 그런데 몽털 씨가 잘하는 일은 따로 있었다.

> 그런데 몽털 씨는 도서관 일에는 잘 적응했어요. 책을 분류하고, 번호를 붙이고, 사람들에게 책을 빌려 주고 기록하는 일이 재미있었어요. 무엇보다 새로 나온 책을 읽을 생각에 마음이 설레었어요.
>
> **–《책 먹는 여우와 이야기 도둑》 중에서**

"여우 아저씨는 어떤 일을 잘하나요?"
"글 쓰는 일요!"
"몽털 씨는 어떤 일을 잘하나요?"
"도서관 사서 일요!"
"여우 아저씨가 도서관 일을 잘할 수 있을까요?"
"아니요. 도서관에서 일하며 책을 다 먹어버릴 거예요!"

학생들과 책을 읽는 마지막 시간에 연구 노트를 정리하며 여우 아저씨, 몽털 씨, 빛나리 씨, 사서, 빛나리 씨 부인이 사건 이후에 어떻게 살게 되었는지 확인해 보았다. 모두 자신의 위치에서 행복하게 살게 되었지만 삶의 가장 큰 변화가 있는 인물은 몽털 씨였다. 《책 먹는 여우와 이야기 도둑》이라는 작품의 주인공은 여우 아저씨가 아닌 이야기 도둑 몽털 씨였던 것이다. 그는 막연하게 글을 쓰고 싶다고 생각했지만 그러한 능력이 없는 것에 좌절했다. 하지만 결국 자신의 재능과 흥미에 대해 알고 나서 사서로서의 행복한 일상을 살게 된다. 이 작품은 몽털 씨의 이야기를 통해 우리에게도 막연한 꿈이 아닌 자기가 좋아하고 잘할 수 있는 것이 무엇인지 먼저 알아보자는 메시지를 전하고 있다.

"그냥 '무엇이 되고 싶다'라는 생각을 하기보다 몽털 씨나 여우 아저씨처럼 내가 잘할 수 있는 일과 하고 싶은 일을 살펴봅시다."

흥미와 재능에 대해 학생들과 이야기를 나눈 뒤 연구 노트 뒷장에 원 두 개를 그렸다. 원 두 개를 살짝 겹치게 그린 다음, 왼쪽에는 자기가 좋아하는 것들을 쓰고 오른쪽에는 자기가 잘하는 것을 써보자고 말했다. 그리고 잘하는 것과 좋아하는 것 모두에 해당하는 것은 가운데 두 원이 겹치는 곳에 써볼 수 있도록 안내했다.

이 활동은 통합교과에서 재능과 흥미를 알아보는 진로 활동과 연계해 진행했다. 이 활동은 교과서에도 제시되어 있는 단순한 활동이었다. 하지만 학생들이 참여하는 모습은 교과서에 자신의 생각을 채워

넣을 때와는 확연히 달랐다. 학생들은 책을 읽으며 자신의 진로에 대해 고민하고 좌절하지만 결국에는 꿈을 찾게 된 한 인물의 이야기를 깊게 공감하며 읽었기 때문이다.

이 수업은 막연한 꿈이 아닌 나 자신을 먼저 알아보는 과정을 경험하며 꿈과 진로에 대해 생각해 볼 수 있었던 인생의 소중한 시간이었다. 학생들의 진지한 모습을 바라보며 몽털 씨처럼 자신의 꿈을 찾아 행복한 삶을 살기를 진심을 담아 응원했다.

21세기 2학년 교실에서 일어나는 이야기

나주중앙초등학교 2학년 1반 학생들과 광주봉주초등학교 2학년 4반 학생들은 같은 책으로 천천히 깊게 읽기 수업을 함께 진행했다. 수업 방식은 조금 달랐지만 두 학급의 학생들은 같은 책을 읽었던 것이다. 그때 당시 우리 반 학생들과 광주봉주초등학교 2학년 4반 학생들은 한 달에 한 번 손편지를 주고받는 학급 교류 활동을 진행하고 있었다. 이 활동에 따라 6월의 어느 날 우리 반 앞으로 스무 통이 넘는 편지가 도착했다.

나는 학생들이 받은 편지에 책 이야기가 들어 있다는 생각을 하지 못했다. 사실 손 편지 활동은 책 수업의 과정으로 준비한 것이 아니었기 때문이다. 그래서 학생들에게 쉬는 시간이나 집에 있는 시간을 활

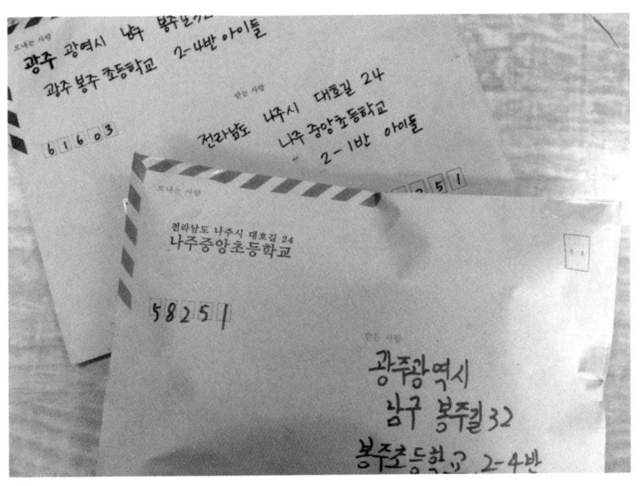

같은 책으로 천천히 깊게 읽기 수업을 했던 광주봉주초등학교 학생들로부터 받은 편지

용해서 답장을 써오라고 대충 안내했었다.

그런데 다음 날, 나는 학생들이 써온 답장을 보고 깜짝 놀랐다. 책을 읽고 재미있었던 부분, 감동했던 부분들에 대한 이야기를 다른 지역에 살고 있는 친구들에게 편지로 소개하고 있었다. 알고 보니 광주봉주초등학교 2학년 4반 아이들이 책 수업을 마친 뒤 《책 먹는 여우와 이야기 도둑》을 읽은 소감을 손 편지로 보내주었던 것이다. 손 편지로 책에 대한 감상을 나누는 장면이 21세기 2학년 1반 교실에서 자발적으로 일어나는 것을 믿을 수가 없었다.

처음 2학년 학생들과 천천히 깊게 읽기 수업을 시작하며 '2학년은 집중 시간도 짧은데 책을 천천히 깊게 읽을 수 있을까?'라는 생각을 했다. 하지만 2학년 학생들은 이 수업을 통해 그 누구보다도 책을 좋아하게 되었다. 쉬는 시간이면 담임 선생님과 책의 주인공에 대해서 이야기했고, 하루 종일 하는 낙서의 주인공은 어느새 여우 아저씨가 되어 있었다.

천천히 깊게 읽기의 효과는 독해력이나 성적을 올리는 것이 아니다. 그보다는 책을 온전히 누리는 방법을 익히고, 책 읽는 기쁨을 아는 건강한 독자가 되는 것이다.

03

중학년 학생들과 함께한 책 수업

– 임지형, 《방과 후 초능력 클럽》

책을 읽는다는 것은 여행과 많이 닮아 있다. 여행을 떠나기 전의 설렘, 여행을 하며 느끼는 즐거움, 여행을 다녀와서 여정을 돌아보는 감상, 이 세 가지의 과정이 책을 읽으며 얻을 수 있는 즐거움과 비슷하기 때문이다.

혼자 떠나는 여행도 즐겁다. 그러나 좋은 사람들과 함께 떠나는 여행 역시 색다른 즐거움을 우리에게 선물한다. 그래서 4학년 27명의 학생들과 책 한 권으로 떠나는 책 여행을 준비했다.

4학년 학생들과 어떤 책을 가지고 여행을 떠날까 고민하다가 학생들의 땀 냄새가 물씬 나는 이야기를 찾았다. 바로 임지형 작가의《방과 후 초능력 클럽》이다. 이 작품의 주인공 민성이는 지구를 지켜야 한다는 동엽이의 엉뚱한 제안에 '방과 후 초능력 클럽'을 만들게 된다. 그 후 친구들과 자율적으로 클럽 활동을 하며 조금씩 용기를 갖고 성장하는 민성이와 친구들의 이야기가 펼쳐진다.

언제부터 '방과 후'라는 말이 '즐거움', '놀이', '해방'과 같은 뜻이 아니라, '방과 후 학교 수업', '학원' 같은 의미로 어린이들에게 다가오게 된 것일까? 이 책을 함께 읽으며 학생들에게 진짜 '방과 후'의 의미를 알려주고 싶었다. 스스로 무엇인가를 계획하고 실현해 보고, 이를 통해 삶을 꾸려갈 수 있는 힘을 끌어내주고 싶었다. 또한 서로에게 용기를 주고 응원해 주는 따뜻한 학급 문화를 만들고 싶었다.

독서 단원과 함께 여행 계획 세우기

교육과정이 개정되면서 국어 교과에 '한 학기 한 권 읽기'를 구현한 '독서 단원'이 제시되었다. 한 단원(8~10차시)을 온전히 학생들과 책 읽는 시간에 사용할 수 있기 때문에 이전보다 재구성에 많은 시간과 노력이 필요하지 않았다.

먼저 독서 단원을 포함한 국어 교과서의 문학 단원들을 성취기준을 중심으로 재구성하였다. 그리고 다양한 샛길 새기 활동을 수학, 사회, 체육, 음악, 미술 등 다른 교과와 연계하여 선정하고 계획을 완성했다. 이렇게 완성된 여행 계획서는 다음과 같다.

《방과 후 초능력 클럽》 여행 계획서

- **수업 주제** : 어린이들에게 진짜 방과 후를 돌려주자!
- **중심 활동**
  - 어린이들이 자율적으로 무엇인가를 계획하고 실현할 수 있는 기회 주기
  - 어린이들이 스스로 삶을 꾸려나갈 수 있는 힘을 끌어오기
  - 친구에게 용기를 주고 응원해 주는 문화 만들기

차시	쪽수	책 내용	활동 내용(샛길 새기)	관련교과 및 단원
1	읽기 전 활동	책 내용 예상하기	• 책 조각으로 책 내용 예상하기 활동(영상으로 남겨서 책 수업이 다 끝난 후에 다시 시청하기)	[독서단원]
2	7~13	동엽이가 UFO를 보았다며 영웅이 되어보자는 황당한 이야기를 했다.	• UFO를 본 적이 있는지, 방과 후에 어떤 일들을 하는지 앙케트 활동으로 조사하고 통계 내는 활동	[독서단원] [수학 4-1-5. 막대그래프]
3	13~19	동엽이가 방과 후 초능력 클럽을 만들자고 제안했다.	• 동엽이의 입장(쪽지 내용 활용)에서, 친구들의 입장(당황스러운 마음)에서 시 쓰기(낭독극과 연계)	[독서단원] [국어 4-1-10]
4	20~34	삼총사가 대원들을 모집하고 방과 후 초능력 클럽이 결성되었다.	• 만들고 싶은 방과 후 클럽 모집 포스터 만들기 • 관심 분야가 맞는 친구들끼리 모여서 활동 계획서 작성하기	[독서단원] [국어 4-1-7] [창체-자치활동] [미술]
5	35~45	에스퍼맨 대원들이 복권을 만들어 연구 자금을 마련했다.	• 우리반 로또 만들기(미덕 활용) • 우리 반 나눔장터 열기(학년 전체로 확대하고 수익금 기부하기) • 시 쓰기(낭독극과 연계)	[국어-4-1-7] [창체-자치활동]

6	46~59	에스퍼맨 대원들과 민성이가 체력 훈련을 하였고 동엽이는 그런 민성이를 응원해 주었다.	• 운동 목표 정해서 꾸준히 실천하기(줄넘기, 달리기 기록, 스태킹 컵) • 교육연극 : 연극놀이	[국어 4-1-7] [체육]
7	60~76	초능력 클럽 대원들이 가라앉은 반 분위기를 바꾸기 위해 보드게임을 만들었다.	• 우리 반 보드게임 만들기	[독서단원] [창체-자치활동]
8	77~97	초능력 클럽 대원들이 초능력 훈련을 하고 연희 동생 연철이를 연희에게 찾아주었다.	• 나만의 영웅 슈트 만들기(체육대회 반티 활용) • 자율활동 시간에 우리 반 방과 후 클럽 활동하기(수요일 6~7교시 또는 목요일 5교시 돌려주기)	[창체-동아리 활동]
9	98~108	기훈이와 찬이는 운동회에서 우수한 성적을 거두었고 민성이는 달리기에서 3등을 했다.	• 운동 목표 실천한 이야기 함께 나누기	[국어-4-1-10]
10	109 ~ 117	민성이가 동엽이에게 화풀이를 했다.	• 인물 관계도 그리기 • 시 쓰기 및 찾기(낭독극과 연계)	[국어-4-1-10]
11	118 ~ 135	동엽이가 학교에 오지 않아 친구들이 동엽이를 찾았다.	• 인물의 시점 차트 • 시 쓰기 및 찾기(낭독극과 연계)	[국어-4-1-10]
12	146 ~ 147	동엽이가 전학을 가게 되었다.	• 친구에게 고마운 마음을 전하는 편지 쓰기 • 교육연극 : 과정드라마(동엽이가 전학 가는 순간 응원의 말)	[국어-4-1-3]
13	148 ~ 157	민성이가 방과 후 초능력 클럽의 대장이 되고 새로운 대원을 모집하게 되었다.	• 장점 쇼핑몰 활동하기 • 친구 보석(장점) 찾아주기	[창체- 학교폭력예방교육]
14 ~ 15	읽고 난 뒤 활동	낭독극 준비하기	• '진정한 친구란?'을 소재로 시 쓰기 • 낭독극 대본 만들기	[독서단원]
16	읽고 난 뒤 활동	낭독극 공연 포스터 만들고 준비하기, 공연하기	• 낭독극 공연(시청각실에서 진행)	[독서단원] [미술] [창체-자치활동]

유쌤, 교육부 장관이 되다!

학생들에게 진짜 방과 후가 무엇인지 알려주기 위해서 책과 교육연극 수업을 함께 연구하는 양승복 선생님의 도움을 받아 교육연극 활동을 진행했다.

사실 처음에는 책을 읽으며 작품 속 주인공들처럼 학생들이 자유롭게 방과 후 클럽을 만들어 활동할 수 있는 기회를 주고 싶었다. 하지만 학생들은 방과 후에도 수많은 스케줄이 있었다. 그래서 연극적 기법을 활용해 한정된 시공간에서라도 학생들이 자유롭게 해방감을 느낄 수 있도록 수업을 계획했다.

학생들을 연극적 상황에 초대하려면 먼저 학생들의 삶을 교실 공간으로 가져와야 한다. 그래서 "여러분들은 3시 30분에 어디에서 무엇을 하고 있나요?"라는 물음을 학생들에게 던지고, 모둠별로 몸을 움직이지 않은 채 정지 동작 상태로 방과 후에 무엇을 하고 있는지 표현할 수 있도록 안내했다.

대부분의 학생들은 학원에서 공부하는 장면을 표현했다. 심지어 한 모둠은 누워 있기만 했는데, 무엇을 표현한 것인지 물었더니 "학교가 끝나면 너무 힘들어서 쓰러져 있어요."라는 이야기를 했다.

나는 잠시 밖으로 나갔다. 자켓을 입고 돌아온 나는 교육부 장관이 되어 학생들에게 새로운 정책을 발표했다.

"안녕하십니까? 교육부 장관 유장관입니다. 이번에 새로 출범한 우

교육부 장관 특별 담화

리 정부에서는 이렇게 방과 후에 힘든 삶을 살고 있는 학생들을 위해 '자율 방과 후 클럽 의무화' 정책을 시행하기로 했습니다. 이제부터 전국에 있는 모든 초등학교에서 3시 30분부터 4시 30분의 시간은 자율 방과 후 클럽 시간으로 운영합니다. 각 학교에서는 학생들이 자유롭게 방과 후 클럽을 운영할 수 있도록 준비해 주시기 바랍니다."

정책 발표를 마친 유장관은 교실 밖으로 나가 자켓을 벗고 담임 교사가 되어 다시 돌아왔다

"교육부 장관님 말씀 잘 들었지? 우리 학교도 방과 후 클럽을 운영하게 되었어. 작품 속 주인공들처럼 계획서부터 만들어보자!"

"진짜요? 우와!"

실제가 아니라는 것을 알지만 오히려 연극적 상황이기에 학생들은

틀에 얽매이지 않고 자유롭게 관심사가 같은 친구들끼리 클럽을 결성하는 모습을 보였다. 요리를 연구하는 '배초요(배고픈 초등학생 요리사)', 자전거 타기를 좋아하는 '달려라 자전거' 등 다양한 클럽이 결성되었다.

이렇게 탄생한 클럽 친구들은 작품 속 주인공들처럼 목적, 요일별 활동 계획, 예산 계획까지 넣어 계획서를 작성했다. 목표도 꽤 구체적이었는데 '달려라 자전거' 클럽의 목표는 근처에 있는 혁신 도시까지 왕복할 수 있는 체력을 기르는 것이었다.

현실에서는 실현하기 어려운 일이지만 연극적 상황을 통해 학생들은 자율적으로 동아리를 만들고 활동해 볼 수 있는 기회를 갖게 되었고, 책 수업을 하는 순간만큼은 마음껏 해방감을 느낄 수 있었다. 이렇

연극적 상황에서 만들어진 방과 후 동아리들

게 학생들은 작품과 자신의 삶을 연결하며 책 속에 점점 빠져들었다.

연극적 상황은 책 수업을 하는 동안 계속되었다. 책을 함께 읽는 순간만큼은 학생들이 만든 클럽 단위로 활동할 수 있도록 기회를 주었던 것이다. 작품 속 주인공들이 보드게임을 만들면 클럽 학생들과 함께 보드게임을 만들어보고, 작품 속 주인공들이 보자기를 이용해 단복을 만들면 비옷을 이용해 클럽 단복을 만들었다. 학생들은 함께 책을 읽고 활동을 하는 순간을 하나의 연극처럼 받아들이고 즐기는 모습이었다.

책을 텍스트로만 받아들이는 것이 아니라 학생들의 삶을 가져와 연극적 상황을 부여하면 책 수업이 하나의 연극 작품이 된다. 학생들은 상상의 폭이 크다. 꼭 실제가 아니더라도 학생들에게 던진 물음 하나가 학생들을 마음껏 뛰어놀게 할 수 있다.

작품 속 주인공이 되어보는 일

"피…… 피?"

"놀라기는. 우리가 진짜 피를 나누자는 건 아니고, 피 대신에 피와 비슷한 이 약을 손에 묻히고 혈서를 쓰자는 거지."

"혈서?"

"응. 우린 피를 나눈 형제라는 의미를 담자는 거야."

-《방과 후 초능력 클럽》 중에서

방과 후 클럽 대원들을 모집한 동엽이와 친구들은 함께 모여 결성식을 한다. 이때 삼국지의 도원 결의를 연상케 하는 장면이 등장한다. 이 장면을 학생들과 함께 읽고 작품 속 인물들처럼 손바닥에 빨간 물감을 묻혔다. 그리고 손도장을 찍어 협동화를 만들었다. 협동화에는 다음과 같은 글이 남아 있었다.

작품 속 인물들이 했던 장면을 따라 한 물감으로 손바닥 찍기 활동

'지구는 우리가 지킨다. 4학년 3반 클럽'.

이 활동은 인터넷 교육 매거진 에듀콜라에 글을 연재하고 있는 김보법 선생님의 '손바닥 찍어 간판 만들기' 활동을 응용한 것이다.

같은 활동이라도 어떤 맥락에서 상황을 부여하느냐에 따라 학생들은 의미를 다르게 구성한다. 이 활동은 '4학년 3반 파이팅!'이라는 글자를 넣어 학급 협동 미술 활동으로 진행할 수도 있다. 하지만 작품의 흐름에 맞추어 진행하니 훌륭한 읽기 수업이 되었다. 이날 학생들은 작품 속 주인공이 되어 손바닥 도장을 찍고 있었다.

이외에도 《방과 후 초능력 클럽》을 함께 읽으며 학생들과 다양한 샛길 새기 활동을 진행했다. 작품 속 친구들이 집에서 잘 쓰지 않는 물건들을 학교에 가져와 싼 가격에 팔고 활동 자금을 모으는 부분에서는 학년 알뜰시장을 열었다. 물건의 가격은 최대 300원, 작품에 나오는 물건들의 가격과 동일했다. 알뜰시장이 끝나고 나주중앙초등학교 4학년 학생들은 '지구는 우리가 지킨다!'라는 주인공들의 메시지에 맞추어 행사로 얻게 된 수익금 70,100원을 국제환경보호단체인 그린피스에 후원했다.

이외에도 여러 활동을 미술, 체육, 창의적 체험 활동과 연계하여 진행했다. 달리기에 자신이 없어 친구들과 체력 훈련을 하는 민성이를 떠올리며 스태킹컵 쌓기 연습을 했고, 운동회를 하는 장면을 읽으며 엉뚱한 교실 운동회를 함께 즐겼다. 학생들은 이런 샛길 새기 활동을 통해 책 읽기의 즐거움을 경험하고 서로 응원하는 학급 문화를 만들어

물건의 재사용
생명이 다한 물건의 재활용
그 과정에서 나오는 수익금은 환경단체 그린피스 전액 후원

나주중앙초등학교 4학년

지구를 지켜라!
에스퍼맨 나눔장터

○ 참가대상 : 재사용 판매를 통해 나눔 운동에 함께 참여해 지구를

○ 기부물품 2018. 6. 8. ~ 6. 12.까지

○ 운영일시 및 장소 : 2018년 6월 14일(목) 4-5교시, 4학년 교실

○ 기부물품은 어떤 것?
집에서 사용하지 않는 학용품, 옷, 신발, 가방, 장난감, 책 등 사용가능한 물건

장터에서 얻는 수익은 전액 환경단체 그린피스에 기부합니다.
장터 이후 남는 물품은 교육복지부에서 운영하는 씨앗장터에 기부합니다.

지구를 지키기 위한 나눔 장터 활동 안내 포스터

가고 있었다.

무엇보다 기뻤던 것은 수업을 진행할수록 학생들이 해보고 싶은 것을 책에서 찾아 직접 제안하는 모습이었다. 책을 즐길 줄 아는 적극적인 독자들의 모습에 책장이 넘어갈수록 마음이 따뜻해졌다.

진짜 민성이가 나타났다!

책을 학생들과 함께 읽으며 학생들이 정말 책을 즐기고 있는 것인지 궁금했다. 혹시 이야기 그 자체가 아니라 책을 읽고 나누는 활동만 즐기고 있는 것은 아닐까라는 의문이 들었기 때문이다. 그런데 작가와의 만남을 통해 이 의문이 해결되었다.

《방과 후 초능력 클럽》을 쓴 임지형 작가님을 학교로 초대했다. 마침 가까운 거리에 살고 계셨던 작가님은 한걸음에 어린이 독자들을 만나러 오셨다. 작가님은 노는 것의 중요성과 글을 쓰는 것에 대해 이야기를 해주었다. 그런데 강의가 끝나갈 무렵 사건이 하나 시작되었다.

작가님은 뒤쪽을 가리키며 학생들에게 말했다.

"방과 후 초능력 클럽의 주인공 김민성이 이 자리에 와 있어요!"

학생들은 하나같이 소리를 지르며 모두 고개를 뒤로 돌렸다. 시선이 모인 곳에는 정말 김민성이 앉아 있었다. 사실 《방과 후 초능력 클럽》의 이야기는 작가님의 배우자인 김민성 님의 어린 시절 이야기를 바탕으로 쓴 것이었다. 그래서 주인공의 이름도 그대로 '김민성'으로 쓴 것이다. 동화 속에서 진짜 주인공이 튀어나온 것 같은 상황에 학생들의 표정은 무척 들떠 있었다.

그때부터 작가와의 만남은 주인공과의 만남으로 바뀌었다. 학생들은 작가보다 주인공의 모티브가 되었던 김민성 님에게 더 많은 질문을 했다. 책을 대충 읽고서는 할 수 없는 질문들도 많았다. 심지어 김민성 님에게 사인을 받아가려는 학생들이 줄을 서는 상황까지 벌어졌다. 학생들은 활동뿐만 아니라 이야기 그 자체도 충분히 즐기며 읽고 있었던 것이다. 학생들은 작품 속 인물들 하나하나를 기억하고 마치 실제 일어난 일처럼 자연스럽게 서사를 즐기고 있었다.

이 만남을 통해 학생들은 자신들의 삶도 이야기가 될 수 있음을 깨닫게 되었다. 이야기라는 것이 멀리 있는 것이 아니라 우리 삶과 가까이 있음을 알게 된 것이다.

함께 읽는 즐거움

책 수업을 하며 가장 중요하게 생각했던 원칙은 '수업 시간에 함께 읽는다'는 것이었다. 집에서 읽어오거나 따로 읽는 것이 아니라 교실에서 함께 읽는 시간을 가장 소중하게 여겼던 것이다.

책을 읽기 전에 미리 역할을 맡을 친구, 설명글을 읽을 친구를 지원받아 '읽기 천사'라는 이름으로 정하고 수업 시간에 함께 읽었다. 학생들은 작은 부분이라도 역할을 맡아 읽고 싶어 했다. 학생들이 매 시간마다 어떤 부분을 읽었는지 기록해 두었고 이를 통해 학급의 모든 학생들이 골고루 작품을 읽을 수 있었다. 또 이렇게 꾸준히 기록하다 보니 학생들의 '읽기 능력'도 자연스럽게 파악하고 평가할 수 있었다.

무엇보다 학생들과 '함께 읽는 기쁨'을 누리고 싶었다. 그래서 낭독극을 시작하게 되었다. 먼저 책 한 권을 낭독극 대본으로 만들기 위해 '방과 후 작가클럽'을 모집했다. 글쓰기에 관심 있는 학생들 6명이 자발적으로 지원했고 한 달 동안 방과 후에 모여 낭독극 대본을 완성했다. 이후에 학급 전체 학생들은 역할 낭독자, 해설자, 시 낭독자, 음악 연주가, 무대 마임배우, 기술 담당으로 역할을 나누었고 책을 읽으며 직접 쓴 시와 그림으로 무대를 꾸몄다.

학생들은 자신이 맡은 역할에 책임감을 갖고 함께 공연을 준비해 나갔다. 낭독극은 혼자 읽는 것이 아니라 상대를 두고 함께 읽어야 했기 때문에 학생들은 공연을 준비하며 작품에 더 깊게 빠져들 수 있었다.

무대에 극을 올리던 날, 학생들이 한마음 한뜻으로 소리 내어 작품을 읽는 모습을 보며 '정말 좋다'라는 말이 내 안에서 계속 터져 나왔다. 책을 읽고 무엇인가 활동을 해서 좋은 것이 아니라 '함께 읽는 것' 자체가 좋았던 것이다.

우리가 문학 작품을 붙들고 학생들과 함께 나누는 까닭도 여기에 있지 않을까? 책을 읽고 무엇인가를 하는 것이 아닌 '함께 읽는 것' 그 자체, 그리고 '함께 삶을 나누는 것'. 그 기쁨을 앞으로도 계속 누리고 싶다.

교과서 대신에 책 한 권을
학생들과 천천히, 그리고 깊게 나누기

셋
천천히, 깊게 읽다

01

어떻게 하면 함께 잘 읽을 수 있을까?

학생들과 책을 읽다가 문득 몇 가지 물음이 떠올랐다. 과연 이 학생들은 책을 잘 읽고 있는 것일까? 독후 활동만 열심히 한 것은 아닐까? 책을 잘 읽는다는 것은 도대체 어떤 것일까? 학생들에게 책 읽는 방법을 어떻게 알려주어야 할까?

천천히 깊게 읽기 수업의 핵심은 '활동'이 아니라 '읽기'에 있다. 그동안 그림책, 동화 등 어린이책은 수업의 주인공이 아니라 도구로써 기능해 왔다. 수업의 도입 부분에 학생들의 참여 동기를 불러일으키는 역할을 해왔고 배경지식을 얻기 위한 백과사전의 역할을 수행하기도 했으며, 최근에는 주제 중심으로 여러 교과를 연결하는 통합교과서 역할을 하고 있다.

그런데 이렇게 책을 도구로 사용하게 되면 자칫 학생들이 책과 더 멀어질 수 있다. 책을 즐겁게 읽다가 갑자기 고유어와 외래어 그리고 외국어를 찾아보자고 하는 순간 학생들은 문학 작품을 또 하나의 교과서로 받아들이게 된다. 그래서 무엇보다 책 수업의 중심은 '읽기'가 되어야 한다. 학생들이 함께 읽는 즐거움을 알고 의미 있는 독서를 경험할 수 있도록 돕는 것이 가장 중요하다.

수업 시간에 함께 읽기

천천히 깊게 읽기 수업에서 책을 읽는 시간은 수업 시간이다. 그래서 미리 읽어오지 않는다. 궁금해서 미리 읽어오더라도 교실에서 수업 시간에 함께 같은 장면을 읽는다. 읽었다고 가정하고 독후 활동이나 교과 연계 활동을 하는 것은 읽기 수업이 아니다.

학생들과 함께 읽는 책은 학생들과 소통할 수 있게 도와주는 소중한 보물이다. 그래서 한낱 동기유발 자료로 소비할 수는 없다는 게 내 생각이다. 책은 학생들과 함께 수업 시간에 읽어야 한다. 학생들의 책 읽는 소리, 읽다가 멈추어서 생각하는 순간의 정적, 이 순간이 내가 가장 사랑하는 순간이다.

천천히 읽는다

하시모토 다케시 선생님은 한 줄의 문장으로 2주일 동안 수업을 한 적도 있다고 한다. 한 문장이라도 그냥 넘어가지 않고 자세히 곱씹어 보며 작가의 의도를 들여다보기 위한 수업이었던 것이다. 주변 선생님들 중에는 함께 책을 읽겠다고 하고서는 40분 동안 20~30페이지를 읽는 경우도 있었다. 나 또한 처음에는 욕심이 앞섰던 적이 있다. 그런데 수업을 해보면 알게 된다. 교사가 조급해지면 학생들은 책과 함께 하지 못한다. 문학 작품에는 진도가 없다.

내 경우에는 보통 장면 단위로 수업 차시를 나눈다. 대부분의 어린이책은 학생들의 호흡을 위해 장면 사이마다 쉴 수 있는 공간을 마련해 두었다. 5분에서 10분 정도 읽을 수 있는 분량이면 함께 읽기에 충분하다. 욕심을 버리고 학생들에게 여유를 주자. 한두 장면에 멈추어 서서 이야기를 나누어보자.

"선생님! 저 다음에 어떻게 되는지 알아요. 생쥐가 범인이고요. 나중에 사서가 돼요."

"그렇구나! 그런데 다음 이야기를 더 알고 있어도 친구들과 함께 읽으면 또 다른 재미가 있어. 다음 이야기도 좋지만 우리 이 장면에 대해서 이야기를 자세히 나누어보자. 글감을 잃어버린 여우 아저씨의 마음이 어땠을까?"

책의 결말을 중요하게 생각하던 학생들이 천천히 읽고 함께 이야기를 나누다 보면 결말을 다 알고 있더라도 장면에 집중해서 책 이야기를 즐겁게 나누는 모습을 볼 수 있다.

마음이 조급해질 때마다 왜 자신이 교과서의 토막글 대신에 문학 작품을 학생들과 나누고 있는지 돌아봐야 한다.

처음에는 읽어주기

학생들과 책을 잘 읽고 싶다면 먼저 학생들의 읽기 발달에 대해 이해할 필요가 있다. 여러 연구 중에서 교육학 교수 진 첼(Jeanne S. Chall)의 읽기 발달 단계를 소개한다.

단계1. 초기 읽기와 해독 : 6~7세(1~2학년)

주요 특징 : 소리와 글자의 관계를 익히고, 익숙한 철자 패턴을 읽어내며 간단한 텍스트를 해독한다.

습득 방법 : 글자와 소리와의 관계를 직접 배우고 활용한다. 고빈도어와 파닉스를 활용하여 간단한 이야기를 읽는다. 독립적으로 읽을 수 있는 수준을 넘어서는 텍스트를 읽어줌으로써 높은 수준의 언어 패턴과 어휘 및 아이디어를 발전시킬 수 있다.

듣기와의 관계 : 구어 능력에 비해 읽기 능력이 뒤처진다. 단계1의 끝에서 듣고 이해하는 어휘가 4,000개에 이르지만 읽을 수 있는 어휘는 600개 정

도이다.

단계2. 확립과 유창성 : 7~8세(2~3학년)

주요 특징 : 친숙한 이야기를 유창하게 읽는다. 이러한 유창성은 기본적인 해독 기능과 시각 어휘 및 의미 맥락의 통합을 통해 획득된다.

습득 방법 : 높은 수준의 해독 기능을 직접 배운다. 유창한 읽기를 증진시키는 친숙하고 흥미로운 제재들을 혼자서 혹은 도움을 받아가며 폭넓게 읽는다. 언어, 어휘, 개념의 발달을 위해 독립적으로 읽기 어려운 수준의 글을 읽어준다.

듣기와의 관계 : 단계2의 끝에서 이해 어휘는 9,000개에 이르며 읽을 수 있는 어휘는 3,000개에 이른다. 듣기는 여전히 읽기보다 효과적이다.

단계3. 새로운 것을 배우기 위한 읽기 : 9~14세(4~9학년)

주요 특징 : 새로운 지식을 획득하기 위한 읽기가 이루어진다. 읽기는 새로운 아이디어를 배우고, 새로운 지식을 획득하고, 새로운 감정을 경험하고, 새로운 태도를 배우는 데 활용된다. 일반적으로 한 가지 관점을 가지고 읽는다.

습득 방법 : 새로운 생각과 가치, 친숙하지 않은 어휘와 문법을 포함한 교과서, 참고도서, 시판 도서, 신문, 잡지를 읽고 공부한다. 어휘를 체계적으로 학습하고 토론, 문답, 작문 등을 통해 텍스트에 반응한다. 훨씬 복잡한 픽션, 전기, 논픽션 등을 읽는다.

듣기와의 관계 : 단계3의 초기에는 같은 제재에 대한 듣기 이해가 읽기 이해보다 효과적이다. 단계3의 후반부에 이르면 듣기 이해와 읽기 이해의 수준이 거의 같아진다.

단계4. 다양한 관점 : 15~17세(10~12학년)

주요 특징 : 설명과 서사 둘 다 다양한 관점을 가지고 복잡한 제재를 폭넓게 읽는다.

습득 방법 : 물리학, 생물학, 사회과학, 인문학 등의 학문 분야와 고급 문학 및 대중문학, 신문과 잡지를 폭넓게 읽고 공부한다. 어휘와 낱말 형성 요소들에 대해 체계적으로 학습한다.

듣기와의 관계 : 어렵고 가독성이 낮은 내용에 대한 읽기 이해가 듣기 이해를 앞지른다. 미숙한 독자의 경우 읽기 이해와 듣기 이해의 수준이 비슷할 수 있다.

단계5. 구성과 재구성 : 18세 이상(대학 이후)

주요 특징 : 자신의 필요와 목적을 위해 읽는다. 빠르고 효과적으로 읽으면서 자신의 지식과 다른 사람의 지식을 통합하고, 새로운 지식을 창조한다.

습득 방법 : 전보다 더 어려운 제재들은 폭넓게 읽으며, 자신의 즉각적인 필요를 넘어서는 읽기를 한다. 다양한 지식과 관점들을 통합해야 하는 논문, 시험, 에세이를 비롯한 여러 형식의 글을 쓴다.

듣기와의 관계 : 읽기가 듣기보다 훨씬 효율적이다.

첼의 연구에서 주의 깊게 살펴봐야 할 점은 적어도 초등학교 단계에서는 듣는 이해가 읽는 이해보다 앞선다는 것이다. 이 말은 들어서 쉽게 이해할 수 있는 이야기를 글로 접하면 문자를 해독하는 데 많은 에너지를 쓰게 되어 학생들이 그 뜻과 의미를 정확히 파악하기 어렵다는 의미다.

그래서 처음에는 교사가 읽어주는 것이 좋다. 작품에 등장하는 인물과 배경에 대해 충분히 이해할 시간이 필요하기 때문이다. 책 한 권을 끝까지 읽어야 하는데 적어도 이 책에 등장하는 인물은 누구이며 어떤 환경에서 무슨 고민을 하는지 알아야 학생들이 다음 이야기를 읽어볼 생각을 하지 않겠는가? 따라서 교사가 책을 나누는 첫 시간에 해야 할 말은 "책 읽어라!"가 아닌 "책 읽어줄까?" 또는 "함께 책 읽을까?"가 되어야 한다. 학생들이 인물들의 이름에 익숙해지고 어떤 고민을 하고 있는지 알기 전까지 함께 읽자. 성우처럼 실감 나게 읽어주지 않아도 된다. 용기 내어 읽어주자.

교사에서 학생으로 주도권 넘기기

교사가 책을 계속 읽어주면 듣고 있던 학생들은 직접 읽어보고 싶은 마음이 생긴다. 그때 자연스럽게 읽기의 주도권을 학생들에게 넘겨준다.

"선생님! 저도 한번 읽어보면 안 돼요?"

"그럼 세찬이가 한번 읽어볼래?"

"선생님! 왜 세찬이만 읽어요? 저도 읽어볼래요!"

처음에는 따옴표 안에 들어 있는 인물의 대사를 학생들에게 맡기는 것이 좋다. 인물의 대사는 구어체 표현이기 때문에 학생들이 상대적으로 소리 내어 읽기 쉽고, 등장인물에 대한 이해를 바탕으로 실감 나게 읽을 수 있기 때문이다.

이렇게 인물의 역할은 학생들이 맡아서 읽고 설명글은 교사가 읽어준다. 역할을 맡고 있지 않는 학생들은 귀로 듣고 눈으로 읽는다. 이후 학생들이 책 읽는 것에 익숙해지면 설명글을 읽는 역할도 학생들에게 넘겨준다. 한 명의 학생이 읽는 설명글의 분량은 한쪽을 넘어가지 않는 것이 좋다.

우리 반 교실에서는 아침 시간에 읽기 천사를 모집한다. 읽기 천사

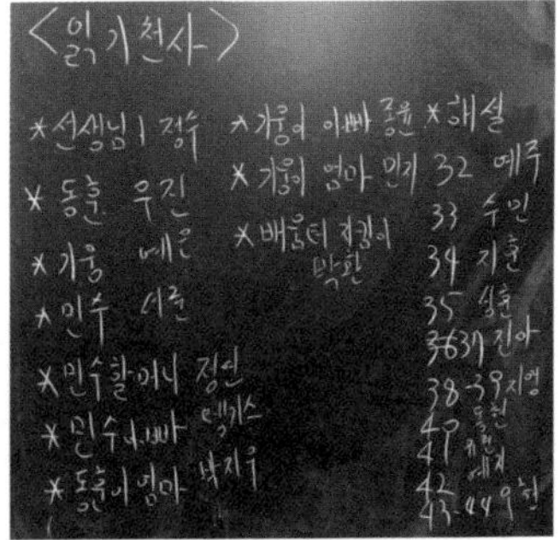

아침 시간에 하는 읽기 천사 모집 활동

란 책 수업 시간에 책을 읽어줄 학생들을 말한다. 칠판에 그날 읽을 분량의 쪽수를 안내하고 역할을 적어놓으면 학생들은 희망에 따라 역할 옆에 자신의 이름을 적어놓는다.

책 수업 시간이 되면 대사를 읽는 학생들과 설명글을 읽는 학생들이 번갈아가며 작품을 읽는데 이 모습이 마치 낭독극을 떠올리게 한다. 조금 더 욕심을 낸다면 실제 배우들이 극단에서 대본 연습을 하는 것처럼 자신이 맡은 부분을 읽을 때 일어서서 글을 읽으면 더 생생하게 장면을 표현할 수 있다.

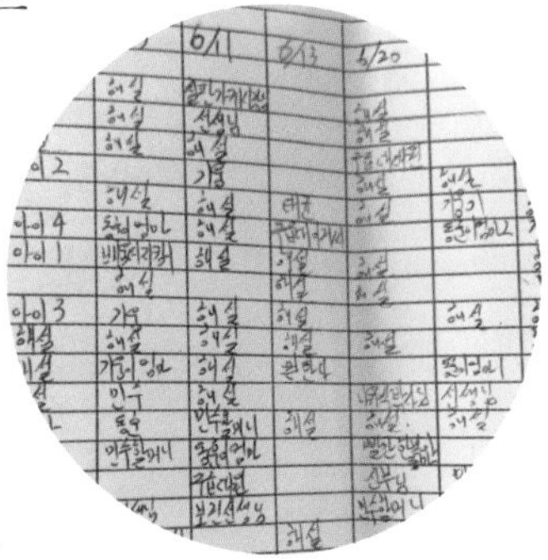

학생들이 글을 읽는 동안 나는 체크리스트에 그날 학생들이 맡은 역할을 기록해 둔다. 이렇게 기록을 해두면 이 시간에 역할을 맡지 못했던 학생들에게 다음 시간에 우선적으로 읽을 기회를 제공해 줄 수 있다. 또 이 기록은 학생들의 읽기 발달을 진단하는 도구로 사용할 수 있다. 교실에 있는 24명 학생들의 목소리를 개별적으로 들을 수 있는 기회는 흔치 않기 때문이다.

진단을 통해 소리 내어 읽기에 부담을 느끼는 학생들을 파악하고 나면 이 학생들에게는 미리 읽을 부분을 전날 알려준다. 연습할 시간을 주는 것이다. 학생들이 글을 읽을 때는 발음을 지적하거나 큰 소리로 읽도록 강요하지 않는다. 읽는 학생의 목소리가 작으면 듣는 사람이 조용히 들으면 될 일이다. 어떠한 경우에도 학생들의 자존감을 낮추는 방법은 사용하지 않는다.

작품을 번갈아 읽을 때 학생들 모두가 집중을 하며 글을 따라가고 있는지 알 수 있는 방법이 하나 있다. 책장을 하나씩 넘길 때마다 "띵동"이라고 전체가 함께 외치는 것이다. 간단한 말 한마디지만 함께 이 낱말을 외칠 때마다 학생들은 페이지의 시작점에서 글에 다시 집중할 수 있다.

함께 소리 내어 읽는 것도 학생들에게 좋은 경험이 된다. 같은 책을 함께 읽는다는 느낌을 직접적으로 받을 수 있기 때문이다. 또 문자 습득이 정확하게 이루어지지 않은 학생들은 친구들의 목소리를 통해 글자와 소리를 연결하는 기회를 간접적으로 얻게 된다.

저학년 학생들과 함께 소리 내어 읽은 뒤에는 반드시 교사가 정돈된 언어로 다시 한 번 읽어줘야 학생들이 이야기의 의미를 제대로 이해할 수 있다. 고학년 학생들의 경우에는 눈으로 다시 읽을 시간을 주면 좋다.

읽는 순간을 함께 즐기는 동료 독자 되기

학생들은 학교에서 각자 기다리는 수업이 있다. 체육 시간만 목 빠지게 기다리는 학생도 있고 음악 시간을 좋아하는 학생도 있다. 그런데 우리 반 학생들은 기다리는 수업이 하나 더 있다. 바로 '맛있는 책 수업' 시간이다.

처음에는 학생들이 책을 읽고 진행하는 생길 새기 시간만 좋아하는 줄 알았다. 그런데 책을 함께 읽는 시간도 즐겁게 기다리는 모습을 보고 깜짝 놀랐다. 읽기 천사를 모집하는 글을 칠판에 써두면 책을 서로 읽겠다며 학생들이 다가온다. 또 책을 읽으며 피식피식 웃는 학생들의 모습을 본다.

학생들이 책을 잘 읽었다는 것을 어떻게 알 수 있을까? 나는 작품에 대한 학생들의 반응을 보고 알 수 있다고 생각한다. 책을 제대로 읽은 학생들은 작품에 대한 애정을 다른 사람에게 적극적으로 표현한다.

작품이 마음에 들었다는 것은 어떠한 방식으로든 책을 읽은 학생에게 그 작품이 의미를 가지게 되었다는 뜻이다. 그래서 잘 읽으려면 일단 책을 읽는 순간이 즐거워야 한다. 그리고 이 즐거움을 혼자 누리는 것이 아니라 함께 나눠야 한다.

정세랑 작가는 팟캐스트 '책읽아웃 공개방송'에서 '왜 우리는 책을 같이 읽고 싶어 할까요?'라는 질문에 다음과 같은 대답을 남겼다.

"제 생각에 인류의 뇌는 연결되어 있다고 생각해요. 같은 책을 함께 읽는다는 건 연결된 뇌로 같이 생각한다는 이야기거든요. 그런 점에서 같이 읽고 싶은 마음이 늘 생기는 게 아닌가 생각했어요."

학생들과 책을 함께 읽으면 학생들과 연결된 기분이 든다. 유행하는 노래나 영상을 일부러 살펴보지 않아도 나눌 이야기가 많아진다.

그래서 함께 책을 읽는 시간이 있는 날이면 교사인 나도 학교 가는 길이 즐겁다. 학생들과 교감할 수 있는 기회이기 때문이다.

학생들이 책을 잘 읽기를 원하는가? 그렇다면 어휘나 독해력 향상에 초점을 맞추기보다 먼저 학생들과 함께 책 읽는 기쁨을 누리는 동료 독자가 되어보자. 함께 읽다 보면 알게 된다. 책은 사람과 사람을 연결해 준다는 것을.

02

성공적인 읽기 전략과 연구 노트

읽기에 능숙한 독자들은 자신만의 읽기 전략을 가지고 있다. 문자로 암호화 되어 있는 정보를 효과적으로 해독하고 정확하게 이해하는 데 필요한 기술을 가지고 있는 것이다.

학생들이 이러한 성공적인 독자들의 읽기 전략을 경험하는 것은 자신만의 읽기 전략을 세우고 글을 이해하는 데 큰 도움이 된다. 미국 국립독서위원회(National Reading Panal)(2000)의 보고서 또한 읽기 전략을 활용한 수업이 학생들의 읽기 발달에 도움을 줄 수 있다는 것을 밝히고 있다.

성공적인 읽기 전략 세우기

성공적인 읽기 전략에는 어떤 것들이 있을까?

먼저 책을 읽기 전에 내용을 예상하고 배경지식을 활성화하는 것을 생각해 볼 수 있다. 바로 글 속으로 뛰어드는 것이 아니라 읽기 전에 글과 관련 있는 자신의 경험과 지식을 떠올리고 연결하는 작업을 해보는 것이다.

글을 읽으며 자신의 이해를 모니터하고 글의 구조를 파악하는 것 또한 좋은 읽기 전략이다. 표도르 도스토옙스키의 소설《죄와 벌》,《카라마조프가의 형제들》은 누구나 한 번쯤 제목을 들어봤을 유명한 작품이다. 그러나 이 책을 완독한 사람은 많지 않다. 이 유명한 고전들을 읽으려 도전할 때 가장 먼저 직면하는 장애물이 있기 때문이다. 바로 책장을 넘길 때마다 등장하는 러시아어로 된 수많은 낯선 이름들이다. 성공적인 독자는 책을 읽다가 자신의 이해가 부족하다는 생각이 들면 책장을 뒤로 넘겨 앞부분의 내용을 되짚어본다. 이처럼 책을 읽으며 자신의 이해를 점검하고 전체 글의 구조를 파악하는 읽기 전략이 꼭 필요하다. 그러나 읽기에 능숙하지 못한 독자의 책장은 후진을 모른다. 학생들도 마찬가지다.

글을 읽으며 그 속에 담긴 정보를 떠올리고 시각적으로 정보를 구조화하는 것도 생각해 볼 수 있다. 머릿속에서만 머물던 정보들을 시각화함으로써 더 명확하게 이해할 수 있기 때문이다.

책의 내용을 요약하는 것 또한 좋은 읽기 전략 중 하나이다. 어떤 책 한 권을 읽고 "그 책 무슨 책이야?"라는 질문에 명확하게 대답할 수 있을 때에야 비로소 책을 제대로 읽었다고 할 수 있다. "그냥 잘 모르겠어"라든가 "한 집안에 대한 내용인 것 같은데 그냥 그래"라는 답변은 책을 제대로 읽은 독자에게서 나올 수 있는 반응이 아니다.

마지막으로 책을 읽으며 내용에 대한 질문에 답을 하며 질문을 만드는 것 또한 효과적인 읽기 전략이라고 할 수 있다. 김하나 작가는 에세이집《힘 빼기의 기술》에서 자신은 책에 메모를 하기 시작하면서 책을 바라보는 눈이 바뀌었다고 이야기한다. 책에 밑줄을 긋고 "옳소!"라는 말을 쓰거나 "그게 말이 되냐!"라는 메모를 남긴다는 것이다. 책과 대화를 하면서 질문을 던져보고 자신만의 질문을 만들다 보면 책을 절대적인 지식창고로 바라보는 것이 아니라 나의 앎을 확장하는 매개체로 받아들일 수 있다.

이러한 성공적인 읽기 전략들이 교사에게 주는 의미가 있다.

첫째, 교사는 이러한 성공적인 읽기 전략을 학생들에게 보여줄 필요가 있다. 글을 읽는다는 것은 사고의 과정이기에 눈으로 확인하기 어렵다. 그러나 교사가 읽기 전략을 활용하여 글을 읽는 사고의 과정을 구술을 통해 보여준다면 학생들은 쉽게 글 읽기에 접근할 수 있다.

둘째, 읽기 전, 중, 후 활동을 구상할 때 이러한 읽기 전략에 근거해 활동을 계획할 수 있다. 책을 읽기 전에는 내용을 예상하고 배경지식을 활성화하는 읽기 전략을 기를 수 있도록 활동을 구성하고, 읽는 중에는 자신의 이해를 모니터하는 읽기 전략을 안내할 수 있으며, 읽은 후에는 글의 내용을 요약하는 읽기 전략을 구체적인 활동을 통해서 안내할 수 있는 것이다. 이렇게 안내된 수업 속에서 학생들은 교사와 함께 책을 읽으며 자연스럽게 자신만의 읽기 전략을 세울 수 있다.

연구 노트 활용하기

나는 학생들이 쉽게 읽기 전략에 다가갈 수 있도록 연구 노트를 만들었다. 학생들이 연구자가 되어 책 한 권을 천천히 깊게 읽을 수 있도록 안내한 것이다.

연구 노트의 기본 구성은 이해에 대한 질문, 추론과 연관된 질문, 예상에 대한 질문으로 이루어져 있다. 학생들은 작품을 함께 읽고 인물과 사건을 정리하고 한 문장으로 요약한다. 그리고 작품을 읽으며 뜻을 잘 모르거나 자세히 찾아보고 싶은 낱말의 의미를 사전을 통해 찾고 자신만의 문장을 직접 만들어본다. 이렇게 이해에 대한 질문에 답을 하고 나면 추론에 대한 질문으로 넘어간다. 인물의 심리를 작품에 비추어 살펴보고 작가의 의도를 파악해 보며 자신의 마음에 다가온 문장은 어떤 부분이었는지 또 그 까닭은 무엇인지 살펴본다. 마지막으로 다음 이야기는 어떻게 전개될 것인지 예상해 보는 시간도 갖는다.

연구 노트의 질문을 해결하는 과정은 동료 독자들과 함께한다. 연

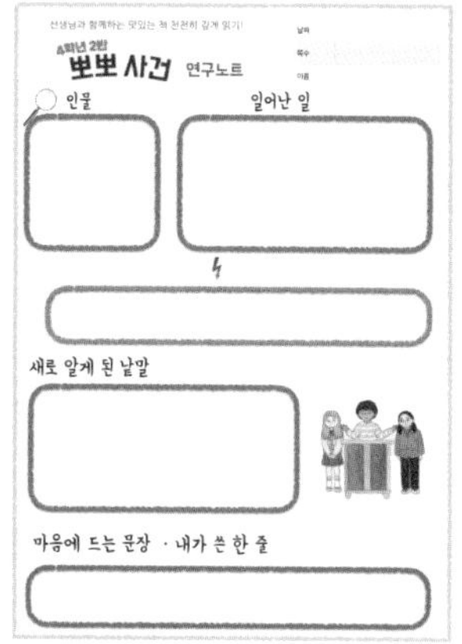

《4학년 2반 뽀뽀 사건》 연구 노트

구 노트는 정복해야 할 학습지가 아니다. 함께 작품을 읽으며 공동의 생각으로 이해하고 요약하며 추론하고 예상한 결과를 기록하는 수단인 것이다. 그래서 수업의 목표와 초점에 따라서 다양한 활동들을 넣을 수 있다. 하지만 이해와 관련된 활동은 매 시간마다 반드시 진행하는 편이다. 작품에 대한 정확한 이해가 부족한 상태에서 진행하는 모든 독후 활동은 놀이 이상의 의미를 갖지 못하기 때문이다.

이해와 관련된 기초 독해 활동의 과정을 반복적으로 경험하다 보면 글에서 중요한 문장을 연결해 핵심 문장으로 정리할 수 있는 읽기 능력이 향상된다. 저학년 학생들은 인물을 중심으로 작품에 접근하는 것이 좋은데, 작품에 등장하는 인물을 찾고 그 인물에게 일어난 사건들을 하나씩 살펴보는 활동을 4~5회 정도 꾸준히 진행하면 능숙하게 글

속에 주어진 정보를 파악하는 학생들의 모습을 볼 수 있다.

학생들의 연구 노트는 간단한 바인더에 표지를 넣어 만들어주었다. 표지에는 글과 그림 작가의 이름뿐만 아니라 학생의 이름도 연구자라는 수식어와 함께 넣어주었다. 또 분실을 대비해 전화번호까지 남겨주니 학생들이 연구 노트에 좀 더 애착을 갖고 활동에 참여하는 모습을 볼 수 있었다.

매 시간 연구 노트를 만들기가 부담되는 경우도 있다. 그럴 때는 일반 줄공책을 활용해도 좋다. 줄공책 왼쪽에 3~4cm의 간격을 두고 세로로 선을 그린다. 줄 왼쪽에 날짜, 인물, 사건, 한 문장 요약 등을 쓰고 차례로 간단히 정리할 수도 있다.

끝으로 학생들과 책을 나누며 반드시 해야 하는 것이 있다. 바로 핵심적인 질문을 던지는 것이다. 김규아 작가의《연필의 고향》은 어느 날 교실의 샤프심들이 모두 사라져버리는 사건으로 이야기가 시작되는데, 샤프를 사용하며 소외된 연필들이 지우개와 연합해 샤프심을 모두 납치했던 것이다. 작품의 내용만 살펴보면 꿈과 현실의 경계에서 연필을 만나 연필을 좋아하게 된 소녀의 이야기라고 생각할 수 있다. 그러나 이 책은 연필처럼 잃어버리기 쉬운 것에 대해 이야기를 하고 있다. 잃어버려도 괜찮다고 생각하는 물건들이 주변에 없는지, 그게 혹시 자기 자신은 아닐지에 대해 한번 돌아볼 수 있도록 메시지를 전하고 있는 것이다. 그래서 이 책을 통해 학생들과 함께 다음과 같은 질문을 나눴다.

"여러분도 쉽게 잃어버리는 것들이 있나요? 물건일 수도 있고 사람일 수도 있어요. 그 사물들은 우리에게 어떤 말을 건네고 싶어 할까요?"

책을 읽고 나서 잃어버린 연필들을 보관하는 공간인 연필의 고향을 만들어보는 것도 좋지만 작품이 전하는 핵심적인 메시지가 무엇인지 파악하고 그 질문을 학생들과 나누는 일은 그 의미가 크다. 그래서 교사는 학생들과 책을 읽기 전에 책과 함께 나눌 수 있는 핵심적인 질문을 꼭 고민해 보아야 한다.

03

읽기 전 활동

열정이 가득한 교사가 있었다. 그 교사는 방학 동안 교육과정과 교과서를 분석해 자기 학급만을 위한 교재를 만들었다. 교사는 학생들이 완성된 교재를 보고 기뻐하는 모습을 떠올리며 교실에 들어섰다. 그러나 곧 교사는 학생들의 표정을 보고 실망할 수밖에 없었다. 학생들은 교사가 만든 교재를 그저 또 하나의 교과서로 받아들였기 때문이다.

교과서 대신 문학 작품을 가지고 수업을 한다고 해도 학생들은 처음부터 관심을 갖고 적극적으로 수업에 참여하지 않는다. 그래서 읽기 전 활동의 가장 첫 번째 목표는 작품에 대한 흥미와 애정을 갖게 만드는 것이 되어야 한다. '저 책 한 번 읽어보고 싶다.'라는 생각이 들 수 있도록 안내할 시간이 필요한 것이다. 읽기 전 활동만 잘 안내해도 학생들은 책에 쉽게 다가갈 수 있다.

읽기 전 활동의 두 번째 목표는 작품의 주제와 관련된 학생들의 개인적인 반응을 이끌어내는 것이다. 학생들이 '나와 비슷한 이야기가 들어 있네?'라는 생각을 할 수 있도록 작품과 삶을 연결해 주어야 한다. 첫 번째 목표에서 말한 흥미와 애정이 서사에 대한 관심을 의미한다면 두 번째 목표에서 말하는 개인적인 반응은 다른 사람은 결코 말할 수 없는 자신의 경험과 연결된 표현을 의미한다. 단짝 친구와 관련된 책을 읽기 전에 단짝 친구와 있었던 경험과 그때의 자신의 감정을 떠올릴 수 있는 활동을 안내한다면 학생들은 단순한 흥미를 넘어 공감의 마음으로 책을 맞이할 수 있게 된다.

읽기 전 활동의 마지막 목표는 학생들의 스키마와 배경지식을 파악하는 것이다. 인간은 자신의 인지구조 안에서만 세상을 받아들인다. 그래서 교사는 읽기 전 활동을 통해서 학생들이 이 책을 읽을 준비가 되어 있는지 점검해야 한다. 읽기 전 활동을 통해 출발점 행동을 진단할 수 있는 것이다.

책에 나와 있는 문장들을 가지고 읽기 전 활동을 하는데 문장에 나와 있는 낱말의 뜻을 대부분의 학생들이 이해하기 어려워한다면 그 책은 학생들의 수준에 맞지 않다는 것을 알 수 있다. 이처럼 출발점 행동을 점검하고 수업 계획을 수정하며 또 스키마나 배경지식이 부족할 경우에는 채워주기도 해야 한다. 역사를 소재로 한 이야기 책을 함께 읽으려는데 역사적 사실에 대한 기초적 정보가 하나도 없다면 학생들은 배경상황을 파악하느라 서사에 집중하기 어렵기 때문에 읽기 전 활동을 통해 충분한 도움을 받아야 한다.

읽기 전 활동은 학생들이 책을 처음 만나는 시간이기 때문에 그 어떤 순간보다 중요하다. 그래서 교사는 학생들에게 훌륭한 책방지기이자 안내자가 되어야 한다. 어쩌면 학생들은 이 시간을 통해 책 읽는 기쁨을 선물해 주는 인생 첫 책을 만날 수도 있기 때문이다.

모나미로 말해요

신규 발령을 막 받았을 때, 한 장학사님으로부터 수업 컨설팅을 받았다. 당시 5학년 사회 시간에 병인양요에 대해서 수업을 진행했는데 내 수업을 1시간 동안 지켜보시고 난 뒤 교과서에 나온 삽화를 보며 학생들과 대화하는 법을 설명해 주셨다. 그림 속에서 무슨 일이 벌어지고 있는지, 바다에 떠 있는 배의 모양은 조선시대 배의 모습과 비슷한지, 비슷하지 않다면 누구와 싸우고 있는 것 같은지 등 그림 하나를 가지고 학생들과 역사적 사건을 추론해 볼 수 있다는 사실에 놀랐었다.

표지 보고 떠오르는 낱말 이야기하기, 그림이나 사진 보고 떠오르는 생각 나누기 등은 우리가 수업 시간에 흔히 하는 활동이다. 그런데 실제 수업 장면에서 이 활동을 해보면 그림에 제시된 물건이나 느낌들을 짧게 이야기하는 학생들의 모습을 쉽게 볼 수 있었다. 그래서 작품을 읽기 전에 학생들이 표지나 작품 속 그림들을 자세히 들여다보고 자유롭게 이야기를 상상해 볼 수 있도록 세 가지 관점을 제시했다.

모나미는 세 가지 관점을 학생들에게 친숙한 말로 안내하기 위해 이름 붙인 것인데, '모'는 모두가 생각했을 것 같은 낱말, '나'는 나만 생각했을 것 같은 낱말, '미'는 재미있는 낱말을 의미한다. 그래서 '모나미로 말해요.'라는 활동은 작품의 표지나 주요 장면을 보고 세 가지 관점에서 낱말을 떠올려보는 활동을 의미한다.

- 모 : 모두가 생각했을 것 같은 낱말
- 나 : 나만 생각했을 것 같은 낱말
- 미 : 재미있는 낱말

4학년 학생들과 김규아 작가의 《연필의 고향》을 함께 읽었다. 읽기 전에 표지와 주요 장면을 보여주고 파란색, 노란색, 빨간색 붙임종이에 각각 세 가지 낱말을 적을 수 있도록 안내했다. 그렇게 개인별로 생각을 떠올려 적고 모둠 친구들과 색깔별로 낱말을 모은 뒤 이야기를 나누게 했다.

"내가 떠올린 모두가 생각했을 것 같은 낱말은 나무야! 표지를 보면 연필이 나무 모양처럼 되어 있어서 이 낱말이 떠올랐어."

"내가 떠올린 나만 생각했을 것 같은 낱말은 질투야! 샤프통이 묶여 있는 것을 보니 뭔가 연필이 샤프심을 질투한 것처럼 보여서 이 낱말을 선택했어."

"나만 생각했을 것 같은 낱말은 표정이야! 지우개들의 표정이 무표정처럼 보여서야!"

세 가지 관점으로 그림을 바라보기만 해도 작품 속 이야기의 힌트들이 쏟아진다. 연필의 고향에는 샤프를 사용해서 질투를 느낀 연필들이 샤프심을 납치하는 이야기가 펼쳐지는데 학생들은 그림을 보는 것만으로도 실마리를 잘 찾아냈다.

모둠에서 각 분야별 낱말을 하나씩 뽑아 전체가 함께 이야기를 나누고 모든 학생들의 낱말을 칠판에 모아 붙였다. 이때 학생들의 흥미

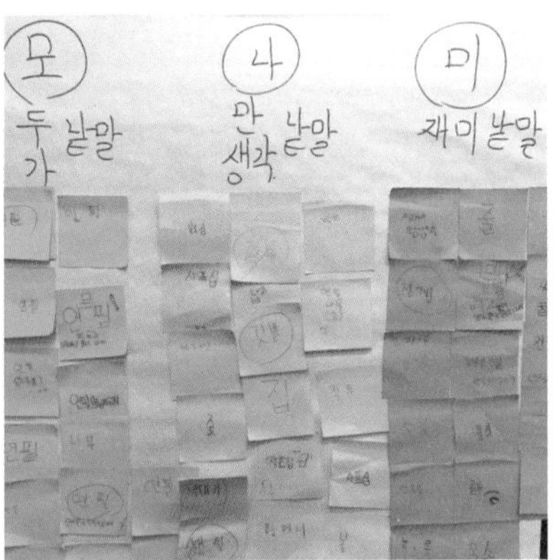

세 가지 관점의 낱말로 하는 모나미 활동

에 중점을 둔다면 분야별로 모으는 것이 좋고, 다양한 생각들을 확인하고 싶으면 비슷한 낱말끼리 분류하는 것이 좋다.

이렇게 낱말을 모아보면 교사는 학생들이 어떤 낱말들을 알고 있는지 쉽게 파악할 수 있다. 또 학생들은 친구들이 생각한 낱말을 살펴보며 새로운 낱말 지식을 쌓을 수도 있다. 이렇게 미리 상상하고 이야기를 읽게 되면 작품을 이해하는 길이 좀 더 쉽게 열린다.

모나미 활동 후에 학생들과 《연필의 고향》을 함께 읽고 '쉽게 잃어버리는 것들'에 대해 이야기를 나누었다. 학생들은 연필, 핸드폰, 지우개, 교실에 있는 물건들, 부엌에 있는 물건들, 주변 사람들까지 말했다. 그리고 잃어버린 연필과 지우개를 모아두는 바구니에 이름표를 만들어주었다. 책 한 권을 통해 이야기가 있는 공간이 교실에 생겼다. 이제 학생들은 교실 뒤 선반에 놓인 바구니를 볼 때마다 작품 속의 연필과 지우개를 떠올릴 것이다.

잃어버린 것들을 모아두는 바구니 이름표

표지나 그림을 보고 막연하게 이야기를 나누면 개인의 생각을 단편적으로 나누기 쉽다. 그러나 모나미처럼 관점을 제시해 주면 작품을 자세히 들여다볼 기회를 제공해 줄 수 있다. 이를 통해 다양한 생각을 친구들과 나누며 이야기의 내용을 상상할 수 있는 것이다.

작품을 다 읽고 기억에 남는 낱말을 세 가지 뽑아 읽기 전에 생각했던 낱말들과 비교해 보는 활동도 해볼 수 있다.

책 조각으로 상상을 나누다

책과 함께 떠나는 긴 여행의 첫 시간을 어떻게 맞이해야 할까? 나는 보통 학생들과 책 표지와 날개를 꼼꼼하게 살펴본다. 판권 페이지에 나와 있는 판과 쇄의 의미도 이야기해 준다. 그리고 책갈피를 하나씩 선물로 나누어준다. 책갈피를 선물하면 다음 시간에 "몇 쪽 펴세요!"라는 말을 하지 않아도 된다.

4학년 학생들과 '책 조각'이라는 방법으로 하야시 기린의 《그 소문 들었어?》의 첫 순간을 맞이해 보았다.

표지 보고 떠오르는 낱말 이야기하기

학생들과 표지를 보고 떠오르는 낱말들을 자유롭게 이야기했다. 반지와 금색 갈기를 보고 '부자'를 떠올린 학생도 있었고, 와인 잔을 들고 있는 모습이 누군가에게 잘 보이고 싶어 하는 모습 같아서 '유혹'이라는 낱말을 떠올린 학생도 있었다. 이 활동만으로도 이미 책에 대한 호기심이 피어오르기 시작했다.

책 조각 나누기 활동

《그 소문 들었어?》는 학생들에게 가장 민감한 문제인 '뒷담화'와 관련된 이야기가 담긴 책이다. 소문이 어떻게 시작되고 어떤 영향력을 가지게 되는지, 그리고 우리는 근거 없는 소문에 어떻게 대처해야 할지 함께 생각해 볼 수 있다.

책 조각 읽고 첫 느낌 적기

책 조각은 작품에 있는 문장들을 한 문장씩 조각낸 것이다. 작품의 중요한 단서가 되는 문장들은 조금 아껴두고 우리 반 학생들 27명에게 한 조각씩 나누어줄 수 있도록 책 전체에서 골고루 문장들을 골랐다. 그리고 자기에게 주어진 '책 조각'을 각자 읽었다. 그 후에 문장에 대한 자신의 첫 느낌을 개인 화이트보드에 적었다. '뭘까?'라는 한 마디만 써도 좋고 '사자 이야기인가?'처럼 간단한 말도 좋다.

책 조각 나누기

학생들은 책 조각을 가지고 교실을 돌아다니며 세 명의 친구에게 자신이 쓴 문장을 읽어주었다. 그리고 세 명의 친구가 가진 책 조각의 내용을 듣고 다시 모둠으로 돌아왔다. 모둠으로 돌아온 뒤에는 자신의 정보와 다른 친구들에게 들은 정보를 짧게 기록하는 시간을 가졌다.

친구들과 함께 어떤 이야기일지 상상하고 정리하기

모둠으로 돌아온 학생들은 자신들의 책 조각을 연결하고 또 다른 모둠 친구들에게서 들은 정보를 교환했다. 일곱 개 모둠에서 일곱 개의 이야기가 피어오르기 시작한다. 이때 작품 속 이야기의 단서가 될 만한 책 조각을 모둠별로 하나씩 더 나누어주었다. '보너스 책 조각'이다.

학생들이 이야기를 나누는 동안 이 활동의 의미가 '자유롭게 예상하고 상상해 보는 것'임을 강조해서 알려주었다. 정답을 맞혀야 한다는 부담을 가졌던 학생들은 이 활동의 의미를 깨닫자 한결 가벼운 모습으로 이야기를 자유롭게 나눌 수 있었다. 그런 뒤 학생들에게 인물, 사건, 결말이라는 관점을 제시하고, 사건은 세 문장 정도로, 결말은 한 문장 정도로 간단하게 정리할 수 있도록 안내했다.

책 조각으로 상상한 이야기 나누기

모둠에서 상상한 이야기를 전체 친구들과 나누었다. 똑같은 이야기가 하나도 없었다. 소문에 관한 이야기, 탄핵 관련 이야기, 백성들의 신망에 관한 이야기들이 쏟아져나왔다. 책을 읽고 뒷이야기를 상상하는 활동보다 몇 개의 제한된 정보를 가지고 책을 읽기 전에 상상하는 학생들의 이야기가 더 재미있었다.

학생들의 발표 장면을 영상으로 하나하나 담아두었다. 책을 다 읽고 난 후에 다시 함께 보면 작품을 다양한 방향으로 변주해 창작하는 데 도움이 되기 때문이다.

"왕을 뽑게 되는 이야기 같아요. 금색 사자는 어마어마한 돈을 가진 부자였고 은색 사자는 총리? 뭐 그 정도 되는 지위에 있는 사람이었는데 친절한 사

람으로 알려져 있어요. 새로 왕을 뽑게 되니까 은색 사자가 왕이 되려고 금색 사자와 싸움을 하게 된 거예요. 그런데 금색 사자가 시민들에게 이 사실을 알리자 시민들이 믿지 않았어요. 그래서 금색 사자가 분통을 터트리는 것 같아요. 그래서 결국에는 은색 사자가 왕이 될 것 같아요. 시민들의 신임을 얻고 있으니까요."

책 조각을 통한 작품과의 첫 만남 이후 학생들은 책의 진짜 내용에 대해 엄청난 호기심을 갖게 되었다. 학생들과 책을 나눌 때 꼭 필요한 '작품에 애정 갖기'에 성공한 것이다. 또 학생들이 뒷소문에 대해 가진 생각(출발점)들을 알 수 있어 다음 활동을 계획하는 데 많은 도움이 되었다.

책 조각 활동 방법

① 책 조각 읽고 첫 느낌 적기
② 책 조각 3~4명에게 읽어주고 돌아오기
③ 함께 상상하기
④ 예상한 것 정리하기(인물, 사건, 결말)
⑤ 예상한 이야기 함께 나누기

호기심 상자로 이야기 상상해 보기

책 조각 활동이 텍스트를 통해 작품의 내용을 예상해 보는 활동이라면 호기심 상자 활동은 구체물을 통해 이야기를 상상해 보는 것이다. 영어권 국가에서는 'Guessing Bag'으로 불리는데, 작품에 등장하는 물건들을 상자 안에 넣은 뒤 하나씩 꺼내보며 이야기를 상상하는 활동이다. 저학년 학생들에게도 쉽게 다가갈 수 있고 고학년 학생들에게도 제재에 따라 충분히 의미 있는 활동으로 적용해 볼 수 있다.

방법은 아주 간단하다. 작품에 등장하는 물체를 호기심 상자에 넣는다. 그리고 물체를 하나씩 꺼내며 학생들과 이야기를 상상하기만 하면 된다. 이때 물건을 꺼내는 순서는 상관이 없다. 호기심 상자는 플라스틱 박스를 주로 활용하는데 주머니 형태의 가방도 물건이 들어갈 정도의 크기면 사용이 가능하다.

2학년 학생들과 김기정 작가의 《멍청한 두덕 씨와 왕도둑》이라는 작품으로 '흉내 내는 말 알아보기'라는 학습 목표를 연결해 수업을 계획했다. 이 수업을 계획하며 가장 신경을 썼던 부분은 '소리'에 초점을 맞추고 물건을 선정하는 것이었다.

오늘 읽을 부분을 예상해 보는 활동으로 수업을 열었다. 호기심 상자에는 총 세 개의 물건을 넣어두었다. 첫 번째 물건은 '프라이팬'이었다.

"프라이팬을 보니 어떤 이야기가 오늘 펼쳐질 것 같나요?"

"두덕 씨가 프라이팬으로 요리를 하는 이야기가 나올 것 같습니다."

"프라이팬으로 요리를 하면 어떤 소리가 날까요?"

"지글지글 소리가 날 것 같습니다."

지원자 학생이 나와 두 번째 물건을 꺼냈다. 어? 그런데 물건이 아니다. 이번에는 종이에 '소리'라고만 쓰여 있었다. 두 번째 물건은 바로 '소리 힌트'였던 것이다. 학생들과 함께 소리를 듣고 어떤 소리인지 추측한 뒤 이야기를 상상해 보았다. '갸르릉' 소리를 들려주었는데, 마침 고양이를 키우는 친구가 있어서 고양이 소리임을 금세 알 수 있었다.

마지막 물건을 꺼냈다. 두근두근 설레는 학생들의 모습이 보였다. 이번에는 번데기 통조림이 나왔다. 학생들은 앞서 나온 프라이팬과 번데기 통조림을 연결하여 이야기를 상상했다.

"두덕 씨가 프라이팬으로 번데기 요리를 하는데 고양이가 뺏어 먹는 이야기일 것 같습니다."

"두덕 씨가 번데기 통조림을 빼앗으려는 고양이를 프라이팬으로 혼내줄 것 같습니다."

학생들은 호기심 상자에서 나온 단서들로 이야기를 상상했다. 읽기 전 활동은 학생들이 작품을 읽어보고 싶다는 욕구를 자극하는 것만으로도 그 목표를 충분히 달성했다고 할 수 있다. 그런데 이날 수업은

'흉내 내는 말'을 알아볼 예정이어서 소리까지 함께 탐색해 보았다. 이러한 활동을 통해 작품과 '흉내 내는 말 알아보기'라는 학습 목표를 자연스럽게 연결할 수 있었다. 그 이후에는 흉내 내는 말에 대해 알아보고 직접 작품 안에서 흉내 내는 말을 찾아보는 활동을 전개했다.

호기심 상자 활동은 작품에 나오는 물건들을 가지고 앞으로 알게 될 이야기를 예상해 보는 단순한 활동이다. 그러나 교사가 어떤 의도를 가지고 어떤 물건을 선정하느냐에 따라 학생들의 학습 활동에 큰 도움을 줄 수 있다.

호기심 상자로 이야기 상상하기 활동 방법

① 작품에 등장하는 물건을 3개 정도 정한다.
② 호기심 상자에 물건을 넣는다.
③ 하나씩 꺼내며 이야기를 상상해 본다(물건을 꺼내는 순서는 상관없다).
④ 수업 목표에 따라서 소리 등 다양한 소재를 사용할 수 있다.

앙케트 활동으로 생각과 삶 나누기

고민 끝에 책 한 권을 선정하고 읽기 전 활동으로 '책 읽을 흥미와 동기'를 끌어내려 하는데 한 학생이 조용히 속삭이는 경우가 있다.

"나 그 책 내용 아는데……."

이어서 세상에서 가장 무섭다는 스포일러마저 등장한다.

“저 그 책 결말 알아요!”

읽기 전 활동으로 책 조각 나누기와 호기심 상자 활동을 소개했는데, 이 두 가지 활동은 모두 학생들이 책의 내용을 알지 못할 경우 효과적인 방법이다. 그런데 때때로 학급 학생들 가운데 책을 미리 읽어본 학생들이 있는 경우가 있다. 이럴 때는 어떻게 해야 할까?

먼저 읽기 전 활동을 하는 목적을 다시 생각해 보아야 한다. 읽기 전 활동을 하는 목적을 앞에서 간단하게 소개했었다. 첫 번째가 읽고 싶은 동기(흥미)를 만들기 위해서였고, 두 번째가 학생들의 출발점(배경지식)을 알기 위해서였다.

여기에 하나를 더 생각해 보면 좋겠다. 바로 ‘개인적으로 의미 있는 반응을 이끌어내기 위해서’라는 목적이다. 읽는다는 것은 글에 대한 자신만의 의미를 만들어가는 과정이다. 따라서 학생들이 작품과 삶을 연결해 의미 있는 반응을 나타낼 수 있다면 읽기 전 활동은 자연스럽게 깊이 있는 독서로 연결된다. 여기서 ‘개인적으로 의미 있는 반응’이란 작품을 읽고 다른 사람은 표현할 수 없는 이야기를 뜻한다. “재밌어요”, “슬퍼요” 같은 반응은 누구나 할 수 있다. 그러나 “나도 이런 경험이 있었어요”와 같은 반응은 그 사람에게서만 들을 수 있는 이야기이다.

4학년 학생들과 임지형 작가의 《방과 후 초능력 클럽》으로 천천히 깊게 읽기 수업을 준비했다. 그런데 자기 책을 가진 상태에서 수업을 진행했기 때문에 구입하는 과정에서 미리 책을 읽어본 학생들이 많았다. 그래서 읽기 전 활동으로 '앙케트' 활동을 준비했다.

《방과 후 초능력 클럽》은 동엽이라는 학생이 UFO를 보았다는 황당한 이야기를 친구들에게 전하면서 이야기가 시작된다. 그리고 이후에 민성이와 그 친구들은 동엽이와 함께 외계인의 침략에 대비한다는 핑계로 '방과 후 초능력 클럽'이라는 모임을 만든다. 또래집단, 우정, 동아리 등의 주제를 나눌 수 있는 작품이다.

이 작품에서 나눌 수 있는 주제와 관련해 학생들이 개인적인 반응들을 표현할 수 있도록 흥미에 관한 질문, 작품의 주제와 관련된 질문, 문제 상황에 관한 질문으로 앙케트 설문을 만들고 학생들이 질문에 답할 수 있도록 안내했다.

어른들에게는 별것 아닌 것 같은 질문이지만 학생들은 자신의 삶과 연결 지어 개인적인 반응을 표현했다. '어떤 초능력을 갖고 싶나요?'라는 질문에 '하늘을 나는 능력'이나 '불을 쓸 수 있는 능력'처럼 장난스러운 능력을 선택하는 친구도 있었지만 '시간을 되돌리는 능력'을 자신의 삶(가족)과 연관 지어 우리에게 들려준 학생도 있었다.

"시간을 되돌릴 수 있으면 좋겠다. 왜냐하면 엄마가 남동생 말고 나를 사랑할 수 있게 되니까 나는 더 행복해질 것 같다."

엄마에게 동생보다 더 많은 사랑을 받고 싶다고 이야기를 전해 준 학생도 있었고, 친구와의 다툼에 어떻게 대처할 것인지 묻는 질문에 어

맛있는 책 수업《방과 후 초능력 클럽》앙케트

4학년 3반 이름 : ________

1 나는 지구 이외에 다른 생물체가 살고 있다고 생각한다.

그렇다. ________ 그렇지 않다. ________

2 나는 UFO(미확인비행물체)를 본 적이 있다.

그렇다. ________ 그렇지 않다. ________

3 친구들과 학교 동아리를 만들고 싶다면 어떤 동아리를 만들고 싶은가?

________ 운동 관련 동아리

________ 보드 게임 동아리

________ 음식 관련 동아리

________ 책 관련 동아리

________ 탐험 동아리

________ 음악(악기 등) 동아리

________ 기타(여러분이 하고 싶은 동아리를 써주세요.)

4 나에게 초능력이 한 가지 생긴다면 어떤 초능력을 갖고 싶은가?

________ 하늘을 나는 능력

________ 시간을 되돌리는 능력

________ 상대방의 마음을 알 수 있는 능력

________ 기타(여러분이 갖고 싶은 초능력을 써주세요.)

5 요즘 내가 도전하고 있는 것은?

________ 공부

________ 다이어트

________ 운동(달리기, 줄넘기 등)

________ 게임 점수나 레벨

________ 친구 관계

________ 기타(목표를 세워 도전하고 있는 것을 써주세요.)

6 정말 친하던 친구가 갑자기 나에게 화를 낸다면 어떻게 할 것인가?

________ 나도 같이 화를 낼 것이다.

________ 무슨 일인지 물어보고 계속 화내면 다음 날 다시 물어본다.

________ 주변 사람들에게 무슨 일이 있는지 물어본다.

________ 편지를 써서 궁금하다는 마음을 남긴다.

________ 집에 가서 왜 화가 났는지 고민을 열심히 한다.

____

________ 기타(여러분이 평상시에 하는 것을 알려주세요.)

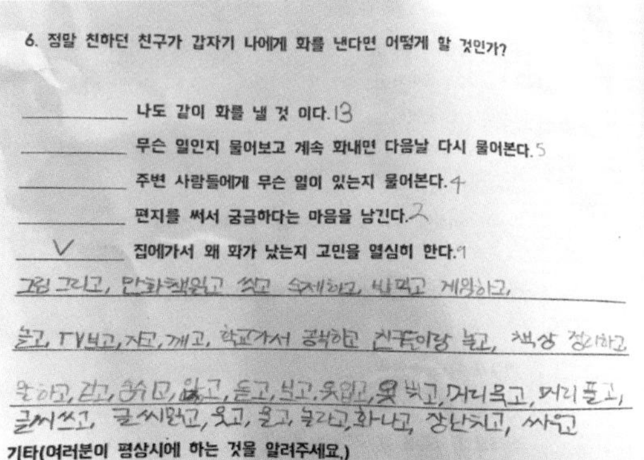

6. 정말 친하던 친구가 갑자기 나에게 화를 낸다면 어떻게 할 것인가?

_____ 나도 같이 화를 낼 것 이다. 13
_____ 무슨 일인지 물어보고 계속 화내면 다음날 다시 물어본다. 5
_____ 주변 사람들에게 무슨 일이 있는지 물어본다. 4
_____ 편지를 써서 궁금하다는 마음을 남긴다. 2
__V__ 집에가서 왜 화가 났는지 고민을 열심히 한다. 9

그림 그리고, 만화책읽고 씻고 숙제하고, 밥먹고 게임하고,
놀고, TV보고, 자고, 깨고, 학교가서 공부하고 친구들이랑 놀고, 책상 정리하고
말하고, 걷고, 숨쉬고, 앉고, 듣고, 보고, 옷입고, 옷 벗고, 머리 묶고, 머리 풀고,
글씨쓰고, 글씨 읽고, 웃고, 울고, 놀리고, 화나고, 장난치고, 싸우고
기타(여러분이 평상시에 하는 것을 알려주세요.)

떻게 해야 할지 몰라 발을 동동 구르는 모습을 보여준 학생도 있었다.

앙케트 활동을 마치고 친구들의 생각을 서로 들어본 뒤 통계를 내서 막대그래프로 그려보았다. 작품의 주제에 대해 서로의 생각과 개인적인 반응들을 나누다 보니 책을 미리 읽은 학생들도 다른 학생들과 함께 작품에 대한 준비 활동에 적극적으로 참여할 수 있었다.

앙케트 활동으로 생각과 삶 나누기 활동 방법

① 책과 관련된 질문을 만든다.
② 교사의 의도에 따라 흥미를 위한 질문, 작품의 주제와 관련된 질문, 문제 상황이나 딜레마에 관한 질문으로 구성해 볼 수 있다.
③ 학생들의 개인적인 반응과 경험을 나눈다.
④ 나눈 내용을 통계 등의 방법으로 정리해 보는 것도 좋다.

사진전 관람

이해는 스키마가 활성화될 때 일어난다. 이 말은 학생들이 글을 읽을 때 자신의 인지구조 안에서만 이해한다는 것을 의미한다. 같은 글을 읽고도 어떤 학생들은 의미를 정확하게 이해하지만 또 다른 학생들은 그렇지 못할 수도 있다는 뜻이다. 그래서 작품을 제대로 이해하기 위해서는 책을 읽기 전에 학생들이 기존에 가지고 있는 지식을 활성화할 수 있도록 안내하면 좋다. 혹시 작품과 관련된 배경지식이 없다면 책에 깊이 빠져들 수 있도록 경험과 정보를 제공하는 일도 필요하다.

사진전 관람은 역사적 사건에 관한 책을 읽기 전에 학생들에게 맥락을 제시해 줄 수 있는 활동이다. 김남중 작가의《새 나라의 어린이》에는 1948년의 소년 노마가 등장하는데, 현덕의 동화에 나오는 노마와 이름이 같다. 당숙을 따라 서울로 올라온 첫날, 노마는 일본 군인과 경찰이 지키고 있던 우리나라 수도의 풍경을 목격한다. 이후 새 나라를 만들기 위해 노력하는 형 정식과 반민특위 활동을 시작한 덕관이의 모습이 노마의 시선을 통해 전달된다. 그런데 21세기를 살고 있는 학생들에게는 1948년의 이야기가 자신들의 삶과 멀게 느껴질 것이다. 이러한 거리감을 사진이라는 매체를 통해 간접적으로 경험해 볼 수 있도록 안내하면 좋다.

사진전 관람을 통해 학생들은 작품 앞으로 한 발짝 더 가깝게 다가갈 수 있다. 교사 또한 학생들의 반응을 바탕으로 출발점 행동을 진단하고 수업 계획을 세우는 데 도움을 받을 수 있다. 예를 들어 위안부 피해자와 관련된 사진을 보고 이와 관련된 지식이 있는 학생은 "위안부 피해자에 대한 사진입니다"라고 말할 것이다. 그런데 위안부 피해자에 대한 배경지식이 없는 학생은 "배가 나온 여자가 있습니다", "남자는 웃고 있는데 여자의 표정은 슬퍼 보입니다"라고 관찰한 사실만을 말할 것이다. 이런 반응을 바탕으로 책을 읽으며 위안부 피해 경험이 있는 인물을 이해하는 과정에서 수업의 방향을 인물의 마음에 둘 것인지, 아니면 배경 이해부터 해야 할지 판단할 수 있다.

사진전 관람 방법은 간단하다. 먼저 작품의 배경이 되는 사진으로 교실을 전시장으로 꾸민다.《새 나라의 어린이》를 예로 들면, 해방 이후 사진을 10장 내외로 골라서 번호와 함께 교실 곳곳에 붙인다. 그리고 사진 옆에는 '표정', '남자 학생의 옷', '글자' 등 사진에서 주의 깊게 살펴볼 관점들을 낱말로 제시한다.

학생들은 이제 기자가 된다. 사진 옆에 붙어 있는 관점을 참고하여 사진을 자세히 관찰한다. 그리고 파란색 붙임종이에 사진 번호와 함께 본 것을 쓴다(관찰한 것 쓰기). 사진을 다 보고 난 후에는 모둠으로 돌아와 친구들과 자신이 본 것에 대해 이야기를 나눈다.

본 것들을 나누고 나면 사진관찰보고서를 작성한다. 모둠별로 모여 관찰한 것을 토대로 추론할 수 있는 내용을 이야기한다. 모둠의 기록이는 추론한 결과를 노란색 붙임종이에 정리한다. 이렇게 사진관찰보고서가 완성된다. 가장 왼쪽에는 사진의 번호가 있고 가운데에는 사진을 관찰한 내용이, 오른쪽 끝에는 관찰을 통해 추론한 결과를 정리한다. 사진관찰보고서를 전체 학생들과 함께 나누다 보면 작품의 내용도 자연스럽게 예상하는 모습을 볼 수 있다.

이렇게 사진전 관람은 책을 읽기 전에 학생들에게 작품에 대한 맥락을 제공한다. 이를 통해 학생들은 작품을 더 깊게 이해할 수 있다. 또한《새 나라의 어린이》를 읽은 경험은 반대로 학생들에게 역사 수업의 맥락을 제공한다. 직접 경험이 가장 좋지만 서사를 읽는 간접 경험을 통해 맥락 있는 수업이 가능해지는 것이다.

사진전 관람은 특히 역사적 사건을 다룬 작품을 읽을 때 효과적인 방법이다. 그래서 작품 전체를 읽기 전에 할 수도 있지만, 책 수업을 하기 전이면 언제든 해볼 수 있다.

사진전 관람 활동 방법

① 사진 옆에 붙어 있는 관점을 참고하여 사진을 깊이 있게 본다.
② 파란색 붙임종이에 사진 번호와 함께 본 것을 그대로 쓴다.
③ 사진을 다 보고 와서 모둠으로 돌아와 친구들과 번호별로 본 것에 대해 이야기한다.
④ 모둠별로 모여 관찰한 것을 토대로 알 수 있는 사실을 추론하고 이야기를 나눈다.
⑤ 모둠의 기록이가 추론한 사실을 노란색 붙임종이에 정리한다.
⑥ 모둠별로 관찰을 통해 알게 된 사실을 정리해 발표한다.

내 친구를 소개합니다

나는 서사의 힘을 믿는다. 그래서 학생들에게 해주고 싶은 말이 있으면 직접 말로 전하기보다 책 한 권을 건네는 경우가 더 많다. 여기서 책을 건넨다는 것은 단순히 물리적인 책 한 권을 손에서 손으로 전한다는 것이 아니다. 읽기 전 활동을 통해 작품을 학생들이 마음으로 받아들일 수 있도록 안내하는 과정을 의미한다.

학생들과 단짝 친구에 대해서 이야기를 나누고 싶었다. '단짝 친구'란 무엇일까? 국립국어원 표준국어대사전에 따르면 '서로 뜻이 맞거나 매우 친하여 늘 함께 어울리는 사이'를 의미한다. 학생들에게 '단짝 친구'는 세상에서 가장 소중한 보물인 것이다. 그런데 친구는 소유물이 아니라 관계다. 이 사실을 이해하지 못하면 힘이 든다.

실제로 초등학생들의 고민 중에 대다수는 나만의 단짝 친구를 갖고 싶다는 생각에서 출발한다. 이때 학생들에게 어떤 이야기들을 전해 줄 수 있을까?

"그 친구에게 왜 그렇게 집착해? 다른 친구 많잖아!"

"다른 친구 만나봐! 그 애 별로더라."

"너랑 그 친구는 처음부터 어울리지 않았어!"

혹시 은연중에 위와 같은 말을 하지는 않았는가? 그럴 때 학생들의 반응은 어떠했는가?

고민을 공감받지 못한 학생들은 어른들의 조언을 잔소리로 받아들일 것이다. 그렇다면 이 학생들에게 어떤 이야기를 건네줄 수 있을까? 이런 고민을 하던 중에 황지영 작가의 《짝짝이 양말》을 만났다.

《짝짝이 양말》에는 단짝 친구 때문에 힘들어하는 5학년 강하나가 등장한다. 4학년 때 하나의 단짝 친구였던 승주가 5학년이 되자 유리와 놀기 시작하면서 이야기가 시작된다. 하나는 승주를 되찾기 위해 갖은 노력을 다 하지만 그럴수록 학급에서 점점 더 소외된다.

하나의 이야기를 학생들의 경험과 연결해 함께 나누고 싶었다. 그래서 계획한 활동이 '내가 송몽규다!'이다. 시인 윤동주에게는 사촌형이자 둘도 없는 친구였던 송몽규라는 사람이 있었다. 자신이 현재 만나고 있는 친구에 대해서 이야기를 나누고, 앞으로 만나고 싶은 '이상적인 친구'에 대한 생각을 정리해 보며 《짝짝이 양말》의 주제와 학생들의 삶을 연결할 수 있도록 활동을 계획했다.

내 친구 몽규를 소개합니다

먼저 자신이 현재 만나고 있는 친구에 대해 생각해 볼 수 있는 시간을 가졌다. 각자의 친구를 마음속에 떠올려본 후 그 친구를 설명하는 키워드 다섯 가지를 종이에 적어본다. 이때 친구의 이름은 밝히지 않는다. 그래서 친구의 이름은 모두 '몽규'라고 썼다. 생각하는 친구는 꼭 '동갑의 친구' 이외에도 부모 또는 형제, 자매와 같은 가족이나 교사도 가능하다. 키워드를 모두 쓰고 이것을 바탕으로 자신의 친구를 모둠원들에게 설명하는 시간을 가졌다.

- 김예리의 몽규는 #달리기를 좋아하는 사람입니다.
- 김예리의 몽규는 #떡볶이를 좋아하는 사람입니다.
- 김예리의 몽규는 #BTS의 노래를 좋아합니다.
- 김예리의 몽규는 #정이 있습니다. 그래서 먹을 것을 잘 사줍니다.
- 김예리의 몽규는 #고양이를 키우고 있는 집사입니다.

이 활동은 친구에 대해서 가지고 있는 스키마를 활성화하는 것에도 목적이 있지만 '나는 친구에 대해서 얼마나 알고 있으며 어떻게 표현할 수 있는가?'라는 질문으로 자신을 돌아보게 하는 데 초점이 있다.

내가 송몽규다!

각자의 몽규를 소개하고 난 뒤, 이번에는 '우리가 원하는 몽규'에 대해서 이야기를 나눴다.

"여러분 모둠에 친구가 한 명 더 있다고 상상해 보세요. 정말 여러분의 마음에 쏙 드는 친구입니다. 이 친구의 특징을 모둠원 수에 맞게 4~5가지 적어보세요!"

학생들은 자기가 원하는 친구의 특징을 떠올리며 함께 이야기를 나누었고 그 결과를 종이에 옮겨 적었다. 그렇게 각 모둠에 가상의 친구 '송몽규'의 특징이 완성되었다.

- 우리 모둠의 몽규는 눈치가 있어요.
- 우리 모둠의 몽규는 운동을 좋아해요.
- 우리 모둠의 몽규는 곤충을 좋아해요.

완성된 특징을 가지고 학생들은 가상의 친구 '송몽규'를 학급에서 직접 찾아보는 시간을 가졌다. 먼저 한 모둠씩 교실 앞으로 나와 그 모둠에서 정한 몽규의 특징을 순서대로 발표했다. 하나의 특징을 발표할 때마다 자리에 앉아 있는 친구들은 그 특징이 자신에게 해당하는지 해당하지 않는지 생각해야 했다. 만약 해당한다면 그대로 앉아 있어도 되지만 해당하지 않는다면 자리에서 일어나 교실 뒤로 나가야 했다.

모둠원1 우리 몽규는 운동을 좋아해요.
학생1 나는 운동을 좋아하니 앉아 있어야지!
학생2 나는 운동을 좋아하지 않으니 일어나서 뒤로 나가야겠다.

모둠원2 우리 몽규는 곤충을 좋아해요.
학생1 나는 벌, 사슴벌레 등 곤충을 좋아하니 앉아 있어야지!
학생2 나는 곤충에 크게 관심이 없으니 일어나서 뒤로 나가야겠다.

모둠원들이 앞에 나와서 발표할 때는 '먹는 것을 좋아해요'와 같은 보편적인 특징에서부터 '태권도를 잘해요'와 같은 특수한 특징의 순서

모둠원 모두가 원하는 친구를 찾기 위한 '내가 송몽규다!' 활동

대로 말할 수 있도록 안내하면 좋다. 또 앉아 있는 학생들이 발표를 듣고 자신이 그 특징에 해당하는지 여부를 판단하는 것은 철저하게 듣는 당사자가 결정하는 것이라고 약속하면 좋다.

모든 특징을 다 발표하고 난 뒤에 남아 있는 사람들(모든 특징에 다 해당되는 사람들)은 일어나며 "내가 송몽규다!"라고 외친다. 그런데 모든 특징을 다 발표하고 난 뒤에 아무도 남아 있지 않으면 발표자들은 "우리 몽규는 여행 갔나봐!"라고 이야기를 하며 자리로 돌아간다.

활동과 작품 연결하기

학생들은 가상의 친구 '송몽규'를 전부 찾을 수 있었을까? 물론 예상처럼 쉽지는 않았다. 한 모둠을 제외하고 다른 모둠 모두 원하는 친구를 교실에서 찾을 수 없었던 것이다. 학생들은 자신들이 원하는 조건에 딱 맞는 친구는 만나기 어렵다고 이야기했다. 이때 《짝짝이 양말》의 주인공 강하나의 이야기를 들려주었다.

"강하나라는 학생이 있었어요. 하나에게는 운명이라고 생각했던 승주라는 단짝 친구가 있었죠. 그런데 5학년이 되자 승주가 자기보다 유리라는 친구와 더 어울리기 시작했어요. 하나는 운명의 단짝을 찾기 위해 노력합니다. 과연 성공할 수 있었을까요?"

학생들이 친구를 소유가 아닌 관계로 바라볼 수 있도록 안내하고 싶었다. 단짝 친구에 대한 집착을 내려놓자 시야가 넓어지면서 교실의 다른 학생들이 눈에 들어왔던 강하나처럼 우리 반 학생들도 관계에 대한 시선이 넓어졌으면 좋겠다는 바람이 있었다.

이 활동을 통해 현재 만나고 있는 친구와 만나고 싶은 친구에 대한 이야기를 함께 나누며 작품의 주제로 학생들을 안내할 수 있었다. 그리고 학생들은 책을 읽으며 강하나와 함께 울고 웃으며 자기만의 의미를 만들어갔다.

‘내가 송몽규다!’ 활동 방법

① 내가 현재 만나는 친구를 한 명 떠올려보고 그 친구의 특징을 키워드로 정리한다.

② 친구의 이름을 모두 몽규라고 하고, 키워드로 정리한 친구의 특징을 모둠원들에게 소개한다.

③ 모둠원들은 모여서 ‘우리가 원하는 친구’의 이름을 송몽규로 정하고 특징을 떠올려 정리한다.

④ 각 모둠은 교실 앞으로 나와 순서대로 송몽규의 특징을 발표한다.

⑤ 자리에 앉아 있는 친구들은 발표를 들으며 몽규의 특징이 자신에게 해당되면 자리에 앉아 있는다.

⑥ 몽규의 특징이 자신에게 해당되지 않으면 자리에서 일어나 교실 뒤로 나간다.

⑦ 모든 특징을 다 발표하고 난 뒤에 남아 있는 사람들(모든 특징에 다 해당되는 사람들)은 일어나며 “내가 송몽규다!”라고 외친다.

⑧ 모든 특징을 다 발표하고 난 뒤에 아무도 남아 있지 않으면 발표자들은 “우리 몽규는 여행 갔나봐!”라고 이야기한 뒤 자리로 돌아간다.

⑨ 한 모둠의 발표가 끝나면 다음 모둠의 송몽규 찾기를 시작한다.

04

읽기 중 활동

글을 읽는다는 것은 끊임없이 의미를 만들어가는 과정이다. 작품을 읽고 개인적인 반응을 통해 자신의 삶과 서사를 연결하며 작품이 자신에게 주는 의미를 스스로 구성해 나가는 과정인 것이다.

그런데 이러한 의미를 잘 구성하기 위해서는 먼저 책을 잘 읽어야 한다. 책을 잘 읽으려면 어떻게 해야 할까? 먼저 자신이 읽은 이야기에 어떤 인물들이 등장하며 어떤 사건들이 벌어지는지 파악해 보고 자신에게 큰 의미를 주는 사건들을 골라 내용을 요약할 수 있어야 한다. 이렇게 작품 이해를 위한 최소한의 기초적인 활동들이 읽기 중에 이루어져야 하는 것이다. 작품의 내용에 대한 깊이 있는 이해가 없는 활동은 학생들에게 책 놀이 이상의 의미가 없다.

또 하나 유의해서 살펴봐야 할 점은 읽기 중 활동을 통해서 학생들이 '읽는 방법'을 배울 수 있다는 것이다. 특히 책을 함께 읽으며 독서의 경험을 공유할 수 있는 활동과 능숙한 독자인 교사의 읽기 전략을 시각적으로 확인할 수 있는 활동들을 안내하면 좋다.

마지막으로 읽기 중 활동에서 무엇보다 중요한 것은 즐겁게 읽는 것이다. 책을 읽고 무엇인가를 하는 것보다 읽는 순간이 즐거울 수 있도록 분위기를 조성해야 한다. 천천히 깊게 읽기의 최대 목표는 책 읽는 기쁨을 아는 평생 독자로 학생들을 안내하는 것이기 때문이다. 그래서 학생들과 작품을 읽을 때 다양한 방법으로 학생들과 글을 읽어보는 것이 도움이 된다. 또 학생들은 교사가 자신들과 책 읽는 순간을 소중히 여긴다는 것을 교사의 태도를 통해 느낀다. 교사가 읽기 활동에 시간과 정성을 쏟을수록 그 행동 자체가 하나의 메시지로 학생들에게 전해지고 그만큼 학생들은 책 읽는 순간을 즐길 수 있게 된다.

한 문장으로 말해요

책을 함께 읽으며 가장 중요하게 생각해야 할 것은 '잘 읽는 것'이다. 그런데 읽는다는 것은 사고의 과정이기 때문에 눈으로 확인하기가 어렵다. 그렇다면 학생들이 잘 읽었다는 것을 교사는 어떻게 알 수 있을까?

많은 교사들이 읽은 부분의 내용과 관련된 질문을 나누며 학생들의 작품 이해 정도를 판단한다. 나는 이런 형태의 수업을 '독서골든벨식 수업'이라고 말한다. 이러한 수업이 정보를 전달하는 글을 다루는 수업에서는 효과적일지 모르겠지만, 문학 작품을 함께 읽는 수업에서는 다른 방법으로 접근해야 한다고 생각한다.

'한 문장으로 말해요'라는 활동은 내가 학생들과 꾸준히 실천하는 활동이다. 읽은 부분을 한 문장으로 요약하는 것은 책을 읽는 사람이 꼭 알아야 할 성공적인 읽기 전략 중 하나이기 때문이다.

방법은 간단하다. 먼저 책을 읽고 학생들과 작품에 나오는 인물들과 일어난 일들을 모두 이야기한다. 책을 읽고 난 뒤에 생각나는 것을 모두 말해 보는 사고 구술의 시간을 갖는 것이다. 그리고 일어난 일들 가운데에서 중요하다고 생각하는 문장을 투표를 통해 선정한다. 공동의 사고로 중요한 문장들을 선별하고 그 문장들을 연결하면 함께 읽은 부분을 한 문장으로 쉽게 정리할 수 있다.

학생들과 임지형 작가의《방과 후 초능력 클럽》20쪽에서 31쪽 네 번째 줄까지의 글을 함께 읽은 뒤 '한 문장으로 말해요' 활동을 진행했다.

작품에 나오는 인물 찾기

유쌤 방금 읽은 글에서 등장하는 인물을 모두 이야기해 봅시다.

효민 동엽이가 나왔습니다.

솔미 종현이가 나왔습니다.

준호 찬희와 기훈이가 나왔습니다.

은유 연희가 나왔습니다.

상황(일어난 일)에 대해 이야기 나누기

유쌤 일어난 일에 대해 이야기를 나누어봅시다. 어떤 일들이 있었나요?

은서 동엽이와 친구들이 반 학생들에게 초대 쪽지를 나누어주었습니다.

유진 찬희와 기훈이가 '방과 후 초능력 클럽' 새 멤버로 들어왔습니다.

태희 동엽이가 약병을 가져왔습니다.

지민 민성이는 연희에게 쪽지를 보여주기가 부끄러웠습니다.

진웅 결성식을 했습니다.

작품을 함께 읽고 먼저 인물과 상황(일어난 일)에 대해 이야기를 나눈다. 이때 모든 학생들의 이야기를 칠판에 기록한다. 중요도에 따라서 학생들의 발언을 선별하여 기록하지는 않는다. 교사가 학생들의 발언을 선택적으로 기록하는 것은 공개적인 평가의 모습으로 학생들에게 다가온다. 기록되지 않았다는 것은 선택받지 않았다는 것이고 자신의 의견이 가치가 없다는 것을 공개적으로 드러내는 것이기 때문이다. 어떤 학생들에게는 이 순간이 폭력적으로 다가오기도 해서 '정답이 아닐까봐' 발표를 하지 않는 학생들이 많다.

교사가 학생들의 의견을 고치지 않고 그대로 적으면서 작품을 정리할 때 학생들은 자신의 반응이 존중받는다는 느낌을 얻고 적극적으로 자신의 경험과 생각을 세상에 드러낼 수 있다. 모든 학생들의 의견을 다 기록하다 보면 10페이지 가까운 글을 읽고 정리하는 데 단위 수업 한 시간이 다 가기도 한다. 그러나 글을 읽어나갈수록 학생들이 핵심적인 장면을 골라내는 눈은 높아지고 수준이 올라가는 만큼 정리에 필요한 시간도 줄어든다. 수업의 효율보다 중요한 것은 교사에 대한 학생의 신뢰이며 어떤 상황 속에서도 존중받을 수 있다는 학습의 마음가짐이다.

함께 생각하기를 통해 한 문장으로 정리하기

일어난 일들을 모두 기록하고 나면 모두가 함께 중요한 문장을 고른다. 손을 들어 의견을 나타낼 수 있도록 하는데 작품 내용에 따라 두세 문장 정도에 중복 투표할 수 있도록 안내한다.

① 동엽이와 친구들이 반 학생들에게 초대 쪽지를 나누어주었습니다.(11표)
② 찬희와 기훈이가 '방과 후 초능력 클럽' 새 멤버로 들어왔습니다.(15표)*
③ 동엽이가 약병을 가져왔습니다.(5표)
④ 민성이는 연희에게 쪽지를 보여주기가 부끄러웠습니다.(6표)
⑤ 결성식을 했습니다.(17표)*

가장 많은 투표가 나온 문장들 옆에 별 모양으로 표시를 하고 이 문장들을 연결해 한 문장으로 정리한다. 학생들은 ②번과 ⑤번 문장을 연결해 '찬희와 기훈이가 방과 후 초능력 클럽 새 멤버로 들어오게 되었고 친구들은 결성식을 했다'라는 문장으로 읽은 부분을 요약할 수 있었다.

함께 생각하기를 통해 한 문장으로 정리하는 과정은 책을 읽고 정보를 처리하는 사고의 과정을 그대로 보여준다. 이 과정을 반복하면 작품을 읽고 난 뒤 핵심적인 장면을 빠르게 요약할 수 있다. 흥미로운 사실은 이 과정에서 여러 사람의 결정에 반대하는 학생이 등장한다는 것이다. 문학 작품을 함께 읽기 때문에 일어날 수 있는 일인데 새 멤버가 들어오고 결성식을 하는 큰 서사에 집중하기보다 연희를 좋아하는 민성이의 마음 같은 작은 서사를 더 중요하게 생각하는 학생도 있다. 그래서 그 학생들은 "선생님, 제 생각대로 요약해도 될까요?"라고 이야기한다. 문학에 정답은 없다. 정보를 전달하는 글과 달리 문학 작품은 독자에게 다가오는 울림의 파동이 개인마다 다르다. 사고의 과정은 함께 공유하되 자기만의 선택 기준을 갖는 모습은 학생들이 훌륭한 독자가 되어간다는 증거이기도 하다.

한 문장으로 말해요 활동 방법

① 작품에 나오는 인물을 모두 찾는다.
② 사건에 대해 이야기를 나누고 정리한다.
③ 함께 생각하기를 통해 중요한 사건을 2~3개 선정한다.
④ 중요한 사건들을 연결해 한 문장으로 만든다.
⑤ 학생들의 관점에 따라 다양한 문장으로 정리할 수 있다.

화성과 금성

학생들은 책을 읽으며 작품 속 여러 인물들을 만난다. 주인공의 마음에 공감하며 눈물을 흘리기도 하고 특정 등장인물 때문에 화가 나기도 한다. 그렇게 작품의 끝에 이르면 주인공이 성장하는 만큼 학생들의 생각도 자란다. 이렇게 작품을 읽으며 여러 인물의 마음을 살펴보는 것은 특히 중요하다. 작품 속 인물들의 마음을 따라가다 보면 학생들의 삶에 실제 존재하는 여러 사람들의 마음도 조금씩 이해할 수 있기 때문이다.

'화성과 금성'이라는 활동을 통해 학생들에게 하나의 사건을 여러 관점에서 생각해 볼 수 있는 기회를 주고 싶었다. 이 활동은 'Character Perspective Charts'라는 이름의 활동으로 《Literature-Based Reading Activities(6th edition)》(Hallie Kay Yopp, Ruth Helen Yopp, 2013)에서 아이디어를 얻었으며, 주인공의 입장뿐만 아니라 주변 사람들의 입장까지 생각하고 비교할 수 있는 수업이다. 이 수업을 통해 학생들이 현실 속에서도 다른 사람의 입장을 생각해 볼 수 있는 마음이 기지면 좋겠다는 생각을 했다.

김태호 작가의 작품집 《제후의 선택》에는 〈꽃지뢰〉라는 작품이 수록되어 있다. 이 작품은 지구를 떠나 새로운 행성을 찾는 지구인들과 아토행성에 사는 아토인들의 이야기를 그리고 있다. 지구인들은 아토인들에게 이 행성에서 함께 살게 해달라고 요청했고 아토인들은 넓은 마음으로 지구인들을 받아준다. 그런데 지구인들이 아토행성에서 물을 찾기 시작하면서 갈등이 시작된다. 지구인들이 행성에 살기 위해서는 물이 꼭 필요했는데 그 물은 아토인을 희생해야만 구할 수 있었던 것이다. 지구인들은 아토인에게 희생을 강요하고 아토인은 이를 거부한다.

이 이야기를 지구인과 아토인의 관점으로 나누어서 생각해 볼 수 있다. 이때 몇 가지 공통된 질문을 도구로 활용할 수 있다.

먼저 지구인의 관점에서 이야기를 살펴보자.

· 이 이야기의 주인공은?

- 지구인입니다.

· 언제 어디에서 일어난 일인가요?

- 환경오염으로 지구에서 살 수 없을 때, 아토행성에서

· 어떤 문제가 생겼나요?

- 아토행성에 물이 없음

· 주인공이 이루고자 하는 것(목표)은 무엇인가요?

- 아토행성에서 물을 찾아 생존하는 것

· 목표를 이루기 위해 주인공은 무엇을 했나요?

- 아토인에게 협상을 시도함

· 그 결과는 어떻게 되었나요?

- 전쟁을 시작하게 되었고 돌지뢰로 위기를 맞이함

· 그것을 통해서 주인공은 무엇을 느꼈을까요?

- 대안을 생각하자. 준비를 더 잘해서 다시 오자.

· 작가는 무엇을 말하고 싶었을까요?

- 급할수록 돌아가자.

이제 아토인의 관점에서 정리해 보자.

· 이 이야기의 주인공은?

- 아토인입니다.

· 언제 어디에서 일어난 일인가요?

- 지구인이 왔을 때, 아토행성에서

· 어떤 문제가 생겼나요?

- 인간을 위해 아토인을 희생시키라는 제안을 받게 되었음

· 주인공이 이루고자 하는 것(목표)은 무엇인가요?

- 지구인과 사이좋게 사는 것

· 목표를 이루기 위해 주인공은 무엇을 했나요?

- 지구인과 전쟁을 시작함

· 그 결과는 어떻게 되었나요?

- 돌지뢰로 승리하는 듯했으나 꽃지뢰로 위기를 맞이함

· 그것을 통해서 주인공은 무엇을 느꼈을까요?

- 지구인은 나쁜 사람이다.

· 작가는 무엇을 말하고 싶었을까요?

- 인간을 믿지 말라.

이렇게 비교해 보면 관점에 따라 이야기가 다르게 보이는 것을 경험할 수 있다. 관점을 나누고 정리한 뒤 마음에 와닿는 입장을 선택해 토론을 할 수도 있고, 여러 인물의 관점에 따라 교육연극 활동으로 연결할 수도 있다.

학생들은 보통 주인공의 입장에서 이야기를 읽는 것에 익숙하다. 하지만 가끔은 책을 읽다 잠시 멈추고 화성과 금성처럼 서로 다른 온도에 있는 인물들을 여러 각도에서 바라보는 시간이 필요하다.

4학년 학생들과는 임지형 작가의《방과 후 초능력 클럽》의 한 장면으로 동엽이와 선생님의 관점에서 사건을 정리해 볼 수 있었다. 먼저 학생들과 작품의 앞부분을 함께 읽은 뒤 동엽이와 선생님의 시선에서 문제 상황을 분석해 보았다.

동엽이의 시선

· 이 이야기의 주인공은?

- 동엽이입니다.

· 언제 어디에서 일어난 일인가요?

- 혁신학교 조회시간에 일어난 일입니다.

· 어떤 문제가 생겼나요?

- 방과 후 초능력 클럽을 만들어야 합니다.

· 주인공이 이루고자 하는 것(목표)은 무엇인가요?

- 방과 후 초능력 클럽을 정식으로 인정받아 운영하는 것입니다.

선생님의 시선

· 이 이야기의 주인공은?

- 선생님입니다.

· 언제 어디에서 일어난 일인가요?

- 혁신학교 조회시간에 일어난 일입니다.

· 어떤 문제가 생겼나요?

- 동엽이라는 학생이 갑자기 제안을 했습니다.

· 주인공이 이루고자 하는 것(목표)은 무엇인가요?

- 학생들이 건전하게 방과 후 클럽을 만들어 활동하게 하는 것입니다.

네 가지 질문으로 문제 상황에 대한 분석을 전체 학생들과 함께했다. 그런 뒤 계속되는 다음 내용을 읽고 모둠별로 역할을 나누어 이 문제 상황을 입장이 다른 인물들이 어떻게 해결했는지 살펴보는 시간을 가졌다.

동엽이의 시선

· 목표를 이루기 위해 주인공은 무엇을 했나요?

- 클럽 이름에 있는 '초'를 빼서 '능력 클럽'이라는 이름으로 계획서를 제출했습니다.

· 그 결과는 어떻게 되었나요?

- 선생님이 속아 넘어갔습니다. 그래서 동엽이는 선생님의 인정과 지원까지 받게 되었습니다.

· 그것을 통해서 주인공은 무엇을 느꼈을까요?

- 환호성을 지르며 좋아했을 것 같습니다.

· 작가는 무엇을 말하고 싶었을까요?

- '모든 일은 이름 붙이기 나름이다', '재치가 중요하다'라고 말하고 싶었을 것 같습니다.

선생님의 시선

· 목표를 이루기 위해 주인공은 무엇을 했나요?

- 동엽이에게 계획서를 써서 가져오라고 했습니다.

· 그 결과는 어떻게 되었나요?

- 선생님이 속아 넘어갔습니다. 동엽이가 능력 클럽이라는 이상한 클럽을 만들게 되었습니다.

· 그것을 통해서 주인공은 무엇을 느꼈을까요?

- 적극 지지한다고 했지만 뭔가 의심스럽다고 생각했을 것 같습니다.

· 작가는 무엇을 말하고 싶었을까요?

- '교실에서 일어나는 돌발상황에 대비하자', '가끔은 학생들의 도전을 그

냥 믿어주자'라고 말하고 싶었을 것 같습니다.

학생들이 일상생활에서 만나는 사람들은 제한적이다. 부모님, 교사, 학교 및 학원 친구들 정도가 대부분일 것이다. 문학 작품은 이런 학생들에게 여러 종류의 사람들을 간접적으로 만날 수 있는 기회를 제공한다. 그리고 화성과 금성은 하나의 사건을 여러 인물의 관점에서 살펴볼 수 있는 틀을 제공함으로써 작품을 입체적으로 바라볼 수 있게 안내한다.

학생들과 책을 천천히 깊게 읽으며 하나의 큰 목소리뿐만 아니라 다양한 목소리에 집중해 보자. 여러 인물들의 모습을 하나씩 따라가다 보면 어느새 작은 목소리에도 귀를 기울일 줄 아는 학생들의 모습을 발견할 수 있을 것이다.

화성과 금성 활동 방법

① 두 인물의 입장에서 사건을 생각해 본다.
② 주인공, 상황, 주인공의 마음과 작가의 의도 등으로 질문을 나누어 제시한다.
③ 주인공 외에 주변의 여러 인물로 확장해 이야기를 다양한 방향에서 바라보게 한다.
④ 입장을 정리한 후에 토론, 연극 등의 활동으로 발전시킨다.

05

읽기 후 활동

학생들과 함께 책을 읽는 것을 나는 종종 여행에 빗대어서 이야기한다. 여행을 떠나기 전에 느끼는 설렘부터 여행을 가서 직접 누리는 즐거움, 여행을 다녀와서 지나온 여정을 살펴보는 감상까지 색다른 모습의 즐거움을 우리는 여행을 통해 느낄 수 있다.

학생들도 책과 함께 긴 여행을 했다. 읽기 전 활동을 통해 이야기를 상상해 보고 읽는 중 활동을 통해 이야기에 흠뻑 빠져들었다. 이제 이 여행을 돌아볼 시간이 온 것이다. 읽기 후 활동은 조금씩 나누어서 읽었던 이야기를 하나로 연결할 수 있는 기회를 준다.

책을 읽고 난 뒤에는 어떤 활동들을 할 수 있을까? 크게 세 가지로 나누어볼 수 있을 것 같다.

첫째, 책을 읽고 자신의 삶과 연결하여 의미와 생각을 만들어보는 활동을 할 수 있다. 둘째, 작품을 통해 창의적이고 다양한 의미를 이끌어낼 수 있는 활동을 할 수 있다. 셋째, 작품을 다시 한 번 들여다볼 수 있도록 계기를 만들어주는 활동을 할 수 있다.

한 문장씩 정리하는 이야기 지도

이야기 지도는 작품의 주요 사건을 한눈에 볼 수 있도록 그래프로 정리하는 활동이다. 4학년 학생들과 임지형 작가의《방과 후 초능력 클럽》을 읽고 '한 문장으로 말해요' 활동을 꾸준히 진행하고 연구 노트에 정리했다. 그러다 보니 마지막 시간에는 한 권의 작품을 12개의 문장으로 돌아볼 수 있었다. 이 12개의 문장으로 책 여행을 돌아보기로 했다.

먼저 정리한 문장들을 순서에 따라 번호를 붙이고 한 문장씩 붙임종이에 옮겨 적었다. 그다음에는 모둠원들과 함께 각 문장의 사건들을 작품의 중요도나 흥미도에 따라서 그래프로 나타낼 수 있게 안내했다. 흥미도를 기준으로 그래프를 그릴 때는 '잔잔함, 보통, 흥미진진, 오예!' 이렇게 4단계로 척도를

나누어 사건들을 배치할 수 있도록 했다.

은주 7번 사건은 어땠어?

준수 흥미진진했던 것 같아. 클럽 대원들이 노는 모습이 즐거워 보였거든.

은주 그럼 7번 사건을 적은 붙임종이는 흥미진진에 붙이자!

학생들은 진지하게 토론하며 각 사건들을 그래프 위에 올려놓았다. 이렇게 하나씩 이야기를 나누다 보면 어느새 '이야기 지도'가 완성된다. 이야기 지도를 완성하면 학생들과 작품을 한눈에 살펴볼 수 있다. '발단, 전개, 위기, 절정, 결말'이라며 무조건 외워야 했던 이야기의 기본 구조(Plot)를 시각적으로 확인해 볼 수 있는 것이다. 물론 외우는 것과 체험하고 느끼는 것의 차이는 크다.

이야기 지도는 의사소통의 기회도 제공한다. 각 사건의 중요도를 함께 평가하다 보면 친구의 생각과 내 생각이 다르다는 것을 알고 서로 존중하며 타협점을 찾아갈 기회를 갖게 된다. 또 완성된 다른 모둠의 그래프를 살펴보며 다양한 생각을 비교해 볼 수도 있다.

도움이 되는 많은 것들 중에 가장 좋았던 것은 학생들이 주어진 작품을 다시 돌아볼 기회를 갖게 되었다는 것이다. 한 번 읽은 작품을 친구들과 다시 돌아보며 마치 자신에게 있었던 일처럼 책 속의 사건들을 추억하고 나누는 모습은 정말 아름다웠다.

정주영 작가의 《4학년 2반 뽀뽀사건》을 학생들과 읽고 나서는 이야

한 문장으로 정리한 사건들을 이야기 지도에 배치하는 모습

이야기 지도를 교육연극으로 연결해 보는 모습

기 지도를 교육연극으로 연결해 보았다. 먼저 이야기 지도에 있는 각 사건들을 모둠별로 하나씩 뽑아 정지 동작으로 표현하고 어떤 장면을 표현한 것인지 이야기를 나눴다. 그 후에 사건이 진행되는 순서에 따라 모둠별 동작을 릴레이로 연결해 작품을 몸으로 표현해 보았다. 작

품 전체를 교육연극 활동으로 돌아볼 수 있었던 것이다.

이야기 지도 완성하기 활동 방법

① 책을 읽으며 꾸준히 한 문장으로 정리한다.
② 문장들을 붙임종이에 옮겨 쓴다.
③ 흥미도에 따라 척도를 4단계(잔잔, 보통, 흥미진진, 오예!)로 나누어 그래프의 세로축에 표시한다.
④ 붙임종이를 붙여 그래프를 완성한다.
⑤ 완성한 그래프를 보고 함께 이야기를 나눈다.

감정 그래프로 인물 마주하기

이야기 지도가 사건을 중심으로 작품의 플롯을 살펴보는 활동이라면, 감정 그래프는 인물을 중심으로 작품을 돌아보는 활동이다. 학생들은 작품 속 인물을 한 명씩 정하고 이야기 지도에서 정리한 사건의 순간마다 그 인물의 감정을 그래프로 나타낸다.

간단한 활동이지만 '나'를 중심으로 세상을 이해하던 학생들이 책 속의 인물을 만나며 자연스럽게 다른 사람의 입장을 생각해 보는 계기를 만들어줄 수 있다. 이때 학생들이 선정하는 인물은 주인공뿐만 아니라 주변 인물까지 포함하는데, 친구들이 작성한 그래프를 살펴보면서 여러 인물이 하나의 사건에서 느끼는 다양한 감정들을 비교할 수 있다. 이를 통해 학생들은 작품을 다양한 시각으로 바라보게 되고 인물의 갈등 관계를 새로운 방향으로 생각해 볼 수 있다.

감정 그래프를 만들기 위해서는 먼저 이전 시간에 만들었던 이야기 지도를 살펴보아야 한다. 그리고 작품에 등장하는 여러 인물을 떠올려 본다. 주인공도 있고 주인공의 가족, 친구, 선생님, 동네 사람들 등 다양한 사람들이 있다. 그중에서 가장 인상적이었던 인물을 각각 한 명씩 선정한다. 우리 반 학생들은《방과 후 초능력 클럽》에서 민성, 동엽, 종현, 찬희, 기훈, 담임 선생님, 연희 등의 인물을 각각 선정했다.

인물을 선정하고 나면 이야기 지도에 나타난 사건들마다 그 인물이 어떤 감정을 느꼈을지 생각하며 그래프를 그린다. 이야기 지도에는 각 사건들마다 번호가 표시되어 있는데《방과 후 초능력 클럽》같은 경우에는 12개의 문장으로 사건을 정리했기 때문에 1부터 12까지의 사건 번호가 있었다. 학생들은 이 번호를 수직선의 가로축에 표시하고 그 시점에 인물이 어떤 감정을 느꼈을지 감정의 높낮이를 세로축에 표시했다. 세로축의 위치는 긍정적인 감정일 경우 가로축보다 높게, 부정적인 감정일 경우 가로축보다 낮게 표시하고 그 위아래에 감정(설레었다, 놀랐다, 기뻤다, 기대되었다 등)을 나타내는 말을 표현하도록 안내했다.

감정 그래프가 완성되면 둘씩 짝을 지어서 한 친구가 자신의 감정 그래프를 OHP투명필름에 덧대어 옮겨 그린다. 그리고 그 투명필름을 다른 친구의 감정 그래프에 겹쳐서 하나의 그래프로 만든다. 이렇게

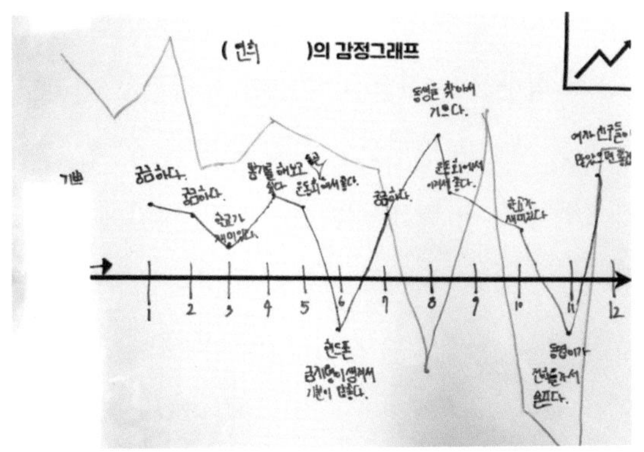

사건 전개에 따른 '연희'의 감정 그래프

완성된 그래프로 두 인물의 감정을 비교해 볼 수 있다. 네 명의 학생이 투명필름에 감정 그래프를 옮겨 하나의 그래프로 만들면 네 인물의 감정까지도 비교해 볼 수 있다. 학생들은 감정 그래프를 함께 보며 작품 속 인물이 되어 이야기를 나눴다.

민성이의 감정을 나타낸 친구 내가 방과 후 클럽 안내장을 나눠줄 때 너의 기분은 어땠어?

연희의 감정을 나타낸 친구 나는 너희들이 뭔가 재미있는 일을 하는 것 같아서 그게 무엇일지 정말 궁금했어.

연희라는 인물은 작품에 자주 등장하지 않는 주변 인물이다. 그런데 학생들의 활동에서 흥미로운 점을 발견했다. 학생들은 연희가 등장하지 않은 사건의 시간에도 연희가 무엇을 하고 있었을지 상상하며 그래프를 그리고 있었던 것이다.

학생들은 작품 속 인물의 감정을 사건이나 묘사를 통해 유추해 볼 수 있었다. 그리고 이 과정에서 다른 사람의 감정을 이해해 보는 경험을 갖게 되었다. 더 나아가 여러 인물의 감정을 비교해 보는 경험을 통해 같은 사건이라도 그 사람의 입장에 따라 느끼는 바가 다를 수 있음을 알게 되었다. 이렇게 작품 속 인물들의 감정을 읽어보고 비교해 보는 경험이 쌓이면 책 바깥세계에서도 학생들은 조금 더 다른 사람들을 쉽게 이해할 수 있을 것이다.

학생들은 감정 그래프라는 활동을 통해 인물을 중심으로 작품을 다시 한 번 들여다볼 수 있었다. 책을 읽고 난 뒤에 자신의 생각을 확산적으로 표현할 수 있는 기회를 갖는 것도 좋지만 인물 그래프처럼 작품을 다시 한 번 들여다 볼 수 있는 시간도 학생들과 꼭 함께하면 좋겠다.

인물 감정 그래프 활동 방법

① 이야기 지도를 살펴본다.
② 인물을 살펴보고 그중에서 한 명의 인물을 선정한다.
③ 이야기 지도에 나타난 사건들마다 인물이 어떤 감정을 느꼈을지 생각하며 감정 그래프를 그린다.
④ 투명필름에 그래프를 옮겨 그린 뒤 다른 인물을 선택한 친구와 겹쳐서 비교해 본다.
⑤ 작품 속 인물이 되어 친구와 이야기를 나눈다.

인물성적표

인물성적표 활동은 'Literary report card'라는 이름의 활동으로 《Literacy through literature》(Johnson, T. & Louis, D. 1987)에서 아이디어를 얻었으며, 말 그대로 작품 속 인물을 평가하고 그 결과를 나타내는 것이다. 성적표라고 해서 능력치를 평가하는 것 같지만 능력이 아닌 노력과 성장을 학생들이 볼 수 있기를 희망했다. 학생들이 직접 선생님이 되어 인물의 성장을 지켜보고 그 과정을 응원해 주는 기회를 갖게 해주고 싶었다.

인물성적표는 인물 이름, 평가 기준, 평가 영역, 성적, 성적을 준 까닭과 그에 해당하는 쪽 번호, 행동특성 및 종합의견(응원과 격려의 말)으로 구성했다. 학생들은 인물성적표를 작성하기 위해 자세히 살펴볼 인물을 선정하고 평가할 영역을 선택한다. 평가 영역은 친절이나 용기와 같은 정의적 영역이 될 수도 있고, 만들기 능력이나 민첩성 같은 행동적 영역이 될 수도 있으며, 기발함, 창의성 등의 인지적 영역이 될 수도 있다.

학생들은 평가 영역을 선정할 때 성적표 아래 제시된 예시 낱말들 중에서 골라도 좋고 자신이 직접 영역을 선정할 수도 있다. 이 순간이 바로 학생들이 상위인지를 사용할 수 있는 순간인데, 인물을 정해진 평가 기준에 따라서 평가하는 것이 아니라 학생들이 직접 평가 영역을 정할 수 있기 때문이다. 이때 유의할 점이 있다. 평가 영역은 부정적인

방과 후 초능력 클럽

인물성적표

인물이름:

평가기준

배우고 싶을 정도로 완벽함(완), 잘 함(잘), 보통(보), 노력이 필요함(필), 크게 성장함(성)

영역	성적	성적을 준 까닭	쪽수

친절함, 운동능력, 모험심, 창의성, 호기심, 개그본능, 영리함, 준비성, 기발함, 용기, 경청, 만들기실력, 책임감

행동특성 및 종합의견(응원과 격려의 말)

방과후 초능력 초등학교
선생님 (인)

낱말이 아닌 긍정적인 낱말이어야 한다는 사실이다. 불성실함이나 나쁜 말을 하는 것에 '잘함'이라고 평가할 수 없기 때문이다.

평가 영역이 다 정해졌으면 평가 척도에 따라서 성적을 주는데, 평가 척도는 '배우고 싶을 정도로 완벽함(완), 잘함(잘), 보통(보), 노력이 필요함(필)' 이렇게 네 단계와 변화를 표현할 수 있는 단계인 '크게 성장함(성)'까지 총 다섯 단계를 설정했다.

평가를 다 한 뒤에는 해당 성적을 준 까닭을 작품에서 찾아 쓴다. 그리고 마지막으로 진짜 선생님처럼 종합의견을 작성한다. 종합의견을 쓰며 인물의 감정에 공감하고 인물에게 응원의 마음을 전하게 된다.

인물성적표가 완성되면 본격적인 활동이 시작된다. 모둠 친구들과 인물성적표를 함께 보며 인물들에 대해서 이야기를 나누고 전체로 확장한다. 임지형 작가의 《방과 후 초능력 클럽》을 읽고 인물성적표를 완성한 뒤 학생들은 다음과 같은 이야기를 주고받았다.

유쌤 전체 친구들에게 성적표를 소개할 선생님이 있으신가요?

유미 (성적표를 발표한다.)

유쌤 친구들에게 질문을 받겠습니다.

석민 찬희에게 기발함 점수를 매우 잘함으로 준 까닭이 무엇인가요?

유미 초능력 클럽에서 '초'자를 빼고 계획서를 내도록 아이디어를 주었기 때문입니다.

학생들은 인물성적표를 통해서 작품을 다시 한 번 돌아볼 수 있었다. 또한 학생들은 이 활동을 통해 작품 속 인물들을 생각하는 따뜻한 선생님의 모습을 보여주었다. 인물성적표를 통해 누군가를 자세히 들여다보고 응원하며 격려하는 기회를 가질 수 있었던 것이다. 활동을 마친 후 학생들에게 인물성적표를 작성하며 보여주었던 모습처럼 책 바깥세상에서도 하나의 기준으로 다른 사람을 평가하지 않고 서로를 좀 더 따뜻하게 바라보고 응원과 격려를 보내는 사람들이 되면 좋겠다는 마음을 전하며 수업을 마쳤다.

인물성적표 활동 방법

① 성적표를 작성할 인물을 선택하고 평가할 영역을 선정한다.
② 영역에 따라 성적을 주고 성적을 준 까닭을 구체적 사건이나 자신의 생각을 들어 쓴다.
③ 성적의 까닭이 잘 드러난 쪽수나 챕터를 쓴다.
④ 성적을 다 작성하고 난 뒤 인물에게 응원과 격려의 말을 남긴다.
⑤ 선생님이 되어 인물의 성적을 친구들에게 까닭을 들어 이야기한다.

미술 작품으로 생각 나누기

책을 읽고 하는 미술 활동이라고 하면 어떤 장면이 가장 먼저 떠오르는가? 책을 읽고 그림 그리는 장면을 대부분 떠올릴 것이다. 그런데 책을 읽고 왜 하필 그림을 그리는 것일까? 우리가 하는 많은 학습 활동 중에는 그 이유를 깊게 생각해 보지 않고 관습적으로 하는 것들이 있다. 나 또한 많은 생각을 하지 않고 학생들과 책을 읽은 후에 쓰고 그리는 활동을 했었다. 그렇게 그리기만 하기가 지겨워 이번에는 만들기에 도전했다.

한윤섭 작가의 《짜장면 로켓 발사》를 2학년 학생들과 나누며 수학의 1미터 양감 기르기 활동과 연계하여 로켓 발사대를 만들었다. '작품에 나오는 것은 다 해본다!'라는 의미의 샛길 새기 활동으로 진행한 것이었다.

활동을 하며 양감을 기르는 것이 목적이었기 때문에 처음에는 작품에 나오는 로켓 발사대처럼 1미터 높이에 맞추어서 예쁘게 꾸미기만 하면 된다고 생각했다. 그런데 학생들은 높이나 미학적인 것에는 큰 흥미를 보이지 않았다. 그저 박스에 구멍을 열심히 뚫고 있었다. 왜 그렇게 구멍에 집착하는지 이해할 수 없을 정도로 모든 학생들이 로켓 발사대를 만들며 구멍을 열심히 뚫었다. 심지어 실제 물로켓을 발사할 때에도 자신들이 만든 로켓 발사대를 사용하고 싶어 했다. 학생들은 흉내만 내는 가짜 로켓 발사대가 아니라 진지하게 의미를 담아 실제 로켓 발사대를 만들고 있었던 것이다. 이 사건은 작품에 나오는 장면을 대충 재현하고 흉내만 내려 했던 내 모습을 반성하는 계기가 되었다.

책이라고 하는 것은 작가의 생각을 언어라는 상징을 통해서 표현한 것이다. 그렇게 본다면 그리기, 만들기, 디자인 등 우리가 미술이라고 부르는 모든 예술 작품들 또한 생각을 담는 그릇이라고 말할 수 있다. 학생들에게 글을 읽고 단순한 꾸미기나 재현이 아닌 미술 작품에 생각을 담을 수 있도록 안내해 주고 싶었다.

표현할 장면이나 문장 고르기

임지형 작가의《방과 후 초능력 클럽》을 다 읽고 제일 마음에 드는 문장을 골랐다. 미술 작품도 생각을 담는 도구이기에 책을 읽고 어떤 생각과 의미를 가지게 되었는지 돌아볼 시간이 필요하다고 생각했다.

포일을 사용해 입체 작품 만들기

문장을 고른 다음에는 요리할 때 사용하는 포일을 30cm×30cm 길이로 잘라 나누어주었다. 꾸미기 철사 등의 재료를 추가로 제시하고 포일로 표현할 수 있는 것으로는 '책의 주제', '사건', '변화' 등을 안내했다. 굳이 포일이 아니라 찰흙, 클레이 같은 것으로도 표현할 수 있다. 그런데도 굳이 포일을 선택한 까닭이 있다. 포일은 자유자재로 변형이 가능하고 고정력이 있어 조소 작품으로 표현하기가 수월하고 뒤처리가 찰흙에 비해 깔끔했다. 포일을 사용하며 학생들 손이 다칠까봐 걱정되어 장갑을 사주었는데 답답하다며 벗는 학생들이 많았다.

미술 작품을 통해 질문과 생각 나누기

작품을 다 만든 뒤에는 같은 모둠 친구들끼리 어떤 것을 나타낸 것인지 묻게 했다. 친구들의 생각을 듣고 이야기를 나누다 보면 작품에 대한 여러 해석을 함께 나눌 수 있다. 한 작품에 대한 예상이 모두 끝나면 미술 작품을 만든 학생은 문장카드를 꺼내 자신이 책 속에서 골랐던 문장을 읽어주었다. 그리고 미술 작품을 어떤 의도로 만들었는지 설명하는 시간을 가졌다.

한나 준석이의 작품은 연희를 사랑하는 민성이의 마음을 표현한 것 같아.

준석 나는 연희를 향한 민성이의 마음이 점점 커지는 것을 표현해 보았어.

태민 난 민성이의 마음속 용기가 점점 커지는 모습을 표현해 보았어.

작품 속 인물들의 마음을 표현하는 미술 활동

때로는 글이나 말보다 미술 작품이 더 많은 것을 담아내기도 한다. 말로는 하지 못했던 주제들을 구체물을 통해 드러내는 것이다. 학생들은 작품이 전하는 메시지를 자기만의 의미로 만들어 미술 작품으로 멋지게 나타내는 모습을 보여주었다.

결국 미술 작품은 생각을 나누기 위한 도구인 것이다. 학생들과 책을 읽고 나누는 활동은 책을 다시 들여다 보며 자신의 생각을 정리하고 여러 친구들의 생각을 함께 나누는 것이 중심이어야 한다고 생각한다. 미술 작품으로 표현하는 것 역시 작품의 단순한 재현이나 따라 그리기가 아닌 자신의 생각을 담는 도구로 학생들에게 다가가면 좋겠다.

미술 작품으로 생각 나누기 활동 방법

① 책 속에서 미술 작품으로 표현할 장면이나 문장을 선정한다.
② 작품을 바탕으로 미술 작품을 만든다.
③ 창작자가 만든 미술 작품을 감상하고 작품의 의도에 대한 각자의 생각을 이야기한다.
④ 다른 사람들의 생각을 모두 듣고 난 뒤 창작자가 작품의 의도를 설명한다.
⑤ 순서대로 돌아가며 서로의 작품에 대해 이야기를 나눈다.

여덟 단어로 책 한 권 요약하기

《책은 도끼다》의 저자로 널리 알려진 광고인 박웅현은 인생을 위해 생각해 봐야 할 가치를 '여덟 단어'를 통해 정리하고 같은 제목의 책을 출간했다. 나 또한 학생들과 여덟 단어를 가지고 책을 다시 돌아보는 시간을 갖고 싶었다.

여덟 단어 활동을 소개하기 전에 다시 한 번 읽기 후 활동의 목적을 생각해 보자. 책 읽기를 즐겁게 하고 나서 활동은 왜 하는 것일까?

먼저, 책을 읽고 나서 개인적인 반응들을 이끌어내기 위해서 한다. 어떤 친구는 작품의 이야기가 자신의 일처럼 느껴져서 가슴이 아팠을 수도 있고 어떤 친구는 재밌는 사건에 집중해서 반응할 수도 있다. 이러한 개인적인 반응들을 심화하고 정리하는 과정을 통해 학생들은 작품에 대한 자신만의 의미를 구성할 수 있다.

또 읽기 후 활동은 작품에 주어진 정보와 주제들을 조직, 분석, 통합해 볼 수 있는 기회를 학생들에게 제공한다. 이를 통해 학생들은 책을 읽고 자신이 이해한 내용을 친구들과 공유하고 확인해 볼 수 있다.

마지막으로 읽기 후 활동은 책의 내용을 보다 깊이 생각할 수 있는 틀을 제공하여 학생들의 작품 이해를 돕는다. 따라서 책을 읽고 그림을 그리고 조소 작품을 만들고 연극을 하는 등의 모든 읽기 후 활동은 학생들이 작품을 이해하고 깊게 생각해 볼 수 있도록 도와주는 '하나의 틀'로서 접근해야 한다.

결국 읽기 후 활동은 학생들이 작품을 더 깊게 이해하고 의미 있는 독서 경험이 될 수 있도록 도와주기 위해서 존재한다고 정리할 수 있다.

책 한 권에서 중요한 여덟 단어 골라내기

4학년 학생들과 진형민 작가의 《기호 3번 안석뽕》을 읽고 각자 중요하다고 생각하는 단어를 여덟 개씩 골랐다. 그리고 단어들을 하나씩 붙임종이에 옮겨 적었다. 학생들은 이러한 활동을 통해서 다 읽었던 작품을 다시 살펴볼 수 있는 기회를 갖게 되었다.

각자 선정한 단어들을 모아서 모둠별로 분류하기

각자 여덟 개씩 단어를 선정한 이후에는 모둠 친구들과 모여서 그 단어들을 서로 소개하고 분류하는 시간을 가졌다. 하나의 단어를 소개할 때마다 소개자가 그 단어를 선정한 까닭을 함께 말했고 소개가 끝난 뒤에는 비슷한 것끼리 모아 분류했다.

모든 소개가 끝나고 모둠의 분류 결과를 살펴보며 이야기를 나눴다. 가장 많이 선택한 단어는 무엇이고 그 이유는 무엇인지, 가장 적게 선택을 받은 단어들 중에 눈여겨봐야 할 것은 없는지 함께 이야기를 나눴다.

여덟 단어 선정하고 작품 요약하기

모든 단어들을 검토하고 나서 모둠의 여덟 단어를 선정했다. 이 단

책 한 권에서 뽑아낸 여덟 개의 주요 단어들

어들은 학생들이 선정한 《기호 3번 안석뽕》의 핵심 단어들이다. 이 핵심 단어를 가지고 작품을 요약하는 글을 썼다. 여덟 개의 단어가 들어간 문장을 만들고 이 문장들을 연결했다. 글의 흐름상 필요하다면 여덟 단어가 들어가지 않은 문장도 중간에 넣을 수 있도록 안내했다.

서로의 글 살펴보기

진형민 작가의 《기호 3번 안석뽕》에는 크게 두 가지 이야기가 있다. 전교회장 선거에 출마하게 되는 안석진과 그의 친구들의 이야기가 하나이고, 재래시장인 문덕시장과 그 옆에 새로 들어온 대형마트 P마트와의 갈등 사건이 같은 주제를 공유하며 펼쳐진다.

모둠마다 모인 사람들의 이야기가 다르기 때문에 요약한 글도 서로 다른 모습을 보였다. 학생들은 서로의 글을 읽으며 하나의 작품에 대한 다양한 해석들을 살펴볼 수 있었다. 교사의 입장에서는 학생들이 책을 얼마나 잘 이해하면서 읽었는지 확인해 볼 수 있는 시간이었다.

> 안석뽕과 고경태는 전교회장 선거에 나갔다. 그리고 안석뽕이 선거운동을 하면서 가래떡을 나누어주었다. 한편 안석뽕과 백보리가 살던 문덕시장에 P마트가 들어오면서 문덕시장은 위기에 처한다. 그래서 백보리와 안석뽕은 P마트에 바퀴벌레를 뿌렸다. 거봉선생은 기운을 누르는 부적을 P마트 곳곳에 붙였다. 이러한 여러 노력으로 문덕시장은 다시 평화를 되찾았다. 앞으로도 P마트에 맞서는 시위는 계속될 것이다.
>
> **- A모둠이 여덟 단어를 가지고 한 요약글**

> 안석뽕은 기무라 때문에 전교회장 선거에 나가게 되었다. 하지만 안석뽕은 음식을 제공해 1차 경고를 받았다. 재래시장에서는 사건이 있었다. 백보리가 P마트에서 바퀴벌레를 풀었던 것이다. 그리고 전교회장은 결국 고경태가 되었다.
>
> **- B모둠이 여덟 단어를 가지고 한 요약글**

A모둠의 요약글은 '문덕시장과 P마트의 갈등'에 초점을 맞추고 쓴 글이다. 반면 B모둠의 요약글은 '전교회장 선거'에 초점을 맞추고 쓴

글이다. 함께 책을 읽더라도 사람에 따라 중요하게 받아들이는 것이 다를 수 있다는 경험은 분명 학생들에게 세상과 사람을 이해하는 공부가 된다.

나는 학생들이 책을 가만히 다시 열어서 들여다보는 모습을 정말 좋아한다. 시작하면 쉼 없이 끝을 향해 달리는 첫 번째 독서와는 달리, 책을 다시 들여다보는 두 번째 독서는 우리에게 생각할 시간을 준다. 그리고 우리는 그 시간을 통해 많은 의미를 발견한다.

읽기 후 활동은 책을 읽고 단순히 흥미를 위해 그림을 그리거나 놀이를 하는 소모적인 활동이 되어서는 안 된다. 학생들이 주어진 작품을 다시 들여다볼 수 있도록 다양한 틀과 기회를 주어야 한다. 이런 기회를 통해 학생들은 읽었던 책을 돌아보며 저마다 깊은 의미들을 각자의 마음에 담아갈 수 있을 것이다.

여덟 단어 활동 방법

① 책 한 권에서 각자 중요한 단어를 여덟 개 골라낸다.
② 각자 선정한 단어들을 모아서 모둠별로 분류한다.
③ 모둠별로 여덟 단어를 선정하고 이 단어들을 포함하는 문장들로 작품을 요약한다.
④ 여러 모둠이 요약한 글들을 살펴보며 작품에 대한 다양한 관점을 비교한다.

"선생님, 오늘 책 수업 있어요?"

선생님과 학생 모두가 손꼽아 기다렸던 수업!

교과서 대신에 책 한 권을
학생들과 천천히, 그리고 깊게 나누기

넷

천천히 깊게 읽는 열 가지 방법

01

제목을 보고 이야기를 나누자

《불량한 자전거 여행》은 여행에 관한 이야기이다. 떠난다. 왜 떠나야 했을까? 첫 장의 소제목은 '밤 열한시 마지막 기차'이다. 이 책의 주인공인 호진이는 왜 밤 열한 시에 마지막 기차를 타고 떠나야 했을까?

제목을 자세히 들여다보면 자연스럽게 여러 물음이 떠오른다. 그 물음을 따라서 책을 읽으면 주의 깊게 살펴봐야 할 것들이 눈에 들어오기 시작한다. 《불량한 자전거 여행》의 첫 장에는 호진이가 여행을 가야만 하는 까닭이 나온다. 갈등 상황이 제시되는 것이다. 호진이가 여행을 떠날 수밖에 없는 갈등 상황을 파악하는 것이 이 책을 이해하는 첫 단추가 된다.

첫 장의 갈등 상황은 크게 두 가지로 나누어 생각해 볼 수 있다.

- 엄마와 아빠 사이의 갈등→이혼할지도 모른다.
- 엄마 아빠의 가치관과 호진이와의 갈등→나 때문에 부모님이 희생한다고 하지만 나는 행복하지 않다.

첫 장인 '밤 열한시 마지막 기차'는 이러한 갈등 상황 속에 놓인 주인공이 여행을 떠나야 하는 까닭을 지속적으로 보여준다. 이러한 장면들을 통해 작가는 독자로 하여금 주인공에게 감정을 이입할 수 있도록 안내하고 호진이의 가출과 여행에 정당성을 부여한다.

> 기분이 이상했다. 내가 길거리에 나뒹구는 쓰레기가 되어 버린 것 같았다. 밟히고 밟혀 길바닥에 까맣게 눌어붙은 껌자국이 되어 버린 것 같았다.
> 나는 고장 난 신호등이었다. 어쩔 줄 몰라 하는 내가 가운데 있었지만 누구도 신경 쓰지 않았다. 엄마 아빠 사이에 몇 달 동안 한 말보다 더 많은 말이 오갔다. (17쪽)

또한 작가는 이런 갈등 관계에서 오는 주인공의 부정적인 생각을 나타내는 표현들을 제시하고 이를 통해 독자가 주인공에게 감정 이입을 할 수 있도록 유혹한다. 결국 이러한 장치들은 작품의 인물과 독자를 연결하고 독자가 책 속에 더 빠져들 수 있도록 안내한다.

제목을 보고 의문을 품고 글을 읽어나가는 것, 그리고 의문에 대한 답을 탐색하며 조금씩 작품에 대한 애정을 만드는 일이 책을 천천히 그리고 깊게 읽는 첫 번째 방법이다. 천천히 깊게 읽는 방법을 학생들과 함께 실천하기 위해 작품과 주인공에 대한 애정을 만드는 활동을 많이 했다.

> 나는 방으로 들어와 침대에 앉았다. 물통에 검은 물감이 한 방울 떨어진 것처럼 우울한 생각이 머릿속에 자꾸 퍼져 나갔다. (19쪽)

때로는 책 속에 묘사된 주인공의 감정을 이해하기 위해 직접 물통에 물감을 떨어뜨린 뒤 자세히 관찰해 보기도 했다. 주인공처럼 가방을 싸고 여행 계획을 세웠으며, '밤 열한시 마지막 기차'라는 소제목처럼 기차를 타고 수학여행을 떠났다. 책을 함께 읽는 첫 시간의 목표는 오직 하나다. 책에 대한 애정을 만드는 것이다.

02

경쟁하는 목소리에 귀를 기울이자

책에서 서로 경쟁하는 목소리란 무엇일까?

하나의 문학 작품에는 여러 목소리가 존재한다. 그것은 삶의 가치관 혹은 메시지일 수도 있다. 한 가지 가치관이나 생각만을 이야기 속에서 계속 주장한다면 그것은 서사가 아닌 연설문에 불과할 것이다.

한 작품 안에는 다양한 인물이 나오는 만큼 다양한 삶의 목소리들이 있다. 그리고 그 인물들은 대사, 몸짓, 행동 등으로 자신의 이야기와 목소리들을 읽는 이에게 전달한다. 그것은 작가가 말하고 싶은 하나의 목소리를 강조하기 위해 만든 장치일 수도 있으며 여러 가지 다양한 목소리를 펼쳐두고서 독자에게 어떤 판단을 내리게 하려는 의도일 수도 있다.

여러 인물들의 목소리 속에 작가가 숨겨놓은 메시지를 찾지 못한다

하더라도 작품 속 여러 인물들과 소통하고 그들의 목소리를 들으며 비교하는 기회를 통해 독자는 책을 읽는 재미와 감동, 의미를 느낄 수 있다. 이처럼 작품에 나오는 여러 인물들의 목소리에 집중하고 비교해서 살펴보는 것, 그리고 서로 다른 메시지에 주목하여 작가의 목소리를 생각해 보는 것이 책을 천천히 깊게 읽는 두 번째 방법이다.

《불량한 자전거 여행》에서 호진이가 열세 살이 될 때까지 경험한 목소리는 다음과 같은 아빠와 엄마의 목소리였다.

"세상은 하고 싶은 것만 하며 살 수는 없다."

"꿈도 중요하지만 현실을 살아야 한다."

그럼 가출을 결심한 호진이는 어디로 가려고 할까? 작가는 그 해답을 엄마와 아빠의 목소리를 통해 은근슬쩍 보여준다. 아빠는 동생인 삼촌을 한심하게 생각하고 엄마는 불량한 사회 부적응자라며 호진이에게 공부하지 않으면 삼촌처럼 될 것이라며 위협한다.

이러한 상황 속에서 호진이가 선택한 목소리는 삼촌이었다. 까닭은 단순하다. 엄마와 아빠가 전해 주는 메시지, 목소리가 싫었기 때문이다. 그래서 주인공 호진이는 삼촌이 있는 광주로 무작정 출발하게 된다.

"삼촌, 이런 거 하면 돈 많이 벌어?"

"아니."

"그럼 왜 해?"

"하고 싶어서."

"사람은 하고 싶은 것만 하고 살 수 없잖아."

엄마가 나한테 하던 말이다. 축구교실에 보내 달라고 했을 때, 강아지를 키우고 싶다고 했을 때, 학교 여름방학 특강 대신 춘천 외갓집에 가고 싶다고 했을 때.

삼촌이 코웃음을 쳤다.

"누가 그래?"

"엄마가."

삼촌이 뭐라고 하려다가 입을 다물었다. 삼촌 대신 대답하겠다는 듯 전화기가 울렸다. (120쪽)

작품 속에서 경쟁하는 목소리가 가장 돋보이던 순간이다. 이 순간 호진이는 엄마, 아빠의 목소리가 되어 삼촌의 가치관과 충돌한다. 경쟁하는 목소리가 부딪치며 호진이는 성장한다. 13년간 엄마, 아빠의 목소리 속에 살던 주인공이었기에 이 장면은 큰 의미가 있다.

가정과 학교의 목소리만을 경험하던 학생들은 책 한 권을 천천히 깊게 읽으며 다양한 목소리를 만나게 된다. 이러한 목소리들에 귀를 기울여보고 비교하며 함께 책을 읽는다면 분명 어느 사이에 크게 성장해 있는 학생들의 모습을 발견할 수 있을 것이다.

03

이정표를 찾아라

책을 읽는다는 것을 하나의 여행으로 생각해 보자. 이정표는 방향을 알려주며 길을 찾는 데 도움을 준다. 작가 또한 책을 읽는 독자들에게 길을 안내하기 위해서 사건, 이미지 등으로 우리를 안내한다. 이러한 이정표는 대놓고 세워져 있기도 하고 은밀히 숨겨져 있는 경우도 있다. 우리는 흔히 이 이정표를 복선이라고 부르기도 한다.

이러한 작은 이정표들에 멈추어 서서 그 의미를 깊게 생각하고 즐기며 책을 읽다 보면 이정표들이 모여 주제와 결말로 이어지는 것을 알 수 있다. 그리고 그때서야 비로소 하나의 작품이 독자에게 온전히 다가오는 놀라운 경험을 할 수 있게 된다. 책을 천천히 깊게 읽는 세 번째 방법은 바로 이러한 이정표들을 찾는 것에 있다.

《불량한 자전거 여행》의 도입부에서 가장 인상적이었던 부분은 주인공이 용산역에서 밤 기차를 타고 광주송정역에 도착해 아침이 오기까지 하늘을 관찰하던 부분이었다. 그 시작 문장은 이것이다.

> 여전히 밤이었다. (31쪽)

시간적으로도 밤이었겠지만 호진이의 지금 상황도, 마음도 모두 밤이었던 것이다. 일곱 시까지 세 시간 남았다고 한 것을 보면 새벽 네 시였을 것이다. 그로부터 한 시간이 지난다.

> 일곱시까지 두 시간 남았다. 밖을 내다보니 번쩍거리던 네온간판 불빛들이 조금씩 약해졌다. 나는 밖으로 나와 하늘을 살폈다. 검었던 하늘가가 조금씩 파란색으로 변했다. 청소차가 붕붕거리며 지나갔다. 역 안으로 들어가는 사람이 조금씩 늘어났다.
> 저만치 앞에 불 켜진 편의점 간판이 보였다. 갑자기 배가 고팠다. 편의점에 들어가 차가운 삼각 김밥을 먹고 뜨거운 라면 국물을 마시자 힘이 났다. 어두울 때는 시간이 더디 갔는데 밝아지니까 시간이 빨리 가는 것 같았다. (32쪽)

번쩍거리던 네온간판 불빛들이 조금씩 약해졌다는 것은 주변이 밝아졌다는 것을 의미하고 검었던 하늘가가 조금씩 파란색으로 변한 것 역시 어둠이 사라지고 있음을 알려준다. 그리고 드디어 해가 떠오른

무등산의 일출 모습

다. 해가 떠오르고 나자 호진이 앞에는 무등산이라는 커다란 산이 나타난다. 처음에 나는 작가가 자전거 여행을 소재로 한 책에서 굳이 왜 3페이지나 할애해 가며 이 장면을 자세히 묘사했는지 의아하게 생각했다.

그러나 곧 이 장면이 바로 호진이가 자전거 여행을 하며 앞으로 겪게 될 시간과 변화될 모습들을 함축적으로 보여주는 순간이라는 것을 깨닫게 되었다. 밤이었던 호진이의 마음은 여행을 통해 밝아질 것이고 호진이 앞에 나타난 산의 모습은 여행을 하며 성장하게 될 미래의 호진이의 모습이었던 것이다. 해가 떠오르고 산의 색깔이 바뀌는 것처럼 호진이 마음의 색깔도 바뀌게 될 것을 이 장면은 이야기하고 있다. 결국 작가는 이 책의 모든 이야기를 함축해 하늘의 색깔과 풍경을 이정표 삼아 우리에게 길을 안내하고 있는 것이다.

학생들과 책을 읽으며 작가가 안내해 놓은 이정표들을 찾고 멈추어 서서 생각하다 보면 책을 더 깊게 이해할 수 있다. 또 책을 다 읽고 난 뒤에 다시 책을 들여다 보면 책을 읽을 때에는 미처 발견하지 못했던 이정표들을 되짚어 찾아보는 기쁨도 누릴 수 있다.

04

핵심적인 질문을 던져라

책을 학생들과 함께 읽으며 샛길 새기라는 이름으로 다양한 활동을 했다. 작품에 나오는 주인공처럼 비도 맞아보고, 식염포도당도 태어나서 처음 먹어보기도 하며 책을 온전히 즐겼다. 그러나 책에 대한 흥미를 가질 수 있도록 여러 활동을 하는 것도 좋지만 작품의 본질적인 질문은 꼭 나누어야 한다.

책을 천천히 깊게 읽는 네 번째 방법은 핵심적인 질문을 던지는 것이다. 본질적이고 핵심적인 질문을 다른 추상적인 질문들과 구별하는 단 하나의 기준이 있다. 바로 '학생들이 손에 쥔 책을 다시 한 번 들여다보게 하는 것'이다.

교사가 던진 질문이 핵심적인 질문이라면 학생들은 질문에 대한 답을 찾기 위해 책을 다시 한 번 들여다보게 될 것이다. 책을 다시 읽으며 깊은 생각에 빠져들고 작품을 제대로 이해할 수 있게 안내하는 것이 바로 핵심적인 질문이다. 일반적인 국어과 수업 시간에 교과서를 함께 읽고 교사는 다음과 같은 몇 가지 질문들을 학생들과 나눈다.

- 내용 확인형 질문 – 어떤 일들이 있었나요?
- 주제 파악형 질문 – 이 글이 말하고자 하는 것은 무엇인가요?
- 성취기준 달성용 질문 – 이 글에서 재미있게 표현된 부분은 어디인가요?
- 글쓰기용 질문 – 이 글에서 사자의 기분은 어땠을지 짐작하여 써봅시다.

그러나 교과서라는 매체가 가지는 한계로 다음과 같은 질문들은 쉽게 나누기 어렵다.

- 작가는 왜 제목을 이렇게 지었을까요?
- 제목과 주제는 어떤 관계가 있을까요?
- 처음 부분의 주인공 대사는 결말과 어떻게 연결될까요?
- 이 장면에서 작가는 어떤 것을 의도했을까요?
- 이 장면을 읽으면 어떤 이미지가 떠오르나요?
- 이 작품에는 몇 가지 종류의 목소리가 있으며 작가의 목소리는 어떤 것이라고 생각하나요?

문학 작품 전체를 학생들과 천천히 깊게 읽으면 학생들이 작가와 함께 대화할 수 있는 질문을 나눌 수 있다. 핵심적인 질문에 대한 이해를 돕기 위해 허균의 《홍길동전》을 생각해 보자. 《홍길동전》을 읽고 다음 두 개의 질문을 한다면 어떠한 질문이 더 작품의 핵심에 다가가는 질문이라고 할 수 있을까?

- 홍길동은 왜 집을 떠나야 했을까?
- 홍길동이 구름을 탔을 때의 기분은 어떠했을까?

학생들과 책을 읽고 하는 독후 활동에 수업의 중심을 두면 학생들은 흥미 위주의 활동에만 관심을 보이게 된다. 그래서 책을 읽으며 학생들이 중심을 잃지 않도록 핵심적인 질문들을 계속 나누어야 한다. 우리는 활동을 위해 읽기를 하는 것이 아니라 더 잘 읽기 위해서 활동을 하는 것이기 때문이다.

2학년 학생들과 박주혜 작가의 《변신돼지》를 천천히 깊게 읽으며 있었던 일이다. 수업 구상을 위해 먼저 책을 읽고 학생들과 나눌 수 있는 주제를 생각해 보니 두 가지 정도를 찾을 수 있었다.

- 가족이 서로 닮는다는 것, 우리 가족의 문화
- 작품에 나오는 엄마가 외모 콤플렉스를 극복하고 자신의 모습을 있는 그대로 인정하게 된다는 것

그런데 어린이책을 소개하는 플랫폼 '책가방'의 프로젝트로 박주혜 작가를 인터뷰하러 갔을 때 작가는 학생들에게 이 작품을 통해 꼭 전해 주고 싶은 이야기가 있다고 했다. 이 이야기를 듣고 수업의 방향이 바뀌었다.

"저는 어렸을 때부터 동물을 키운다는 건 매우 좋은 경험이라고 생각해요. 이 아이와 이별을 하게 되는 건 너무 슬픈 일이지만, 그 과정을 몸으로 겪어내는 게 책임감을 배우는 과정이라 생각하거든요."

학생들과 이 작품에 나오는 동물들에 대해서 집중적으로 이야기를 나눠보기 시작했다. 동물들이 이 작품의 주제와 닿아 있었기 때문이다. 작품 속에서 엄마는 자신과 자기 가족들이 돼지라고 놀림받을까 봐 집에 있는 동물들이 돼지로 변신할 때마다 동물편한세상에 데려다주고 다시 다른 동물들을 데려온다. 그런데 엄마를 포함한 찬이네 가족이 집으로 데려오는 동물들을 자세히 들여다 보면 모두 사연이 있다.

- 달콤이 – 늙고 크기가 커져 아무도 사지 않는 토끼
- 통닭이 – 버려진 강아지(유기견)
- 푸딩이 – 다른 집에서 키우다가 포기해 다시 동물편한세상으로 돌아온 햄스터

엄마는 겉모습이 예쁜 강아지나 좋은 품종의 고양이가 아닌 사연과

상처가 있는 동물들을 집으로 데려왔던 것이다. 늙고 병들었다는 까닭만으로 반려동물을 유기하거나 파양하는 인물들의 모습을 통해 생명을 지닌 동물을 공동체의 일원으로 받아들이기 위해 무엇을 고민해야 하는지 이 작품은 묻고 있었다.

그래서 작품을 함께 읽고 학생들과 반려동물을 키우기 위해 필요한 것들에 대해 나누었다. 2학년 학생들은 물질적인 것과 행동으로 노력해야 할 것들을 나누어 생각했다.

돈이 들어가는 것

- 사료값
- 예방주사 등 의료비
- 목줄 등 필수 액세서리
- 샴푸, 이발 등 미용에 들어가는 비용

행동으로 노력해야 할 것들

- 똥 치우기
- 톱밥 갈아주기(햄스터)
- 씻겨주기, 털 깎아주기
- 놀아주기
- 먹이주기
- 집을 비울 때나 여행 갈 때 데리고 가거나 대책 만들기

학생들은 반려동물을 키울 때 필요한 것들을 놀랄 정도로 구체적으로 찾아냈다. 그리고 자연스럽게 반려동물을 키우기 위해 필요한 것을 하나의 낱말로 정리했다. 학생들은 그 낱말을 '책임'이라고 했다. 평소 칠판에 존중, 책임, 행복이 큰 글씨로 붙어 있어 학생들에게는 익숙한 낱말이었다. 생명을 다룰 때는 언제나 책임의 자세를 가지는 것, 동물을 함부로 대하지 않는 것, 끝까지 책임질 수 없다면 쉽게 입양 결정을 내리지 않는 것, 함께 살기로 결정했으면 끝까지 책임지는 것에 대해 책을 함께 읽으며 나눌 수 있었다.

박주혜 작가와 인터뷰를 하지 않고 책을 자세히 들여다보지 않았다면 이런 질문을 나눌 수 있었을까? 엄마가 데려온 동물들의 공통된 특징을 찾아보자는 물음에 학생들은 책을 다시 들여다 보며 그 어느 때보다 집중하는 모습을 보였다.

핵심적인 질문은 학생들을 책으로 깊이 안내한다. 그래서 책을 천천히 깊게 읽기 위해서는 활동을 고민하기에 앞서 학생들과 나눌 핵심적인 질문들을 먼저 고민해야 한다. 핵심적인 질문을 찾았다면 의미 있는 활동은 자연스럽게 따라온다. 때로는 수업을 진행하다가 학생들의 눈을 통해 질문이 발견되기도 하는데 이 시간은 정말 소중한 시간이다. 학생들이 책을 제대로 읽고 있다는 것을 증명하기 때문이다.

05

작가의 문체를 감지하라

작가들의 글은 저마다 다른 느낌을 준다. 감정의 섬세함이 묻어나는 글을 쓰는 작가가 있는가 하면 상황 설명을 위해 배경을 자세하게 묘사하는 글을 쓰는 작가도 있다. 어떤 작가는 글에 따라서 다양한 문체를 사용하기도 하는데 작가의 문체에서 풍기는 분위기는 작품의 메시지를 나타내기도 한다.

'감지하다'라는 낱말의 뜻은 '느끼어 알다'이다. 그냥 아는 것이 아니라 느끼는 것이 중요한 것이다. 작품에 드러난 작가의 표현 방식, 즉 문체를 느끼고 음미하며 누리는 것, 이것이 책을 천천히 깊게 그리고 즐겁게 읽는 다섯 번째 방법이다.

나는《불량한 자전거 여행》,《속 좁은 아빠》,《나는 바람이다》 시리즈,《싸움의 달인》 등 김남중 작가의 여러 작품을 읽었는데, 이 작품들을 읽으며 내가 느낀 작가의 문체 특징은 크게 두 가지 정도로 정리해 볼 수 있었다.

직유법 위주의 직관적이고 감각적인 묘사

김남중 작가의 작품에는 직관적인 비유들이 많다. 그래서 도포초등학교 6학년 학생들은 교육과정에서 제시한 비유적 표현을《불량한 자전거 여행》을 함께 읽으며 학습할 수 있었다.

> 하나같이 목마른 강아지처럼 입을 벌리고 숨을 몰아쉬며 페달을 굴렀다. (82쪽)

> 나는 아이스박스에서 시원한 오이를 꺼내 돌렸다. 오이가 이렇게 맛있는 채소인 줄은 몰랐다. 채소가 아니라 과일 같았다. 아삭아삭 시원한 맛이 온몸에 메아리쳤다. 오이 즙이 땀구멍으로 흘러나올 것 같았다. (85쪽)

> 나는 고개를 숙이고 도로 가장자리의 흰 선을 내려다보며 페달을 밟았다. 내가 흘린 땀방울이 흰 선에 부딪혀 깨졌다. (89쪽)

> 거대한 맷돌을 가는 것 같은 천둥소리가 들렸다. (109쪽)

어린이들이 이 책의 주요 독자라는 점을 감안할 때 이러한 비유적 서술은 이야기를 더욱 생생하고 감각적으로 만들어준다. 이러한 표현을 통해 독자들은 마치 자신도 자전거 여행을 하는 것 같은 느낌을 받는다.

> 오르막길은 지옥인데 내리막길은 천국이었다. (90쪽)

은유적인 표현 또한 직관적인 낱말을 사용하여 보다 쉽게 인물의 감정을 느낄 수 있도록 서술했다. 은유적인 표현을 배울 때 왜 항상 '우리 마음은 호수'가 되어야만 할까? 교실에서 김남중 작가의 책을 함께 읽다 보면 어느새 신선한 비유가 가득한 문장들을 학생들이 키득거리며 읽고 있는 모습을 목격하게 된다. 작가의 직관적이고 감각적인 표현들을 찾고 살펴보며 함께 이야기를 나누는 것, 이것이 작가의 문체를 학생들과 감지하는 방법이다.

어린이들에 대한 끝없는 믿음과 희망을 주는 유쾌한 문체

두 번째 특성은 유쾌하다는 것이다. 작품 속 주인공들은 부모님 말씀을 잘 듣는 어린이들이 아니다. 그리고 자신의 생각을 직설적으로, 그리고 가끔은 거칠게 표현하기도 한다. 학생들은 책에서 이런 표현이 나오면 카타르시스를 느낀다. 누군가가 원하는 어린이의 모습이 아니라 있는 그대로의 어린이들의 모습을 볼 수 있기 때문이다.

이 여름에 천백 킬로미터를 자전거로 달린다고? 농담 아니면 미친 짓이라고 생각했는데 웃는 사람이 없었다. (36쪽)

삼촌이 씩 웃었다. '웃는 얼굴에 침 뱉으랴.'라는 속담은 틀렸다. 어쩔 수 없이 참을 뿐이었다. (58쪽)

"팔월에 술 먹고 자전거 타면 길바닥에 바로 김치전 부치는 거 몰라?"
"통닭 먹고 무슨 김치전이야, 닭죽이지!" (99쪽)

《불량한 자전거 여행》을 읽으며 가끔 학생들과 이런 표현을 읽어도 될지 고민했다. '술 먹고 김치전을 부친다'는 표현이나 '미친 짓' 같은 표현들을 검열해서 학생들과 읽으려 했던 것이다. 하지만 학생들은 오히려 이렇게 솔직한 표현들을 만날 때마다 주인공에게 더 큰 호감을 보였다. 현실 세계에 있을 법한 매력적인 주인공을 통해 작품과 더 가까워질 수 있었던 것이다.

여기 소개한 부분 이외에도 많은 유머 코드가 김남중 작가의 작품에는 숨어 있다. 그래서 김남중 작가의 글을 읽을 때면 어디에서 유머가 날아올지 모르기 때문에 항상 긴장하게 된다.

김남중 작가의 문체를 보며 이 글을 쓴 사람은 아재개그를 즐기는 유쾌한 사람일 것 같다는 생각을 했었다. 그런데 직접 만나보니 동네마다 한 명씩 존재하는 슈퍼 히어로의 느낌이었다. 자전거와 오토바이, 여행과 관련된 무용담을 늘어놓는 '슈퍼 아재'다.

김남중 작가는 작품 취재를 위해 선원이 되어 배를 타고, 북극곰을 보기 위해 북극에 다녀오는 사람이다. 모험심 강한 그의 성격처럼 그의 작품에서는 주인공의 심리 상태가 어두우면 비가 오고, 희망이 보이면 햇살이 비추는 등 중요한 장면마다 특유의 문체로 이정표가 세워져 있다.

학생들과 작가의 인상적인 문체와 표현들에 집중해서 이야기를 들여다 보면 언어가 주는 즐거움을 함께 누릴 수 있다. 더 나아가 학생들이 직접 글을 쓰고 서로의 문체에 대해 함께 이야기할 수 있는 기회를 갖게 된다면 글 속에 담겨진 마음까지도 나눌 수 있다. 글은 한 사람의 마음을 잘 보여주는 도구이기 때문이다.

06

인내심을 가져라

《불량한 자전거 여행》 5장의 제목은 '불지옥과 물 천국'이다. 책을 천천히 깊게 읽는 첫 번째 방법을 적용해 보자. 왜 불지옥과 물 천국일까? 이 지점부터 이 여행의 오르막길이 시작되기 때문이다. 이 작품에는 최대 고비가 되는 오르막길이 두 코스 등장한다. 하나는 가지산을 오르는 코스이며 또 다른 하나는 미시령을 오르는 코스다.

자전거를 타고 산을 올라간다. 가지산의 높이가 1,240미터다. 이렇게 높은 산을 자전거로 오른다는 것은 이 작품의 배경이 한여름이라는 것을 생각해 볼 때 그야말로 불지옥이라고 할 수 있다. 불지옥이 있으니 물 천국도 당연히 있다.

불지옥 같은 산을 오르려면 강한 인내가 필요하다. 책을 천천히 깊게 읽는 것도 인내가 필요한 순간이 왔다. 다소 식상하지만 인내심을 가지면 책을 천천히 그리고 즐겁게 읽을 수 있다.

책을 한 권 쓰는 데에는 얼마 정도의 시간이 필요할까? 김남중 작가는 작가와의 만남에서 주인공이 여행하는 기간이 2주여서 2주 동안 여행하는 기분으로 이 작품을 썼다고 이야기했다. 그러나 기획부터 퇴고까지의 시간을 생각하면 아마도 상당한 시간을 들였을 것이다.

어떤 책은 20년 이상이 지난 후에야 세상에 나오기도 한다. 그래서 책을 오래된 포도주에 비유하기도 한다.

30년 된 포도주를 원샷 하는 것, 그것이 우리가 말하는 빠르게 읽기, 속독이다. 초등학생에게 책 100권 읽기 같은 목표를 주면 절대로 천천히 책을 읽을 수가 없다. 성인 독자들 가운데 1년 동안 100권을 읽을 수 있는 사람은 몇이나 될까?

인내심을 가지고 책을 읽는다는 것은 재미없는 책을 꾹 참고 다 읽은 후에 성취감을 가지라는 것이 아니다. 오래된 포도주를 마시듯이 천천히, 작지만 의미 있는 것들을 음미하며 그 안에서 새로운 것들을 발견하는 것을 의미한다.

윌리엄 셰익스피어의 《로미오와 줄리엣》을 빨리 읽고 줄거리만 알려고 하면 굳이 책을 읽을 필요가 없을 것이다. 한 줄만 읽으면 되기 때문이다.

두 어린 남녀가 첫눈에 사랑에 빠지게 되고 양가의 반대로 꾀를 내어 보지만 결국 비극적인 결말을 맞이하게 된다.

하지만 로미오의 노래도 자세히 읽어보고 두 가문의 배경에 대해서도 살펴보며 천천히 이야기를 읽으면 글을 읽는 즐거움이 분명 달라질 것이다.

인내심을 가지라는 것은 책을 읽는 동안 작가가 왜 이런 표현을 사용했는지, 그 부분의 의미가 무엇인지 고민하고 치열하게 책과 씨름하는 그 순간을 즐기라는 것이다. 인내심에 대한 이야기를 불지옥과 물천국으로 소개한 이유는 이 명장면 때문이다.

> 다들 싸우고 있었다. 나도 싸우는 중이다. 처음에는 싸움 상대가 가지산인 줄 알았다. 하지만 높이 오를수록 알 수 있었다. 산은 그냥 가만히 있을 뿐이다. 나와 싸우는 거다. 내 속에 있는 나, 포기하고 싶은 나와 싸우는 거다. 몸이 편하려면 집에 있어야 했다. 하지만 나는 집을 떠났고, 온 힘을 다해 산을 오르고 있다. 이 산을 넘으면 대구가 나온다. 어떤 곳인지, 무엇이 나를 기다리는지 모르지만 산을 넘으면 알 수 있다. (130쪽)

천천히 깊게 읽기를 통해 나는 6학년 학생들과 1년 동안 한 권의 책을 읽었다. 2학년 학생들과는 40일 동안 한 권의 책을 읽었고, 4학년 학생들과는 학기마다 한 달 동안 한 권의 책을 읽었다. 함께 책을 읽다 보면 학생들이 힘들어하는 순간도 분명 한 번쯤 온다. 그럴 때마다 인내심을 가지고 책을 함께 연구해 보자고 제안한다. 학생들이 책을 읽고 나눈 이야기를 기록하는 포트폴리오 이름도 그래서 연구 노트다.

인내심을 가지고 책을 천천히 깊게 읽으며 책의 반짝이는 순간을 치열하게 즐기면서 누리는 것, 향이 좋은 커피나 포도주를 음미하듯 작품의 맛을 온전히 느껴보는 것, 이것이 바로 책을 천천히 그리고 깊게 읽는 여섯 번째 방법이다.

07

끊임없이 함께 의심해 보자

오랜만에 책방에 들러 책을 한 권 사서 읽기 시작했다. 소재가 재미있어 보여서 골랐던 이야기는 예상을 크게 벗어나지 않았다. 주인공은 역경을 딛고 문제를 해결했고 잘못된 일을 숨기던 사람은 그 일에 대한 대가를 치르게 되었다. 이야기는 안전했지만 식상했고 감정의 동요 없이 매우 지루했다.

우리가 읽는 이야기가 예상한 대로만 전개된다면 그 작품을 읽을 까닭이 있을까? 작가는 독자가 자신의 작품을 끝까지 흥미를 가지고 읽어주기를 바랄 것이다. 그리고 그러한 목적을 달성하기 위해 여러 장치들을 곳곳에 숨겨둔다. 우리의 기대를 항상 의심하며 글을 쓴 작가와 밀고 당기며 글을 읽는 것, 이것이 책을 천천히 깊게 읽는 일곱 번째 방법이다.

문학 작품을 읽다 보면 우리의 예상을 보란 듯이 깨버리는 장면들을 만나게 된다. 어린이 문학 역시 마찬가지다. 황지영 작가의《짝짝이 양말》에는 단짝 친구를 잃어버린 강하나의 이야기가 담겨 있다. 4학년 때 하나의 단짝 친구였던 승주는 5학년이 되자마자 적극적으로 친밀함을 표현하는 유리와 다니게 된다. 이런 모습을 못마땅하게 여긴 하나는 승주가 유리의 눈치를 보느라 자신과 놀지 않는다고 생각한다. 그러나 작가는 이 한 장면을 통해 하나의 생각이 틀렸음을 보여준다.

> "승주야, 네가 왜 유리 같은 애랑 노는 건지 모르겠어. 너랑 유리는 정말 안 맞아. 네가 착해서 끌려다니는 건 알지만……"
> "나 끌려다니는 거 아니야. 유리가 좋고, 함께 놀면 재미있어서 같이 다니는 거야. 넌 내가 바보로 보이니?"
>
> **-《짝짝이 양말》중에서**

작품 속에서 승주는 남을 배려하는 성격 때문에 유리와 하나 사이에서 힘들어하는 것처럼 비춰진다. 하나 역시 운명의 단짝인 승주가 자신을 피하는 까닭이 여기에 있다고 생각한 것이다. 그러나 작가는 승주의 이 대사 한 줄을 통해 하나가 가지고 있던 관계에 대한 가치관이 잘못되었음을 밝히고 있다. 예상하지 못했던 이야기 전개는 우리의 가치관을 흔들어놓는다. 그리고 작가는 이 순간을 통해 자신의 메시지를 가장 강력하게 주장한다.

김남중의 《불량한 자전거 여행》에서 박희정이라는 인물은 아버지가 자전거 여행을 대신 신청해서 강제로 자전거를 타고 있는 사람이다. 자전거 여행을 완주하지 않으면 유학을 보내주지 않는다고 하여 어쩔 수 없이 여행을 하고 있지만 수시로 불만을 터트리고 쉽게 포기하려는 모습을 자주 보인다.

> "언니! 언니!"
> 대열을 빠져나온 희정이 누나 자전거가 조금씩 옆으로 기울었다. 뒤따르던 은영이 누나가 비명을 질렀다. 시간이 멎어버린 것처럼 자전거가 천천히 넘어졌다. 희정이 누나는 넘어지면서도 페달을 굴렀다. 핸들도 두 손으로 꼭 쥐고 있었다. (143쪽)

그러던 박희정은 고갯길을 올라가다 쓰러진다. 하지만 넘어지는 순간에도 박희정은 페달을 굴리고 있었고 핸들도 놓지 않았다. 계속 달리고 싶었던 것이다. 무엇이 박희정이라는 인물을 이렇게 달라지게 만들었을까?

또 다른 인물을 한 명 더 살펴보면 좋겠다. 쓰러진 박희정을 병원에 데려간 사이 트럭을 훔쳐간 사람, 바로 윤영규라는 사람이다. 멍청해 보이고 지저분해 보이는 이 아저씨를 힘들게 잡은 후, 삼촌은 자전거 여행에 이 사람을 참가시킨다.

삼촌은 이 사람에게 돈을 받아낼 수도 있었고 경찰에 신고할 수도 있었다. 그런데 이 사람을 용서하고 자전거 여행에 참가시킨 까닭은 무엇일까? 그리고 이 사람은 어떻게 달라질까? 이것을 찾아가는 과정이 바로 우리의 예상을 의심하며 작가의 의도를 탐색하는 천천히 깊게 읽기의 순간이다.

작가는 독자가 책에서 멀어지지 않도록 끊임없이 보물들을 숨겨둔다. 그리고 이러한 보물들을 발견하며 책을 읽는 것은 어디까지나 독자의 몫이다. 학생들과 책을 읽으며 인물의 변화를 예상해 보고 항상 의심의 끈을 놓지 않으며, 사건의 전개가 급변하는 것에 주의를 기울이고 그 상황이 가지는 의미를 함께 고민해 보자. 책 속에서 보물찾기를 했던 학생들은 분명 책 읽는 즐거움을 아는 반짝이는 눈을 갖게 될 것이다.

08

작가의 기본 생각을 찾아보자

"요즘 어떤 책 읽고 있어?"라는 물음에는 평소 어떤 주제에 대해 생각하고 있는지 또 어떠한 것에 관심사가 있는지를 물어보는 포괄적인 의미가 담겨 있다. 우리가 말을 하고 노래를 하며 그림을 그리듯이 사람들은 자신의 생각을 나타내기 위해 글을 쓴다. 그래서 글을 쓰며 은연중에 말하고자 하는 바를 숨겨놓는다. 글이 작가와 완벽하게 독립적으로 존재할 수 없는 까닭이 여기에 있다. 물론 글과 작가를 무조건 동일하게 생각하라는 이야기는 아니다(때로 작가보다 글이 훌륭한 경우가 있으며 그 반대의 경우도 있다).

"네가 나에게 오겠다고 했을 때 난 속으로 웃었어. 내가 네 나이일 때 생각이 났거든. 그래서 아무것도 묻지 않았지. 도중에 네 엄마 아빠 이야기를 듣고는 난 그저 너를 힘들게 한 것들을 잊고 땀 흘리게 해 주고 싶었어. 땀은 고민을 없애 주고 자전거는 즐겁게 땀을 흘리게 하지. 난 그 기회를 영규한테도 주고 싶어. 내가 남한테 해 줄 수 있는 건 이것밖에 없어."(173~174쪽)

《불량한 자전거 여행》의 주인공 호진이는 트럭을 훔쳤던 영규 아저씨를 용서하고 멤버로 받아들이는 삼촌을 이해할 수 없었다. 삼촌은 그런 호진이에게 자전거 여행을 허락한 까닭을 설명한다. 땀을 통해 고민을 잊고 앞으로의 일을 생각하게 하는 것, 자전거를 좋아하는 작가의 모습이 나타난다. 삼촌의 목소리를 통해 작가는 자신의 이야기를 하고 있는 것이다. 자전거를 열여섯 대나 잃어버렸다는 작가의 말을 들으며 자전거 여행의 매력에 대해 생각해 본다. 작가는 그저 자전거를 타며 땀을 흘리는 즐거움을 학생들에게 전하고 싶었는지도 모르겠다.

또한 이 작품에는 가족에 대한 이야기가 많이 나온다. 최근에 가족과 함께 삼겹살을 구워 먹은 게 언제였는지, 모두가 모여 앉아 함께 밥을 먹은 적은 언제였는지 주인공은 자신에게 묻고 있다. 이처럼 작가는 가족에 대한 의미와 소중함을 호진이의 고민을 통해 보여주고 있다.

호진이는 가족이란 삼겹살을 함께 먹고 밤을 함께 보내는 사이라고 말한다. 여러분에게 가족이란 어떤 존재인가? 호진이의 말을 읽고 학생들에게 물었다.

"너희들에게 가족들이란 어떤 존재라고 생각해?"

"서로 고민 또는 비밀을 털어놓을 수 있는 사이요."

"매일 저녁마다 대화를 많이 하는 사이요."

"밥을 같이 먹고 함께 자는 사이요."

> "단체 여행은 그런 거야. 가장 느린 사람의 속도가 그 단체의 속도가 되는 거다."(80쪽)

1등만 잘사는 시대에 가장 느린 사람의 속도에 맞추어 전체가 함께 이동하는 자전거 여행은 함께 사는 사회를 제안한다. 왜 모두가 한 줄로 경쟁만 해야 하는지 작가는 묻고 있다. 이 작품에서 작가의 목소리는 분명하다.

"네가 좋아하고 잘하는 것에 마음을 기울여라! 자전거 경주보다 자전거 여행을 하듯이 살자! 인생의 목표보다 인생 그 자체를 즐기자!"

작가의 생각을 알고 나면 작품이 더 크게 보인다. 어린이책 한 권에 이렇게 큰 메시지가 있다는 사실에 나 또한 놀랐다. 꼴찌의 속도가 팀 전체의 속도가 된다니! 작가는 가장 느린 사람까지 함께 챙겨줄 수 있는 사회를 《불량한 자전거 여행》이라는 이야기를 통해 우리에게 제안하고 있었던 것이다. 작가의 이런 메시지를 발견하게 되면 학생들은 작품을 새롭게 보기 시작한다.

작가와의 만남은 이러한 발견이 제대로 이루어졌을 때 큰 의미를 갖는다. 독자가 자신이 발견한 작가의 메시지를 표현하고 작가와 그 주제에 대해서 깊은 대화를 나누다 보면 작품보다 더 의미 있는 이야기가 펼쳐지는 것이다. 독자의 깊은 이해가 없는 작가와의 만남은 '작가라는 직업'을 가진 사람을 만나는 단순한 진로 체험을 넘어서지 못한다.

학생들과 책을 천천히 깊게 읽으며 작가의 생각과 메시지를 발견해 보자! 모든 글에는 의도가 있다.

09

작가의 다른 작품을 함께 읽어보자

영화를 좋아하는 사람이라면 마음에 드는 작품을 만났을 때 그 작품을 만든 감독의 영화를 한번쯤 찾아보게 된다. 음악을 좋아하는 사람이라면 좋아하는 작곡가나 가수의 음악을 연달아 찾아들었던 경험이 있을 것이다. 책도 마찬가지여서 어떤 책 한 권이 마음에 들면 그 작가의 다른 작품도 찾아 읽고 싶어진다.

나 또한 많은 책을 읽지는 않았지만 하나의 작품을 읽고 마음에 들면 그 작가의 작품들을 찾아서 쭉 읽는 편이다. 짧은 머리 대학생의 007가방에는 무라카미 하루키가 있었다. 눈치 보지 않고 쉬기 위해 도서관에 방문해서 읽었던 《태엽 감는 새》는 《해변의 카프카》, 《1Q84》로 나의 독서를 이끌었다. 군에 입대해 첫 외출을 나가 연천에 있는 작은 책방에서 구입했던 김애란의 《두근두근 내 인생》은 《비행운》과 《바깥은 여름》으로 이어졌다. 《태엽 감는 새》를 읽지 않았다면 《해변의 카프카》를 만날 수 있었을까? 정세랑의 《옥상에서 만나요》를 읽지 않았다면 절판되었다가 재출간된 《지구에서 한아뿐》을 만나지 못했을 것이다.

하나의 책을 읽고 그 작가의 다른 작품을 탐색하는 것, 이것이 바로 책을 천천히 깊게 읽으며 즐기는 아홉 번째 방법이다.

학생들과 같은 작가의 다른 작품을 읽어보는 경험을 하고 싶었다. 김남중 작가의 《불량한 자전거 여행》을 읽으며 《속 좁은 아빠》를 함께 읽었다. 둘 다 가족이라는 공통된 주제가 있어서 함께 읽기 좋았다. 학생들은 《불량한 자전거 여행》을 먼저 읽었기에 《속 좁은 아빠》를 친숙하게 받아들이는 모습이었다. 또 책을 읽으며 두 작품의 비슷한 점을 말하기도 하고 다른 점을 찾기도 하며 독서의 범위를 넓혀나갔다.

이렇게 작가의 다른 작품을 함께 읽다 보면 처음 읽었던 작품을 더 깊게 이해할 수 있다. 그래서 천천히 깊게 읽기 수업을 할 때면 학급 책장에 꼭 그 작가의 여러 작품을 준비해 둔다. 학생들이 하나의 책에 빠져들면 책 읽기를 강요하지 않아도 자연스럽게 그 작가의 다른 작품으로 연결된다.

작가 따라 읽기는 글을 쓰는 작가에만 적용되는 것이 아니다. 유아기의 어린이나 초등학교 저학년 학생들은 하나의 그림책이 마음에 들어오면 그 작가의 그림책을 연달아 계속 읽는 모습을 보여준다. 중학년 이상의 학생들은 그림책뿐만 아니라 삽화를 그린 일러스트레이터들을 따라 책을 읽기도 한다. 실제로 내 주변에 있는 많은 학생들은 표지 그림만 보고도 특정 일러스트레이터의 작품이라는 것을 알아차렸다.

우리의 우려와는 달리 어린이들은 책을 좋아한다. 그래서 좋은 책이 다가오기를 항상 기다리고 있다. 이런 멋진 어린이들에게 어떤 책을 어떤 방식으로 안내할 것인지 우리는 항상 고민해야 한다. 하나의 책을 깊이 있게 읽고 그 작가의 다른 작품이라는 샛길로 새어보는 것! 책을 즐겁게 읽는 아홉 번째 방법이다.

10

책에 메모하며 놀자

나는 책을 깔끔하게 보는 편이었다. 책은 지혜가 담긴 성스러운 물건이며 쉽게 오염시키면 안 되는 소중한 것이라고 생각했기 때문이다. 그래서 깨끗하게 읽고 책장에 다시 모셔두는 것이 책에 대한 예의라고 생각했다.

그러나 학생들과 함께 책을 읽으며 생각이 달라졌다. 작가는 책을 탈고하면서부터 책에서 손을 뗀다. 이제 책에 대한 권리는 독자가 갖게 되는 것이다. 자기가 소유한 책이기에 독자는 메모할 특권이 있는 것이다. 정당한 금액의 돈을 지불하고 내가 그 책을 온전히 즐길 권리를 갖게 되는 것이다. “나는 그래도 책을 깨끗하게 볼 거야! 책에 낙서하면 중고로 팔 수도 없고 내 성격과 맞지 않아!”라고 생각하고 있다면 이 이야기에 귀를 기울여주면 좋겠다. 지금부터는 메모하며 책을 읽는 즐거움을 알리려 한다.

여기 한 권의 헌 책이 있다. 책은 너덜너덜하지만 누군가의 생각이 달린 메모들로 가득하다. 이 책의 제목은 윌리엄 셰익스피어의《햄릿》이며 메모를 한 사람은 톨스토이다. 어떤 내용이 담겨 있을지 정말 기대되지 않는가? 이런 책이 있다면 전 세계에서 이 책을 읽어보려는 사람들이 줄을 설 것이다(실제로 톨스토이는 셰익스피어의 작품에 대한 비평을 썼다. 이 비평은《Tolstoy on Shakespeare: A Critical Essay on Shakespeare》(1906)란 이름의 단행본으로 출간되기도 했다).

책을 읽다가 발견한 의미 있는 문장, 책을 읽으며 떠오른 새로운 생각들, 이러한 보물들을 찾기 위해 우리는 책을 읽고 있는지도 모른다. 그리고 그런 보물들을 그냥 흘려보내지 않기 위해 메모를 한다. 책을 다 읽고 정리할 때까지 머릿속에 남겨둘 자신이 없기 때문이다.

실제로 위대한 고전 작품을 쓴 작가들은 책을 읽으며 여백에 메모하는 것을 즐겼다고 한다. 그리고 그 메모들을 모아서 책을 만든 작가들도 있다.

김하나 작가는《힘 빼기의 기술》에서 자신은 책에 메모를 하기 시작하면서 책을 바라보는 태도가 바뀌기 시작했다고 이야기한다. 책을 읽으며 "이게 말이 되냐!"라고 의문을 던지기도 하고 "○○를 읽어볼 것!" 이렇게 조언을 하기도 했다고 한다. 책을 절대적 존재가 아니라 대화의 상대로 보기 시작하면 책 읽기와 세상의 지식을 대하는 태도가 달라진다.

책에 직접 메모하는 것이 싫다면 따로 독서 노트를 마련해 작성해도 된다. 하지만 나는 학생들과 나눌 책 위에 바로 메모를 했다. 천천히 깊게 읽기 수업을 준비하기 위해 책을 읽고 분석하며 샛길 새기 아이디어들을 책에 바로 적었다.

학생들과도 메모를 하며 책을 함께 읽었다. 하루는 글을 읽으며 상상했던 인물의 이미지를 삽화에 나와 있는 인물의 모습과 비교해 그림 위에 이름을 써보는 시간을 가졌다. "신석기 삼촌은 이 그림 중에서 누구일 것 같아?"라는 질문을 하면 학생들은 작품 속에서 근거를 찾아 자신들의 의견을 제시했다.

이 활동에 흥미를 느낀 학생들은 매 시간마다 삽화에 나와 있는 그림과 인물을 연결하는 모습을 보였다. 특히 물속에 들어가 있는 그림에서 인물들을 구별하는 것은 큰 화제가 되었다. 작가와의 만남에서 학생들은 이 장면을 가지고 작가와 열정적으로 토론하는 즐거운 모습을 보여주었다.

책을 읽으며 책에 나와 있는 모든 것들을 즐기게 해주고 싶었다. 책 표지부터 책 날개, 작가의 말, 책의 삽화까지 빠짐없이 함께 누리고 싶었다. 책에 메모를 하며 독서의 과정들을 함께 남기고 싶었다.

책에 메모를 하는 것은 작가와 독자가 만나는 순간이며 독자와 텍스트 그리고 독자가 자기 자신과 대화를 하는 것이라고 생각한다. 책에 메모를 하는 것은 책을 훼손하는 것이 아니라 오히려 책을 의미 있게 만든다.

책은 열심히 읽어서 정복해야 하는 대상이 아니다. 책은 독자와 이야기를 나누는 좋은 동료이다. 다른 사람의 책이 아니라면, 도서관에서 빌린 책이 아니라면, 자신이 가지고 있는 책이라면 이 메모라는 특권을 꼭 사용하면 좋겠다.

"선생님, 오늘 책 수업 있어요?"

선생님과 학생 모두가 손꼽아 기다렸던 수업!

교과서 대신에 책 한 권을
학생들과 천천히, 그리고 깊게 나누기

다섯

샛길 새기, 책을 온전히 누리는 즐거움

01

샛길로 새기의 마법

아기가 아기가
가겟집에 가서,
"영감님, 영감님,
엄마가 시방
몇 시냐구요."
"넉점 반이다."

"넉점 반
넉점 반."
아기는 오다가 물 먹는 닭, 한참 서서 구경하고,

- 윤석중, 〈넉점 반〉 중에서

윤석중의 시 〈넉점 반〉에는 엄마의 심부름으로 시간을 물어보는 아기가 나온다. 아기는 가겟집에서 시간을 물어보고는 집으로 오는 길에 샛길로 들어간다. 개미를 구경하고 오리를 구경하고 잠자리를 따라다니고 분꽃 물고 노래를 부르다 해가 꼴딱 져서 집에 돌아온 아기는 엄마에게 다음과 같이 말한다.

"엄마,
시방 넉점 반이래."

길을 가다가 샛길로 들어설 때 어린이들은 자라난다. 책을 읽을 때도 샛길로 새면 재미있다. 책에 더 즐겁게 다가갈 수 있기 때문이다. 그래서 책을 읽고 난 후에 학생들과 나누는 활동을 나는 '샛길 새기' 라고 이름을 붙여 실천하고 있다. 작품에 나오는 여러 낱말, 표현 등을 자세히 찾아보고 연구하며 때로는 체험을 해보는 천천히 깊게 읽기의 핵심 활동이다.

영화 〈해리포터〉를 보고 스코틀랜드의 에딘버러로 향하는 수많은 사람들처럼 어린이들도 책을 읽고 샛길로 새어본다. 작품 속 인물들처럼 방과 후 클럽을 만들기도 하고 로켓 발사대를 만들기도 한다. 천천히 깊게 읽기 수업 시간은 보통 두 시간을 한 단위로 진행하는데, 첫 번째 시간이 책을 즐겁고 정확하게 '읽는 것'에 초점을 두었다면, 두 번째 시간에 나누는 샛길 새기 시간은 책을 온전하게 누리고 즐기는 것에 초점을 둔다.

나는 천천히 깊게 읽기 수업을 준비하며 특히 샛길 새기 활동에 정성을 쏟는다. 그 까닭은 샛길 새기 활동이 읽기의 정의적 영역과 밀접하게 연결되어 있기 때문이다. 청주교대 엄훈 교수는《학교 속의 문맹자들》이라는 책에서 읽기 능력의 발달에 태도 요인이 중요한 영향을 미친다고 이야기한다. 책 읽기를 좋아하는 학생은 책 읽기를 지겨워하는 학생보다 읽기 발달의 성취가 빠르다는 것이다. 또한 이러한 정의적 영역은 오랜 경험을 통해 서서히 형성된다고 이야기하고 있다.

그런데 그동안 학교에서의 독서 교육을 돌아보면 인지적 영역인 해독과 독해에 너무 많은 시간과 노력을 기울인 채 정의적 영역인 책 읽는 즐거움에 대해서 소홀한 면이 많다. 책 읽기의 동기를 '책을 읽으면 훌륭한 사람이 된다'와 같은 당위성에서 찾거나 수업 시간 전에 짧게 진행하는 동기 유발 활동을 통해 이끌어낼 수 있다고 생각했던 것이다. 그러나 책 읽기에 대한 학생들의 관심과 흥미는 지속적인 노력을 통해서만 형성될 수 있다. 또 이렇게 단단하게 형성된 읽기 태도는 읽기 능력을 구성하는 인지적 영역의 발달을 촉진시켜 한 단계 높은 독서로 학생들을 안내할 수 있다. 그래서 '책은 즐거운 것이다!'라는 생각을 할 수 있도록 학생들과 함께 샛길로 새는 일이 필요하다.

샛길 새기의 원리는 '톰 소여 효과(Tom Sawyer Effect)'에서 찾을 수 있다. 마크 트웨인의 장편소설《톰 소여의 모험》에서 톰은 9피트 높이에 30야드에 이르는 폴리 이모의 나무 담장에 페인트를 칠해야 했다.

이때 그의 친구 벤이 와서 일하고 있는 톰의 상황을 이렇게 놀리기 시작한다.

"어이, 친구, 너 일해야 하냐?"

그런데 톰은 당황하지 않고 벤에게 이렇게 이야기한다.

"일이란 게 뭔데?"

사실 톰은 담장에 페인트 칠을 하기가 정말 싫었다. 그러나 벤에게는 이 일이 얼마나 재미있고 의미 있는 일인지 설명한다. 그러자 벤의 태도가 달라진다. 벤은 먹던 사과까지 톰에게 주며 한번만 페인트를 칠하는 기회를 달라고 부탁까지 하게 된다.

이 장면은 주어진 일을 할 때 어떻게 동기를 부여하느냐에 따라서 사람들의 태도가 달라진다는 것을 보여준다. 이것을 《드라이브》의 저자 다니엘 핑크는 '톰 소여 효과'라고 언급했다.

톰 소여 효과처럼 샛길 새기는 '책을 읽는다는 것은 즐거운 것이다!'라는 생각을 학생들이 가질 수 있도록 안내한다. 김남중 작가의 《불량한 자전거 여행》의 주인공 호진이가 집을 나가기 위해 가방을 싸면 학생들도 여행 가방을 꾸려보고, 한윤섭 작가의 《짜장면 로켓 발사》를 함께 읽으며 주인공이 삼촌과 나누는 힙합 인사를 선생님과 나눈다. 의무적인 독서를 강요받던 학생들은 샛길 새기 활동을 통해 즐거운 독서 경험을 얻게 된다. 그리고 조금씩 책에 푹 빠져들게 된다. 샛길 새기의 마법이 시작되는 것이다.

02

책에 나오는 것은 다 해본다

"오늘은 선생님과 아주 신비한 이야기를 함께 나눌 거예요. 제목이 보이나요?"

"알사탕요."

백희나 작가의 신간이 나왔다는 소식을 듣자마자 아홉 살 어린이들과 함께 나누고 싶다는 생각이 들었다. 제목은《알사탕》이다. 제목처럼 이 작품은 알사탕이 가장 중요하다. 알사탕을 잘 살펴보아야 작품을 온전히 이해할 수 있다.

구슬치기를 하며 혼자 노는 것이 편한 주인공 동동이는 신비한 알사탕을 가게에서 구한다. 그런데 이 알사탕은 특별하다. 작가는 알사탕이라는 소재를 통해 앞으로 일어날 일들에 대한 힌트를 주며 서사를 이끌어나간다.

“여기 사탕을 자세히 들여다보세요. 어떤 무늬가 보이나요?”

“체크 무늬가 보여요.”

그림책을 보며 학생들과 함께 이야기를 나누었다. 이 작품에서는 알사탕의 무늬가 이정표가 되어 학생들을 이야기로 안내한다. 체크무늬의 알사탕을 주인공이 먹자 소파의 속마음이 들리기 시작한다.

동동아, 나는 소파…너희 집 소파…

리모…리모컨…내 옆구리에 껴…

너무 결려. 아파.

아파.

아…아아…

-《알사탕》중에서

학생들과 함께 샛길로 새기 전에 다른 것을 생각하지 않고 그저 책을 함께 읽고 즐기는 시간을 가졌다. 그리고 샛길로 들어섰다.

학생들에게 포도맛 사탕을 하나씩 나누어주었다. 주인공처럼 알사탕의 무늬를 신비하게 살펴보는 학생들의 모습이 정말 반짝거렸다. 책을 읽기 전에는 그저 설탕 덩어리에 지나지 않지만《알사탕》이라는 책을 함께 읽고 나면 사탕을 바라보는 학생들의 눈빛이 달라진다. 사탕을 바라보며 누군가의 속마음을 들을 수 있을 것 같은 상상이 피어오르는 것이다.

학생들에게 누구의 속마음을 듣고 싶은지 물었다. 그리고 원을 하나 그린 뒤 대상의 특징에 맞게 알사탕을 그려볼 수 있도록 안내했다. 강아지와 말을 나눌 수 있는 알사탕이 나왔고 구름의 목소리를 들을 수 있는 알사탕도 있었다.

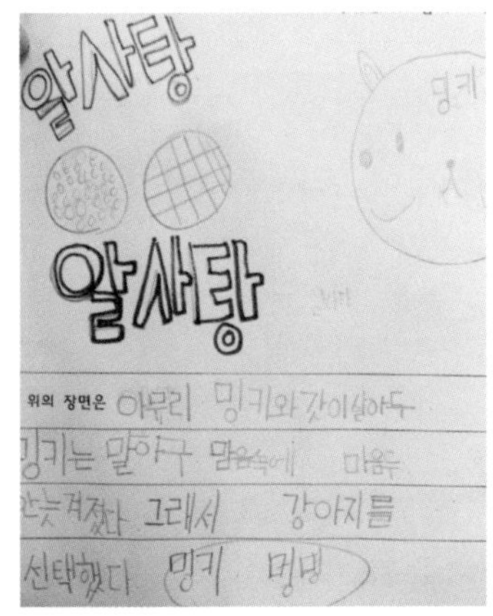

어떤 학생은 반려견과 소통하고 싶어도 그럴 수가 없어 답답했던 마음을 가득 담아 알사탕으로 표현하고 있었다. 또 다른 학생은 학교 오는 길에 안개를 바라보며 들었던 신비한 느낌을 담아 안개 알사탕을 표현했다. 책을 자신의 경험과 삶으로 연결하여 누구보다 깊게 읽고 있었던 것이다.

그렇게 여러 알사탕들을 살펴보며 학생들의 마음과 삶을 들여다볼 수 있었다. 스물 네 개의 이야기가 교실에서 꽃을 피우는 모습을 발견하는 순간이었다.

《알사탕》을 함께 읽고 점토를 활용해 입체 작품으로 알사탕을 만들어보거나 초콜릿 등을 활용하여 진짜 알사탕을 만들어볼 수도 있었다.

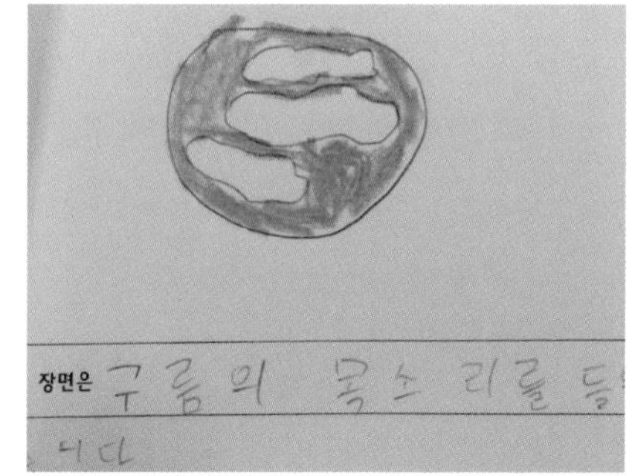

다양한 속마음을 들을 수 있는 학생들이 그린 알사탕

그러나 이 샛길 새기 활동의 진짜 목적은 알사탕을 예쁘게 만들어보는 것이 아니라, '우리 주변의 작은 목소리에 귀를 기울여보는 것'에 있었다. 샛길 새기는 책에 나온 것을 직접 해보는 활동이지만 그 중심에는 반드시 작품이 있어야 한다. 샛길 새기 또한 책을 천천히 깊게 읽는 순간이기 때문이다.

청소도 즐거울 수 있을까?

사진 하나를 살펴보자. 선생님과 학생들은 무엇을 하고 있을까? 정답은 바로 청소이다. 청소를 하면서 저렇게 즐거울 수 있다니 도대체 무슨 일이 일어난 것일까?

4학년 학생들과 최은옥 작가의 《칠판에 딱 붙은 아이들》을 천천히 깊게 읽었다. 이 작품에는 알 수 없는 까닭으로 칠판에 손이 붙어버린 세 명의 학생들이 등장한다. 기가 막힌 이 상황을 해결하려 친구들과 여러 어른들이 나서지만 이들의 손은 좀처럼 떨어질 기미가 보이지 않았다. 그때 보건 선생님은 보건당국에 이 사실을 신고한다. 그리고 보건당국에서 이 교실을 조사하기 시작한다. 바이러스나 세균 때문에 이런 일이 일어난 것일지도 모른다고 생각했기 때문이다. 이 장면을 학생들과 함께 읽고 샛길로 들어갔다.

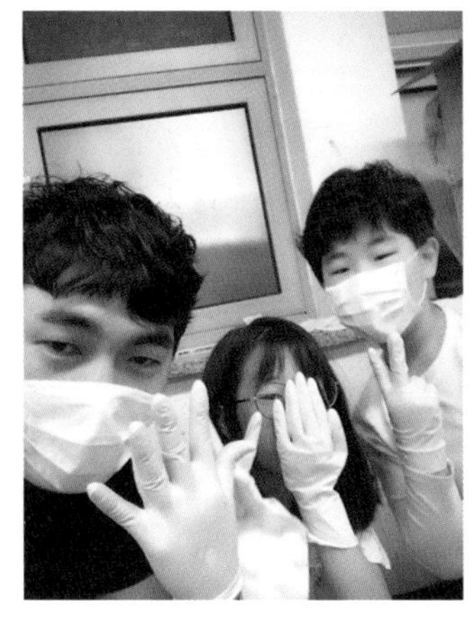

"오늘 샛길 새기는 보건당국 책임자가 직접 알려주실 거야. 선생님이 모셔올게!"

복도로 나간 나는 잠시 후 마스크와 라텍스 장갑을 착용하고 교실로 들어왔다.

"저는 보건당국 책임자 유보건입니다. 여러분은 방금 보건당국 요원으로 임명되었습니다. 지금부터 이 교실에 있는 바이러스와 세균을 제거하는 작업을 실시하겠습니다. 미국 FDA 승인을 받은 제균청소포를 지금부터 나누어 드리겠습니다. 문제 해결을 위해 최선을 다해 주시기 바랍니다."

연극적 상황을 통해 작품 속으로 직접 들어가보는 경험을 학생들

샛길 새기 활동으로 진행한 즐거운 청소 시간

과 나누어보고 싶었다. 상황을 부여하자 학생들이 반신반의하는 표정으로 열심히 청소를 하기 시작했다. 청소조차도 연극 상황에 들어오게 되니 즐겁게 참여하는 모습을 볼 수 있었다. 심지어 창틀까지 닦는 모습에 깜짝 놀랐다. 울타리에 페인트를 신나게 칠하던 톰 소여의 친구 벤처럼 학생들은 이 순간을 즐기고 있었다. 청소도 책을 읽고 샛길로 새니 훌륭한 놀이가 되었다.

아빠의 마음은 연필깎이다

사실 엄마는 마음이 봄처럼 포근한 사람이다. 늘 동네 길고양이의 밥을 챙겼고, 오랫동안 비가 오지 않을 때에는 아파트 화단에 나가 물을 주기도 했다. 밥을 안 먹은 찬이 친구들에겐 뭐라도 챙겨주려 했고, 택

배 아저씨가 배달을 올 때면 시원한 물이라도 대접했다. 김치 부침개를 부치는 날이면 일부러 많이 만들어서 혼자 사시는 옆집 할머니와 아랫집 젊은 부부에게도 나누어 주었다.

-《변신돼지》 중에서

2학년 학생들과 박주혜 작가의 《변신돼지》를 천천히 깊게 읽었다. 이 작품에는 어릴 때 별명이 돼지여서 돼지는 죽어도 싫다고 말하는 엄마가 등장한다. 그런데 사실 엄마는 마음이 봄처럼 포근한 사람이었다. 아들 찬이가 엄마의 따뜻한 마음을 봄에 비유한 것이다. 이 표현을 가지고 학생들과 샛길로 들어갔다.

학생들과 가족의 마음을 다른 것에 비추어 표현해 보는 활동을 진행했다. 2학년 학생들에게 은유적 표현이 어려울 수도 있을 것 같아 낱말카드를 만들어 예시로 나눠주었다. 낱말카드를 활용해 가족을 다른 것에 빗대어 표현해 볼 수 있도록 안내한 것이다. 그러나 아홉 살 어린이들은 이미 훌륭한 예술가였다. 낱말카드 같은 것은 처음부터 필요하지 않았다.

"엄마의 마음은 햇살이다. 왜냐하면 마음이 밝기 때문이다."

"오빠의 마음은 봄이다. 오빠는 봄처럼 변덕쟁이이기 때문이다."

"우리 언니의 마음은 노을이 지는 햇살 같다. 왜냐하면 좋을 때도 있고 싸울 때도 있어서."

"엄마의 마음은 별사탕이다. 왜냐하면 행복한 마음이 오래가서이다."

학생들은 자기만의 언어를 가지고 가족을 분명하게 표현하고 있었다. 작품 속 찬이에게 엄마의 마음이 봄처럼 느껴지듯이 학생들에게 가족 구성원들의 마음도 여러 빛깔로 비추어지는 것을 확인할 수 있었다. 여러 문장들 가운데 한 학생의 글이 특히 내 마음에 들어왔다.

"아빠의 마음은 연필깎이다. 왜냐하면 내 두려움을 깎아주기 때문이다."

2학년 통합교과에는 가족이 대주제로 제시된다.《변신돼지》는 가족에 대해 함께 생각해 볼 수 있는 훌륭한 길잡이가 되어주었다.

책을 천천히 함께 읽으며 샛길로 새다 보면 어느새 배움과 연결이 된다. 학생들은 샛길 새기를 통해 조금씩 작품에 빠져들게 된다. 책 읽는 즐거움을 느끼고 자신의 삶을 여러 사람과 함께 나눌 기회를 갖게 된다. 점점 작품과 주인공에 대해서 이야기하는 시간이 늘어간다. 교사와 학생은 공통의 주제를 공유하며 공감대를 형성하게 된다. 그리고 이 놀라운 일은 가정까지 이어진다. 우리반 한 보호자님은 집에서도 변신돼지 이야기로 저녁에 이야기꽃이 피어난다는 말을 전해 주셨다.

학생들과 책을 통해 이야기꽃을 피우고 소통하며 행복하게 살고 싶다. 그래서 오늘도 책을 함께 천천히 깊게 읽는다.

03

교과서와 연계한 샛길 새기

하시모토 다케시 선생님은 교토의 나다중학교 학생들을 대상으로 3년 동안 《은수저》라는 책 한 권으로 국어 수업을 하셨다. 책 한 권으로도 수업이 가능했던 까닭은 선생님이 국가수준 교육과정을 분석해 미리 수업 계획을 만들어놓았기 때문이다.

국어 교과에 제시된 한 학기 한 권 읽기의 운영 방법은 통합 여부, 운영 시기, 집중 여부에 따라 달라진다. 사실 책 읽는 즐거움을 위해서라면 교과서에 독서 단원으로 배정된 8~10차시만 단독으로 운영해도 좋다. 하지만 교과서를 차시별 활동이 아닌 국어과 성취기준을 중심으로 자세히 들여다 보면 책 한 권을 통해 여러 단원을 통합해 운영할 수 있다.

문학 작품 한 권을 중심으로 국어과 교육과정을 재구성하면 책 한 권을 천천히 깊게 읽을 수 있는 물리적 시간을 확보할 수 있다. 또 교과서에 제시된 단편적인 활동들을 이야기라는 하나의 실을 가지고 구슬을 꿰듯이 연결할 수 있다. 이는 분절되어 있던 차시별 활동들이 통합적이고 맥락적인 학습으로 나아갈 수 있음을 의미한다.

책을 천천히 깊게 읽으며 국어과의 성취기준을 달성하는 가장 쉬운 방법은 책을 읽고 진행하는 샛길 새기를 성취기준과 연결하는 것이다. 4학년 학생들과 나누었던 하나의 수업 사례를 통해 이 방법을 자세히 살펴보면 좋겠다. 4학년 1학기 국어과 7단원 '사전은 내 친구'의 배경이 되는 성취기준을 살펴보면 다음과 같이 세 가지를 제시하고 있다.

- 낱말을 분류하고 국어사전에서 찾는다.
- 글에서 낱말의 의미나 생략된 내용을 짐작한다.
- 낱말과 낱말의 관계를 파악한다.

이 성취기준들을 교과서가 아닌 《방과 후 초능력 클럽》이라는 문학작품을 읽으며 달성할 수 있도록 수업을 계획했다. 기본 틀은 다음과 같다.

《방과 후 초능력 클럽》 77~83쪽을 천천히 깊게 읽고 낱말과 낱말 사이의 관계를 작품 속에 등장하는 낱말들로 학습한다. 그리고 샛길 새기 시간에는 작품 속 주인공이 하는 것처럼 초능력 훈련을 하는 것이다. 그런데 이 초능력 훈련이 낱말들의 관계와 관련된 놀이가 될 수 있게 수업을 구성했다. 같은 활동을 하더라도 이야기라는 맥락이 있기에 학생들은 즐겁게 학습 목표에 도달할 수 있었다.

> "근데 초능력이 훈련한다고 생기나?"
> "세상에 연습해서 안 되는 게 어디 있어? 자, 여기 잘 봐."
> 동엽이는 뒤섞고 있던 하얀색 카드를 양쪽 손에 나눠 쥐었다. 그 틈에 나는 얼른 기훈이에게 "이거 뭐 하는 건데?" 하고 물었다. 그러자 기훈이도 들릴락 말락 하는 목소리로 "카드 뒷장 알아맞히기래." 하고 말해 주었다.
>
> **-《방과 후 초능력 클럽》중에서**

《방과 후 초능력 클럽》수업 계획

1. 수업 목표

작품 속에서 낱말의 뜻을 찾고 그 의미에 따라 반대되는 말과 포함관계에 있는 낱말 알아보기

2. 들어가기

- '반대로 해요' 놀이하기
  - "선생님이 안내하는 말을 듣고 반대로 행동해 봅시다."(선생님이 "천장을 보세요"라고 말하면 학생들은 바닥을 본다.)

3. 작품 함께 천천히 깊게 읽기

- 《방과 후 초능력 클럽》 77~83쪽 함께 읽기
  - "이 작품에 나오는 인물은 어떤 사람들인가요?"(민성이 엄마, 민성, 동엽, 기훈입니다.)
  - "오늘 읽은 부분에서 일어난 일들을 이야기하고 한 문장으로 정리해 봅시다."(동엽이가 대원들과 초능력 훈련을 시작했고 민성이에게 카드 맞히기 놀이를 알려주었다.)

4. 작품 속에 나오는 낱말의 뜻을 찾고 낱말의 관계 알아보기

- 두 낱말 사이의 관계 알아보기(전체)
  - '가다'와 '오다'의 관계(뜻이 반대인 관계)
  - '카드 모양'과 '클로버'의 관계(포함하는 낱말 관계)
- 글에서 어려웠던 낱말의 뜻을 사전에서 찾기(전체/모둠)
  - '들어서다'의 뜻을 사전에서 찾고 뜻이 반대인 낱말 찾기
  - '초능력'의 뜻을 찾고 포함하는 관계에 있는 낱말 찾기(사전에 제시된 예언, 투시, 염력 등)

5. 샛길 새기 하나. 초능력 훈련1

- 반대말 카드 훈련하기
  - "작품 속 인물들처럼 우리도 초능력 훈련을 해봅시다."(파란색 카드와 노란색 카드를 준비한다. 파란색 카드에는 입학, 출국 등의 낱말이 있고 노란색 카드에는 졸업, 입국 등의 낱말들이 있다. 파란색 카드는 섞어서 모아 두고 노란색 카드는 뒤집어서 펼쳐놓는다. 한 모둠원이 파란색 카드를 하나 뽑아서 읽으면 나머지 모둠원들이 노란색 카드를 하나씩 가져가서 읽는다. 반대의 관계에 있는 노란색 낱말을 선택하여 읽은 친구가 파란색 카드와 노란색 카드를 모두 가져간다.)

6. 샛길 새기 둘. 초능력 훈련2

• 포함 관계에 있는 낱말 알아보기
- "반대말 훈련이 끝난 모둠은 칠판 앞으로 나와서 선생님과 2차 훈련을 하겠습니다." (선생님이 세 가지 낱말을 제시하면 그 낱말을 포함하는 낱말을 육각자석 보드판에 써서 제출한다. 예 : 고등어, 참치 = 생선)

7. 오늘 공부한 낱말들로 나만의 문장 만들기

• 오늘 함께 알아본 여러 낱말들 가운데 하나를 골라서 나만의 문장을 만들어봅시다.

천천히 깊게 읽고 한 문장으로 정리하기(위)와 반대말 카드 훈련하기(아래)

샛길 새기는 국어과의 성취기준뿐만 아니라 다른 과목으로까지 범위를 확장할 수 있다. 책을 읽고 노래를 부르면 음악과 연결이 되고, 책을 읽고 무용을 하면 체육과 연결이 된다. 이렇게 여러 과목의 배움이 책이라는 주제를 통해 연결되고 확장될 수 있다.

그러나 연결하고 통합하고 확장하는 것이 절대적으로 옳은 것은 아니다. 무리한 재구성은 학생들에게 독이 되기도 한다. 아직 책 읽기의 즐거움을 느껴보지 못한 학생들에게 매 차시마다 성취기준과 연계된 활동을 요구하면 학생들이 지칠 가능성이 높다. 어느 순간에도 샛길 새기의 최대 가치인 '책 읽는 즐거움'을 지켜나가야 한다.

04

책과 함께 만드는 공감대

케이트 하네트의 그림책《어느 날, 고양이가 왔다》에는 블로섬 거리에 사는 한 마리의 고양이가 등장한다. 거리에 살고 있는 사람들은 고양이를 저마다의 이름으로 불렀다. 어떤 이는 밸런타인으로 고양이를 부르며 함께 그림을 그렸고, 프레드라는 이름으로 고양이를 부르는 어린이들은 고양이와 탐정놀이를 하기도 했다. 그러던 어느 날, 고양이가 사라져버린다. 고양이는 어디로 갔을까?

블로섬 거리처럼 우리 반에도 고양이가 한 마리 찾아왔다. 두 명 이상이 모이면 마을이라고 했다. 그렇게 보면 스물여섯 명이 모인 우리 반은 큰 마을인 셈이다. 만 원짜리 고양이 인형이지만 이 고양이는 우리 반 마을을 구석구석 여행할 예정이었다.

이 이야기는《어느 날, 고양이가 왔다》를 2학년 학생들과 함께 읽고

고양이 인형으로 반 학생들과 함께한 샛길 새기 프로젝트

진행한 샛길 새기 프로젝트이다. 이 프로젝트의 활동 방법은 다음과 같다.

1. 매일 한 명씩 고양이 인형(포근이)을 집으로 데려간다.
2. 자기가 부를 고양이의 이름을 지어준다.
3. 고양이 인형과 함께 집에서 한 일을 기록지에 기록하고 사진을 남긴다.
4. 다음 날, 다음 번호의 친구에게 고양이 인형을 넘겨준다.
5. 선생님은 정리해서 그림책으로 제작한다.

고양이는 제일 먼저 선생님의 집을 여행했다. 선생님은 고양이를

'포근이'라고 불렀다. 포근이라고 불렀던 까닭은 고양이를 안고 있으면 포근한 느낌이 들기 때문이다. 선생님은 포근이와 그림책을 읽었다. 포근이가 다른 책도 더 읽어달라고 해서 3권을 더 읽고 잠이 들었다.

그리고 다음 날, 선생님의 품을 떠난 고양이의 진짜 여행이 시작되었다. 냥냥이, 반짝이, 달달이, 초롱이 등 학생들은 고양이를 여러 이름으로 부르며 집에서 시간을 함께 보냈다. 고양이는 학생들과 쿠키를 만들고 그림책을 읽고 레고를 조립하며 축구를 했다.

예지는 고양이를 별이라고 불렀어요. 왜냐하면 눈빛이 별 같아서 별이라고 지었어요. 예지는 별이와 편지를 썼어요. 군대에 간 오빠에게 보내기 위해 열심히 썼어요. 별이는 편지를 쓸 때 신나 했답니다. 별이야 사랑해! 별이는

집으로 데려간 고양이 인형과 함께 다양한 활동을 하는 학생들

편지 쓰기를 좋아해요!

세찬이는 고양이를 겸댕이라고 불렀어요. 겸댕이라고 부른 이유는 조그맣고 아주아주 귀엽게 생겼기 때문이에요. 겸댕이는 노는 것을 좋아했어요. 세찬이는 겸댕이와 레고를 만들었어요. 겸둥이는 레고를 참 좋아했어요. 세찬이와 겸댕이는 레고를 다 만들고 함께 잠이 들었답니다.

고양이 인형을 한 학생에게 전해 주던 날, 생각지도 못했던 현상이 일어나는 것을 지켜볼 수 있었다. 보통 고양이 인형을 집으로 가져가게 되는 학생은 다른 학생들의 관심을 평소보다 많이 받게 된다. 그런데 이날은 분위기가 조금 달랐다.

연주 상민아! 너 고양이 이름 무엇으로 정할 거야?

태민 고양이랑 집에서 뭐 할 거야?

상민 너희들 평상시에는 나에게 한 번도 먼저 말 걸어준 적이 없는데 갑자기 무슨 일이야?

고양이 인형을 돌보게 되었다는 자격 하나로 학급에서 별로 주목받지 못했던 학생들도 그날만큼은 친구들의 관심을 크게 받게 되었던 것이다. 그리고 그 학생들은 학급의 중심에서 당당하게 자기 이야기를 하고 있었다.

케이티 하네트의 그림책에서도 고양이는 아무도 찾아오지 않는 집에 방문한다. 그래서 그곳이 거리에 사는 사람들 모두가 찾아올 수 있는 장소가 되도록 만들어준다. 블로섬 거리처럼 우리 반 고양이도 모두에게 똑같이 하루만큼의 시간을 허락하고 또 모두가 친구들의 관심을 받을 수 있게 도와주었다.

어떻게 보면 그저 작은 이벤트처럼 보일지도 모르겠다. 하지만 나는 이 활동을 진행하며 가장 소외된 곳을 밝게 비추는 그림책의 주제를 따라 우리 반 학생들 곳곳에 햇살이 들어오는 모습을 보았다. 또 학생들 각자의 집에서 고양이와 함께 새로운 이야기꽃이 피어올랐고 교실은 어느새 꽃향기로 가득했다.

고양이의 여행이 모두 끝나고 학생들의 이야기가 담긴 글을 모아 책으로 만드는 작업을 시작했다. 사실 학생들의 글을 책으로 엮어낸다는 것은 액션러닝의 관점에서 시작한 것이었다. 학생들이 하나의 프로젝트나 수업을 진행할 때 자신들의 행위가 사회에 영향력을 주고 실제적인 변화로 다가온다는 것을 깨닫게 되면 동기부여가 확실하게 될 수 있기 때문이다.

학생들의 글이 학습지로 끝나는 것이 아니라 많은 사람들이 읽을 수 있는 완전한 매체가 될 수 있도록 완성하는 것이 책을 만드는 목적이었다. 자기가 쓴 글이 학교 신문이나 문집을 넘어 하나의 완성된 책으로 제작되는 경험을 한다면 앞으로도 글을 허투루 쓰지 않을 것이라고 생각했다.

꾸준하게 학생들의 글과 사진을 모았고 포토북을 만들어주는 사이트의 도구를 활용해 무광 하드커버의 그림책을 제작했다. 예산이 많지 않아서 한 권씩 선물해 줄 수는 없었지만 축하의 시간을 갖고 학생들의 글이 의미를 가질 수 있도록 세 가지 행사를 계획했다.

1. 책 잔치하기(출판기념회)
2. 학급 문고에 비치하고 사인회 열기
3. 학교 도서관과 지역 공공도서관에 등록하고 비치하기

책이 제작되어 교실에 오던 날 사인회를 했다. 한 명씩 모두의 사인을 돌아가며 했다. 아직 자기 사인이 없는 귀여운 아홉 살 어린이들이 자기 이름 세 글자를 또박또박 적었다. 한 명당 한 권씩 선물할 수 없었지만 학생들은 실망하지 않았다. 학급 책방, 학교 도서관에 책을 등록하고 바코드를 붙여 입고했기 때문이다.

그다음 해에 학급에서 만든 그림책은 지역 공공도서관에서도 반갑게 받아주어 비치될 수 있었다. 학생들은 자기가 쓴 글이 책이 되어 도서관에 등록되고 여러 사람이 볼 수 있다는 사실에 큰 자긍심을 갖게 되었다. 이렇게 자기가 쓴 글이 책이라는 매체가 되어 다른 사람들에게 소개

되는 경험을 한 학생들은 분명 글쓰기와 삶을 대하는 자세가 달라질 것이다. 아름다운 이야기가 멀리 있지 않으며 나와 우리 주변에서 시작하게 된다는 것을 깨닫기 때문이다.

학급을 보통 학습생활 공동체라고 이야기한다. 함께 학습도 하지만 쉬는 시간에 물도 마시고 점심시간에는 식사도 함께하며 양치질, 청소에 이르기까지 생활도 함께하는 관계라는 뜻이다. 함께하는 시간이 이렇게 많은데 학급 전체가 독서공동체가 되는 것도 가능하지 않을까?

"선생님, 오늘 책 수업 있어요?"

선생님과 학생 모두가 손꼽아 기다렸던 수업!

교과서 대신에 책 한 권을
학생들과 천천히, 그리고 깊게 나누기

여섯

책과 교육연극의 만남

01

천천히 깊게 읽기, 교육연극을 만나다

예술은 서로 연결되어 있다. 연극과 무용은 움직임이라는 공통점을 가지고 있고 무용과 음악은 박자와 리듬을 공유하고 있다. 그런데 예술 장르 전체를 통틀어 가장 영향력이 큰 것은 이야기이다. 음악, 무용, 연극, 뮤지컬, 미술 등의 예술 장르에는 모두 '이야기'가 있다.

그래서 학생들과 책을 읽으면 모든 종류의 예술을 함께 나눌 수 있다. 책을 읽다가 노래를 부르고 춤을 추고 그림을 그릴 수 있는 것이다. 그렇게 천천히 깊게 읽기는 예술 수업으로 확장될 수 있다.

책을 읽고 무엇을 더 할 수 있을까? 그동안 책을 읽고 이야기를 나누고(독서, 토론) 그림을 그리고(독후화 그리기) 놀이를 했다(책 놀이). 하지만 뻔한 활동들 속에서 책은 활동을 위한 수단으로 느껴질 때가 많았다. 그래서 학생들이 이야기 속으로 깊게 들어가 작품의 주제 의식을 고민해 볼 수 있는 활동을 안내하고 싶었다. 그렇게 책과 교육연극이 만나게 되었다.

교육연극은 이야기를 '지금, 여기'의 공간으로 안내한다. 그래서 학생들과 책을 읽으며 교육연극을 나누면 이야기를 학생들의 삶과 연결할 수 있다. 책을 함께 읽는 수업이 서사의 수용에서 삶의 경험의 표현으로 확장될 수 있는 것이다.

그렇다면 교육연극은 연극과 무엇이 다를까?

교육연극은 크게 세 가지 종류의 형태로 나눌 수 있다.

첫 번째는 'Play'다. 우리말로는 연극놀이라고 부른다. 놀이를 통해 신체의 움직임을 인지하고 자유롭게 표현할 수 있는 바탕을 만들기 위한 것이다.

두 번째는 'Drama'다. '과정 드라마'라는 말로도 소개된다. 기존의 연극이 대본을 중심으로 진행되는 결과 중심의 활동이라면, 과정 드라마는 참여자들이 극의 중심에 참여하여 즉흥적으로 사건을 경험하고 이야기를 변주하며 주제에 대해 탐색하는 과정 중심의 활동이라고 할 수 있다. 쓰인 대본에 의존하지 않으며 참여자들의 관점의 변화에 관심을 둔다. 또 드라마 안팎을 넘나들며 활동적으로 작업하는 드라마 리더가 존재한다는 것도 큰 특징이다.

마지막 형태는 'Theatre'다. 배우, 관객, 희곡을 갖추고 공연을 전제로 진행하는 활동을 의미한다. 연극은 '동극'이라는 형태로 교육과정에 존재해 왔다. 2015개정교육과정에서는 초등학교 3학년 교육과정에 동극을 배치하고, 초등학교 4학년 과정부터 고등학교 과정까지는 문학 영역에 극을 배치했다. 특히 5~6학년은 연극 단원을 교과서에 신설했는데, 2015개정 국어과교육과정의 5~6학년 문학 성취기준 중 연극 관련 내용(일상생활의 경험을 이야기나 극의 형식으로 표현한다)을 반영한 것이다.

다음은 국어과 교과용 지도서(2020) 총론에 제시되어 있는 연극 단원에 대한 설명이다.

> 연극 단원은 학생들이 연극 활동을 하며 자기 자신을 이해하고 타인과 사회를 이해함으로써 인성을 함양하는 것이 목적이다. 따라서 과도한 표현 및 결과 중심의 연극 활동은 지양하며 학습자가 연극 활동을 부담스럽게 여기지 않고 연극에서 즐거움과 재미를 느낄 수 있는 방향으로 지도한다.

이 설명에 비추어 보면 연극 단원에서 중심을 두는 것은 'Theatre'로서의 연극이 아니라 'Drama'로서의 연극을 의미한다. 그래서 연극 단원을 단독으로 운영하기보다는 책을 천천히 깊게 읽으며 독서 단원과 연계하여 운영해 보기를 제안해 본다. 교육연극의 씨앗에는 이야기가 있기 때문이다.

02

모두가 참여하는 핫시팅 수업

현장에서 수업시간에 많이 활용하는 교육연극 활동 중 하나는 '핫시팅(뜨거운 의자)'이다. 핫시팅은 학생 한 명이 작품 속 인물이 되어 의자에 앉고 청중들의 질문에 답을 하는 인터뷰 형태의 활동이다. 간단한 활동이기에 교사나 학생들 모두 크게 부담을 가지지 않고 활동을 시작한다. 그러나 실제 수업 장면에서는 의도와 다른 상황들이 연출된다.

선생님 이제 이 의자에 앉은 준희가《멍청한 두덕 씨와 왕도둑》의 두덕 씨가 되어볼 거예요. 여러분이 그동안 두덕 씨에게 궁금했던 것들을 물어보세요!

수민 두덕 씨! 통조림을 잃어버렸을 때 기분이 어땠었나요?

준희(두덕 씨) 속상했어요. ①

선생님 두덕 씨, 기분을 자세하게 말해 줄래?

준희(두덕 씨) 통조림을 가져가서 정말 속상했어요.

선생님 두덕 씨에게 다른 질문을 해볼 친구 있나요?

성빈 두덕 씨! 반지아가씨와 트와이스 중에 누가 더 좋아요? ②

준희(두덕 씨) 당연히 트와이스!

선생님 책에 나와 있는 이야기를 중심으로 물어보세요.

연출된 장면이지만 준비 없이 시작한 1인 역할극에서 질문에 대한 답변은 ①과 같이 식상해져버리고 그에 따라 학생들의 질문은 ②와 같이 샛길로 새어버리는 상황을 교사는 자주 겪게 된다.

이러한 상황이 나타나는 이유는 뭘까? 그 고민에 대한 해답을 나는 두 가지로 찾아보았다.

먼저 작품이나 인물에 대한 이해가 역할극을 하는 학생과 질문을 하는 학생 모두에게 부족하다고 생각했다. 또 역할극에 참여하는 학생들이 전체가 아닌 일부이기에 질문을 하는 학생들의 참여도가 낮을 수밖에 없다고 생각했다.

2학년 학생들과 김기정 작가의 《멍청한 두덕 씨와 왕도둑》을 천천히 깊게 읽으며 핫시팅 활동을 준비했다. 나는 학생들이 한 명도 빠지지 않고 모두 참여하는 수업을 만들고 싶었다. 그렇게 하기 위해서는 관점의 전환이 필요했다. 내가 교실에서 고민하고 있던 모습을 보고 함께 근무하던 양승복 선생님은 나에게 이렇게 질문을 던졌다.

"두덕 씨 역할을 맡은 학생들이 청중의 질문에 대답하는 동안 질문을 던지는 학생들은 어떤 역할로 설정할 거야?"

핫시팅 기법은 의자에 앉은 학생만 역할극을 하는 것이 아니었다. 질문을 던지는 학생들도 역할을 수행할 수 있는 것이다. 작품 속에 등장하는 경찰관의 입장에서 주인공 두덕 씨에게 질문을 하고, 반지아가씨 그리고 들쥐들의 입장에서도 두덕 씨에게 질문을 할 수 있는 것이다. 이렇게 작품 속 인물들이 모두 등장하는 핫시팅 수업을 시작했다.

인물 분석하기

깊이 있는 질문과 대답을 위해서 학생들과 먼저 작품 속 인물들을 하나하나 분석했다. 인물의 성격, 인물의 관심사, 인물의 현재 감정 등 관점에 따라 인물을 분석할 수 있도록 안내하고 그 근거는 반드시 작품에서 찾을 수 있도록 했다. 학생들은 《멍청한 두덕 씨와 왕도둑》을 읽으며 두덕 씨, 왕도둑, 경찰서장, 촉새기자, 까칠부인, 들쥐들, 경찰

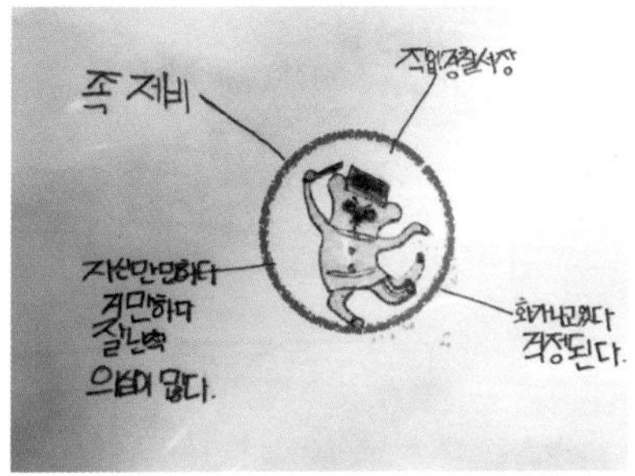

학생들이 분석한 주인공 두덕 씨와 경찰서장

까칠부인 역할을 맡은 학생과 경찰서장 역할을 맡은 학생들

들, 반지아가씨를 분석했다. 그리고 이들 중에 한 명의 인물을 각각 선택했다.

인물을 선택하는 경우에 많은 학생들이 당연히 주인공 역할을 맡고 싶어 한다. 이런 경우에도 원하는 사람은 누구나 주인공 역할을 맡을 수 있다. 의자에 앉아서 청중들의 질문에 대답하는 사람이 꼭 한 사람이어야 할 필요는 없기 때문이다.

역할을 맡을 인물 선택하기

학생들은 핫시팅에 참여할 인물(관점)을 정했고 그 인물의 그림을 간단하게 A4 절반 크기로 그렸다. 자기 역할을 가슴에 붙이고 작품 속 인물이 되고 나니 교실 전체가 무대가 되고 작품 속 마을이 된 것 같은 느낌을 받았다.

캐릭터의 그림을 가슴에 붙였을 뿐인데 학생들은 인터뷰가 시작되

핫시팅 활동에 적극적으로 참여하는 수업 장면

기도 전에 이미 그 역할에 몰입하여 목소리와 자세를 다르게 했다. 왕도둑으로부터 마을을 지켜야 하는 경찰들과 이름만큼이나 까칠한 까칠부인의 실물을 교실에서 만나는 기회를 갖게 된 것이다.

붙임종이에 질문 적고 인터뷰 진행하기

인터뷰를 시작하기 전에 학생들은 인물들에게 궁금한 점을 붙임종이에 미리 적었다. 이렇게 하면 학생들이 자신의 질문을 한 번 더 다듬어볼 수 있는 기회를 가질 수 있고 활동 중에는 기회가 없어 직접 물어보지 못했더라도 돌아보기 과정에서 각자의 질문들을 다시 한 번 살펴볼 수 있다.

모든 준비가 끝나고 기다리던 핫시팅 역할극이 시작되었다. 역할을 맡은 학생은 직접 질문자를 선정해 질문을 받았고 그에 따른 답을 했다. 주인공처럼 역할을 맡은 학생이 여러 명인 경우에는 순서를 정해 돌아가며 답변을 했는데 답하기 어려운 질문에는 지원자가 나서서 답을 하는 모습도 볼 수 있었다.

붙임종이를 인물 차트에 붙이기

한 인물의 인터뷰 활동이 끝날 때마다 학생들은 인물 차트에 질문들을 붙였다. 이때 질문 이외에 인물에게 해주고 싶은 말도 남길 수 있도록 안내했다. 이렇게 하니 직접 질문할 기회를 갖지 못했던 학생들

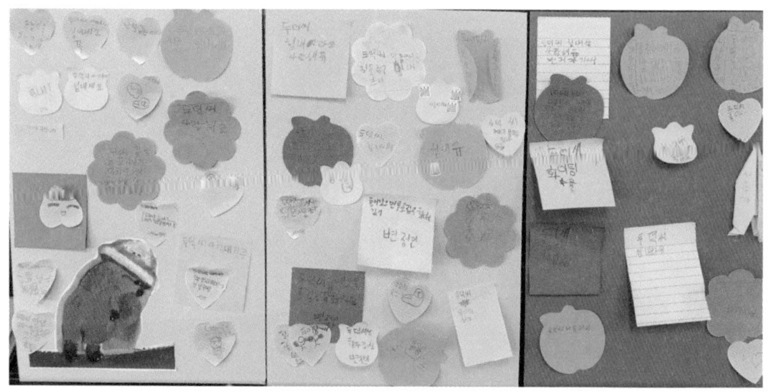

인물에게 해주고 싶은 말을 적어 붙인 인물 차트

도 자신의 의견을 제시하며 활동에 참여할 수 있었다.

역할에서 벗어나 활동 돌아보기

핫시팅 활동이 끝난 뒤 학생들은 현실로 돌아와 활동에 참여하며 들었던 감정과 생각을 나누었다. 이때 인물 차트를 돌아보며 미처 해결하지 못했던 질문들을 다시 돌아보고 인물들을 자세히 들여다볼 수 있는 기회를 가질 수 있었다.

모두가 참여하는 핫시팅 활동을 진행하며 무엇보다 기뻤던 것은 학생들이 작품 속 인물들의 상황을 깊게 들여다볼 수 있게 되었다는 것이다. 질문을 하기 위해 인물을 분석했던 자료를 한 번 더 살펴보고 이야기의 흐름과 상황에 비추어 답변을 하는 모습은 교실의 온도를 바꾸어놓았다.

타블로 기법으로 주변 인물에 초점 맞추기

'타블로(Tableau)'란 평면 그림을 나타내는 프랑스 단어에서 온 말로 배우가 무대에서 움직임이나 대사 없이 상황이나 사건을 표현하는 것을 의미한다. 원래 이름은 '타블로 비방(Tableau vivant)'이며 편의상 '타블로'라고 부른다.

교육연극 활동에서 타블로는 학생들이 주어진 주제나 상황에 맞게 정지 장면을 구성하고 신체로 표현하는 형태의 활동을 의미한다. 현장에서는 조각상 만들기, 스틸 이미지, 정지 동작, 정지 장면 만들기 등의 이름으로 부르기도 한다. 정지된 상태에서 드라마 리더(교사) 또는 관객은 손박수, 터치, 에너지차임 울림과 같은 신호를 주기도 하는데, 이때 정지 장면을 표현한 학생들은 간단한 대사를 하거나 소리를 내기도 하고 필요에 따라 상황을 설명하는 간단한 동작을 할 수도 있다.

이 타블로 기법은 가장 보편적인 교육연극 활동인 동시에 잘 활용하면 이야기나 움직이는 동작에서 볼 수 없었던 것들을 새롭게 발견하는 경험을 할 수 있다. 나는 이 타블로 기법을 활용해 학생들이 이야기의 주인공이 아닌 주변 인물에 초점을 두고 작품을 더 넓게 바라볼 수 있도록 안내하는 수업을 계획했다.

우리는 학생들과 책을 읽으며 주로 주인공의 입장에서 이야기를 나눈다. 그래서 '내가 주인공이라면 어떻게 생각했을까?'라든가 '주인공은 어떤 고민을 하고 있을까?'와 같은 질문들을 나누게 된다. 그런데 조금만 더 자세히 이야기를 들여다 보면 주인공 주변에는 저마다의 사연을 가진 수많은 인물들이 있는 것을 발견할 수 있다.

진형민 작가의 《기호 3번 안석뽕》에는 슈퍼마켓 가게 딸 백보리가 등장한다. 이 책의 주인공은 분명 안석뽕이다. 그런데 백보리는 안석뽕 주변에 등장하며 또 다른 이야기를 만들어낸다.

안석뽕과 친구들이 지나가던 길, 백보리는 공용화장실 앞에서 쓰레기 집는 집게로 어떤 물체를 줍고 있었다. 그리고 이 소녀는 다음 날 안석뽕을 데리고 시장 옆에 새로 생긴 P마트 지하 식품매장에 바퀴벌레를 풀어버리는 '거사'를 실행한다.

"아니, 화장실이 끅, 겁나 좋아서 끅, 화장실이 끅끅, 이렇게 좋으면 어떡해……."

-《기호 3번 안석뽕》 중에서

바퀴벌레 대작전을 펼치고 난 뒤 화장실에 갔다 와서 화장실이 이렇게 좋으면 어떻게 하냐며 울던 보리의 모습이 나는 정말 안타까웠다. 그래서 백보리의 관점을 더 자세히 들여다보는 수업을 고민했다. 그런데 학생들의 시각은 내게 다른 방향의 수업을 열게 해주었다.

"선생님, 바퀴벌레는 얼마나 기분이 좋았을까요?"

"무슨 말이야?"

"바퀴벌레들이 공용화장실 옆에서 더러운 것들만 먹다가 식품 코너에서 맛있는 음식들을 실컷 먹었다고 생각하니 정말 기분이 좋았을 것 같다는 생각을 했어요."

학생의 생각에 무릎을 탁 쳤다. 어른들은 절대 닿을 수 없는 벌레에 대한 공감이었다. 그래서 수업의 방향을 바꾸어 바퀴벌레의 시선에 초점을 맞추고 마트습격사건을 재해석하는 수업을 진행했다.

팀별로 바퀴벌레의 입장에서 마트습격사건을 정지 장면으로 표현해 볼 수 있도록 안내했다. 학생들은 함께 모여 자유롭게 이야기를 상상했다. 평소 꾸준하게 몸으로 생각을 표현하는 방법들을 연습했더니 서로 의견을 나누고 동작을 연구하는 모습이 꽤 진지했다.

타블로에서는 정지 장면을 표현한 학생들의 모습에 대한 정답을 굳이 요구하지 않는다. 지켜보는 학생들이 표현을 해석하고 추측하며 이야기를 나눌 뿐이다. 타블로가 정지 장면을 보고 정답만 맞추는 활동이 되어버리면 표현을 하는 학생들은 그저 상황을 잘 설명하는 동작만 연구할 것이다. 창조는 자신들의 예술 행위가 평가받지 않는다고 느낄

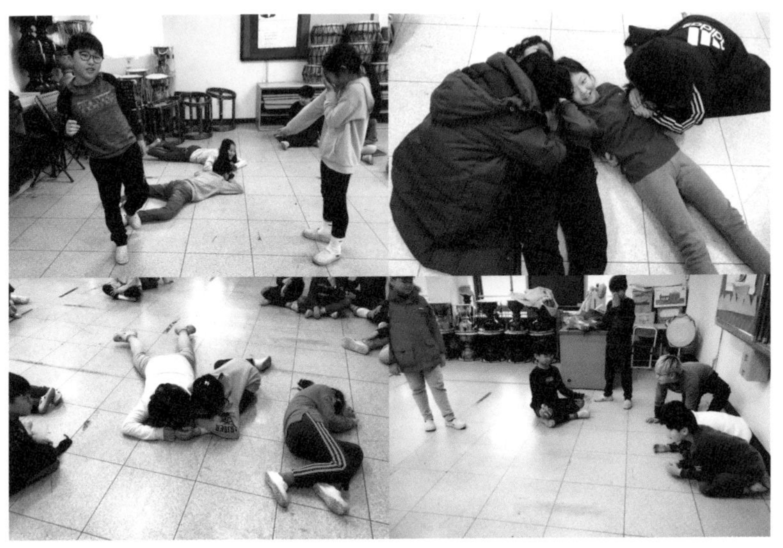
바퀴벌레의 입장에서 바라본 마트습격사건(모둠 순서는 왼쪽 위부터 시계 방향)

때 일어난다. 또한 정답을 말하지 않는 정지 장면 앞에서 함께 나눈 이야기들은 정답과 상관없이 모두 큰 의미를 갖게 된다.

첫 번째 팀의 모습을 함께 살펴보자. 바닥에 신이 난 바퀴벌레 두 마리가 있다. 바퀴벌레를 가리키는 사람과 도망가는 사람의 모습이 잘 나타나 있다.

두 번째 팀은 옷 색깔이 붉은 것에 힌트를 얻어 동작을 표현했다. 정육 코너에 간 바퀴벌레들이 고기를 먹고 있는 장면을 표현한 것처럼 보인다. 가운데에 있는 두 학생들이 식재료 역할을 하고 있다.

세 번째 팀은 습격 준비 중인 바퀴벌레의 모습을 표현한 듯하다. 모두들 도망가는데 마트에 나쁜 기운을 주는 부적을 붙이고 명상을 하고 있는 거봉선생의 모습도 보인다.

네 번째 팀의 모습을 살펴보자. 이 장면을 두고 어떻게 해석을 해야 하나 많은 이야기들이 오갔다. 가운데 두 사람은 분명 열심히 무엇인가를 먹고 있는 바퀴벌레 같은데 옆에 쓰러져 있는 사람은 무엇을 하고 있는 걸까?

"태어나서 처음 먹어보는 음식에 정신이 팔려서 친구가 죽는 것도 모르고 열심히 먹고 있는 모습을 나타냈어요."

학생들에게서 매번 감탄하며 배운다. 학생들의 생각은 도대체 어디에서 나오는지 모르겠다. 뚜껑을 열면 끝없이 치솟는 샴페인 같다.

모두의 발표가 끝난 뒤 바퀴벌레의 입장에서 빠져나와 마트 직원들에게 시선을 옮겼다. 이렇게 바퀴벌레들이 음식을 먹고 있을 때 마트 사람들은 어떻게 했을지 물으니 바퀴벌레 소탕작전을 펼쳤을 것 같다고 학생들은 이야기했다. 그래서 '바퀴벌레를 잡아라!' 놀이로 수업을 연결했다.

두 명이 한 팀이 되어 한 명은 마트 직원의 역할을 맡아 안대를 쓰고 뿅망치로 바퀴벌레를 잡을 수 있도록 했다. 나머지 한 명은 안내자가 되어 바퀴벌레가 있는 위치를 알려줄 수 있도록 안내했다. 다른 학생들은 바퀴벌레가 되어 교실 곳곳에 숨었다. 어느새 교실은 쫓고 쫓기는 마트의 현장이 되어 있었다.

학생들과 문학 작품을 함께 나누면 나와 다른 사람들의 생각에 대해 이야기할 수 있다. 중심 인물뿐만 아니라 주변 인물에게 초점을 맞추는 활동은 학생들의 시야를 더 넓게 만들어준다. 게다가 주변 인물의 상황에 초점을 맞추다 보면 중심 인물의 상황과 감정까지도 더욱 깊게 들여다볼 수 있다.

타블로 기법을 통해 몸짓으로 표현하는 것 이외에도 음악 활동이나 미술 작품으로 다양하게 표현할 기회를 학생들에게 주면 좋겠다. 학생들의 창의적인 모습을 보면 힘이 난다. 학생들도 내 수업에서 힘을 얻어가면 좋겠다는 생각으로 하루하루 수업을 준비한다.

04

페르소나 활동으로 등장 인물 체험하기

4학년 학생들과 진형민 작가의 《기호 3번 안석뽕》을 천천히 깊게 읽었다. 이 책에는 크게 두 가지 주제의 이야기가 펼쳐진다. 전교회장 선거에 출마하게 된 안석뽕과 그의 친구들 이야기, 그리고 재래시장인 문덕시장과 대형마트인 P마트의 갈등 사건이다. 처음에는 이 두 이야기를 모두 깊게 다루어보려고 했다. 4학년 학생들이 전교학생임원 선거에 직접 출마할 수 있는 피선거권을 갖기 전에 선거의 의미에 대해서 나누고 싶었고, 또 사회과 경제 단원과 연계해 대형마트와 재래시장의 관계에 대해서도 살펴보고 싶었기 때문이다.

그런데 처음 의도와는 달리 수업 장면을 구체화하여 계획을 세우는 동안 욕심을 버려야겠다는 생각이 들었다. 학생들과 함께 책을 읽으면서 다른 교과와 연계를 많이 하면 책을 깊게 이해하는 데 도움이 되기는 하지만 너무 많은 샛길로 새어버리면 자칫 책을 통해 학생들과 나눌 수 있는 메시지보다 연계 활동에 더 무게를 두는 경우가 생기기 때문이다.

'학생들과 책을 왜 읽는가?', '학생들과 책을 통해 나누고 싶은 진짜 이야기는 무엇인가?' 하는 질문에 답을 내야 했고, 그때부터 모든 활동을 하나의 주제에 초점을 맞추어 계획했다. 그렇게 내가 《기호 3번 안석뽕》을 통해 학생들과 나눌 주제는 '세상을 향해 당당한 삶을 살아갈 수 있는 배짱 기르기'가 되었다.

흔히 전교학생임원 선거는 일부의 학생들만 입후보하는 경우가 많다. 물론 투표를 통해 자신의 의견을 전하는 경험을 할 수 있지만 전체 학생 중에서 전교학생임원 선거에 입후보하여 선거의 과정에 참여하는 학생들은 소수이고 그들만의 잔치로 끝나는 경우가 많다.

《기호 3번 안석뽕》에서 조조와 기무라는 안석뽕을 회장 후보로 추대하여 선거운동을 시작한다. 자신들의 목소리를 대신할 사람으로 안석뽕을 선택한 것이다.

작품 속 인물들처럼 학생들에게 한 사람 한 사람 모두 피선거의 경험을 갖고 사회를 향해 자신의 목소리를 당당하게 낼 수 있는 힘을 가질 수 있도록 도움을 주고 싶었다. 그래서 가상의 전교학생임원 선거를 연극적 상황으로 설정하고 각 모둠마다 선거에 출마할 페르소나(후보)를 만들 수 있게 안내했다. 페르소나는 심리학에서 타인에게 비치는 외적 성격을 이르는 말로 원래는 그리스 고대극에서 배우들이 쓰던

학생들이 만든 여섯 명의 후보들. 가면을 쓰면 누구나 그 후보가 된다.

가면을 일컫는다. 학생들은 진짜 가면을 제작해 그 가면을 쓰면 누구나 가상의 후보가 될 수 있도록 설정하고 수업을 진행했다.

여섯 모둠에서 모두 여섯 명의 후보가 출마를 했다. 후보는 여섯 명이지만 모둠원 중에 누구나 가면을 쓰면 그 후보가 될 수 있기에 모두가 참여할 수 있었다.

기호 3번 안석뽕과 그의 친구들은 공약을 만들어오라는 교감 선생님의 말에 문덕시장에서 철학원을 운영하는 거봉선생을 찾아간다. 그러나 멋진 공약을 만들어줄 것이라 기대했던 그들의 예상과 달리 거봉 선생은 엉뚱한 이야기를 늘어놓는다. 공약을 철학원에 와서 물어볼 것이 아니라 자신을 뽑아줄 사람들에게 직접 물어봐야 한다는 말을 전한 것이다. 학교로 돌아간 안석뽕과 그의 친구들은 "무슨 공약 걸면 나 뽑아줄래?"라는 말과 함께 친구들이 원하는 것을 묻고 다니기 시작한다.

학급 학생들과 책을 함께 읽고 투표권을 가진 3, 4학년 학생들에게 같은 방식으로 설문을 진행했다. 3학년 열 살 어린이들에게서 현실적인 요구들이 쏟아졌다. 유권자들에게 직접 필요한 것을 물어보니 추상적이고 모호한 전교학생회장 후보의 다짐이 아닌 구체적이고 실제적인 공약을 만들 수 있었다.

공약이 만들어지자 학급의 단일 후보를 선정하기 위한 경선을 진행했다. 4학년 3반 학생들이기에 3반당 경선이라고 이름을 붙였다. 경선과 단일 후보 그리고 최종 선거에 이르기까지 가장 작은 부분부터 실제 선거의 과정을 체험할 수 있도록 안내했다.

모둠별 선거운동과 공약 발표를 진행하고 모두 가면을 벗었다. 가면을 벗으니 모두가 후보 역할에서 벗어나 유권자가 될 수 있었다. 학생들은 각 모둠에서 만든 후보들의 공약을 진지하게 살펴보는 모습을 보여주었다. 자신이 만든 후보뿐만 아니라 다른 후보들의 주장에도 귀를 기울인 것이다. 페르소나라는 장치를 통해 학생들은 책의 주인공이 선거운동을 하는 속도에 따라 자신들의 이야기를 한 편의 연극처럼 계속 써내려가고 있었다.

가상의 후보와 함께 선거운동을 하는 학생들

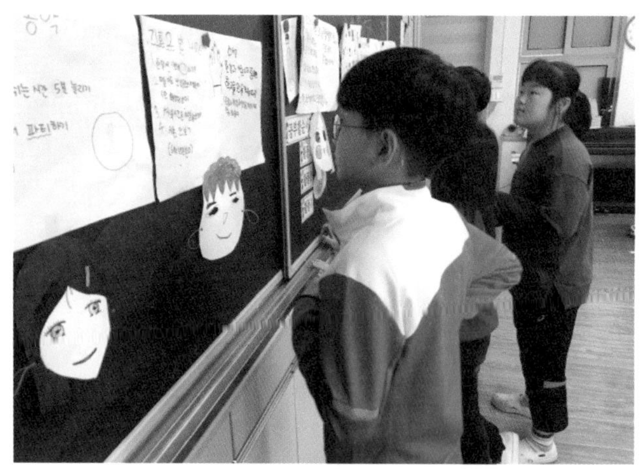

가면을 내려놓고 유권자가 되어 후보들의 공약을 자세히 살펴보는 학생들

각 반의 경선이 모두 끝나고 학년 전체가 본선을 진행했다. 경선을 거쳐 올라온 1반당, 2반당, 3반당의 단일 후보들이 선거운동을 시작한 것이다. 학교 곳곳에 포스터를 붙이고 아침 방송시간을 활용해 TV토론까지 진행했다.

드디어 최종 투표를 하는 날, 3학년은 쉬는 시간을 이용하여 미리 투표를 하고 4학년 학생들 모두가 시청각실에 모였다. 합동 연설을 마치고 투표를 진행했다. 학년 학생들 모두가 각자의 생각을 가지고 참여한 선거의 인기 때문에 실제 전교학생임원 선거보다 오히려 열기가 높았다.

다시 처음으로 돌아가보자. 《기호 3번 안석뽕》에 제시되었던 두 가지 주제 중에 나는 첫 번째 주제에 집중했다. 학생들에게 책을 통해 전하고 싶었던 메시지가 있었기 때문이다.

"작은 사람의 소리를 귀 기울여 듣는 당당한 사람이라면 누구나 리더가 될 수 있어!"

"그런 배짱을 가지고 세상을 살면 좋겠어! 눈치 보지 말고 당당하게 살자!"

텍스트를 훑고 지나가는 것이 아니라 작품이 전하는 메시지를 학생들과 나누고 싶었다. 그리고 그 도구로 페르소나라는 장치를 활용해 책을 깊게 나눌 수 있었다. 이처럼 교육연극이라는 도구를 잘 활용하면 학생들을 작품의 주제 깊은 곳으로 안내할 수 있다.

05

낭독극, 이야기를 함께 나누다

이영서 작가의 《책과 노니는 집》에는 '전기수'라는 직업이 등장한다. 조선 후기에 소설이 수적으로 증가하면서 향유층이 확대되어 소설은 점차 대중적 기반을 마련하게 되었다. 이러한 시기에 소설을 읽어주고 일정한 보수를 받던 직업적인 낭독가가 등장하였는데, 이것이 바로 전기수였던 것이다.

이처럼 낭독은 오래전부터 우리 삶에 들어와 있었다. 어린이를 곁에 두고 할아버지 할머니가 해주시던 옛이야기부터 무성영화를 넘어 TV 내레이션까지 낭독의 모습은 다양하다. 목소리의 형태는 달라졌지만 그 울림의 힘은 모두 '이야기를 함께 나눈다'는 것에 있었다. 이는 처음 천천히 깊게 읽기 수업을 시작했을 때 제자가 나의 수업을 설명해 주었던 말이기도 했고, 무엇보다 학생들과 함께 읽는 기쁨을 더 깊게 나누어보고 싶었다. 그래서 낭독극을 계획하고 준비했다.

낭독극은 스테이지 리딩(Stage Reading), 즉 제작발표회에서 배우들이 목소리만으로 연기하는 것에서 유래했다. 보통 투자를 받거나 홍보를 위해 공연되는데 간단한 조명이나 음악, 사진, 움직임들이 추가되기도 한다.

낭독극은 혼자 읽는 것이 아니라 상대를 두고 함께 읽기 때문에 학생들은 작품에 좀 더 깊게 빠져들 수 있다. 또 일반적인 연극 공연에 비해 학생들의 연기력이 크게 필요하지 않으며 모든 학생들이 역할을 맡아 참여할 수 있다는 장점이 있다. 게다가 그동안 책을 천천히 읽으며 함께 쓰고 그렸던 글과 그림을 낭독극 중간에 활용함으로써 읽기 수업을 정리하고 되돌아보는 기회도 가질 수 있다.

낭독극을 하려면 먼저 대본을 만들어야 한다. 대본을 만드는 방법은 크게 세 가지가 있다. 교사가 만드는 방법, 학급 전체 학생들과 함께 모둠별로 챕터를 나누어 인상적인 부분을 모아 만드는 방법, 학생들 중에 희망자를 받아 작가팀을 구성하고 집중도 있게 만드는 방법 등이다. 이 중에서 어떤 방법이 반드시 더 좋다고 말할 수는 없다. 학생들의 여건과 수준에 따라 결정하면 된다.

나는 책 한 권을 낭독극 대본으로 만들기 위해 따로 학생들을 모집했다. 글쓰기에 관심이 있는 학생들에게 기회를 따로 주고 싶은 욕심이 있었기 때문이다. 여섯 명 모집에 여섯 명의 학생들이 지원했다.

《방과 후 초능력 클럽》의 낭독극 대본을 만드는 것이니 우리도 클럽 이름을 지어보자고 했더니 '배작'이라는 아이디어가 나왔다. '배고픈 작가들'의 줄임말이었다. 작가팀 학생들에게 합평의 방향을 알려주고 간식을 제공했다. 배고픈 작가들은 그 이름에 걸맞게 간단한 간식만 있으면 누가 시키지 않아도 저녁 6시까지 대본을 쓰고 집으로 가는 날이 많았다.

작가팀 학생들과 작품을 7개의 주제로 나누고 낭독극에 필요한 부분을 선별해 대본으로 옮겼다. 《방과 후 초능력 클럽》에서 엉뚱한 친구 동엽이와 클럽 친구들 덕분에 주인공 민성이가 용기를 얻는 과정을 중심에 두고 글을 다듬었다. 하나의 주제가 완성될 때마다 함께 읽으며 합평하고 학생들의 눈으로 수정했다.

작가팀 학생들은 자신들이 만든 대본을 서로 돌려 읽으며 글 중에서 이상한 부분, 보충하거나 덜어낼 부분들에 대해 이야기를 나눴다.

낭독극 대본을 쓰기 위해 모인 배고픈 작가들

소리를 내어 읽으며 이상한 부분을 입말에 맞게 바꾸어 쓰고 앞뒤 의미가 모호한 부분은 책에서 원문을 다시 찾아 읽으며 재구성했다.

낭독극 대본은 소리 내어 읽었을 때 15분에서 25분 정도의 분량이 좋다. 준비하는 학생들과 공연에 참석하는 관객들의 집중도를 고려했을 때 그 이상의 공연은 모두에게 피로도가 매우 크다. 그래서 합평을 하며 분량을 조금씩 줄여나갔다. 40분 분량의 버전에서 25분 분량의 버전을 거쳐 최종적으로 20분 분량의 낭독극 대본을 만들 수 있었다.

작가팀과 낭독극 대본을 합평하는 동안 학급 전체 학생들과는 시를 낭독극과 연결하는 작업을 진행했다. 학생들과 책을 천천히 깊게 읽으

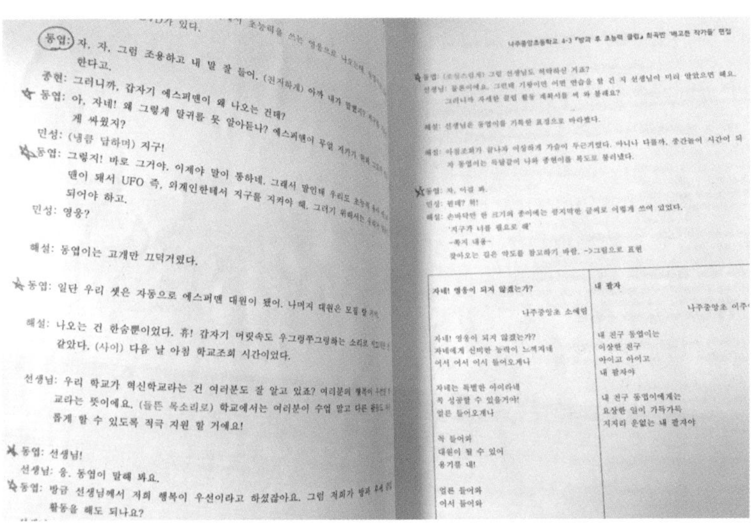

동엽: 자, 자, 그럼 조용하고 내 말 잘 들어. (진지하게) 아까 내가 [illegible]
한다고.
종현: 그러니까, 갑자기 에스퍼맨이 왜 나오는 건데?
동엽: 아, 자네! 왜 그렇게 말귀를 못 알아듣나? 에스퍼맨이 무엇 지키기 [illegible]
게 싸웠지?
민성: (냉큼 답하며) 지구!
동엽: 그렇지! 바로 그거야. 이제야 말이 통하네. 그래서 말인데 우리도 [illegible]
맨이 돼서 UFO 측, 외계인한테서 지구를 지켜야 돼. 그러기 위해서는 [illegible]
되어야 하고.
민성: 영웅?

해설: 동엽이는 고개만 끄덕거렸다.

동엽: 일단 우리 셋은 자동으로 에스퍼맨 대원이 됐어. 나머지 대원은 모집 할 [illegible]

해설: 나오는 건 한숨뿐이었다. 휴! 갑자기 머릿속도 우그렁쭈그렁하는 소리로 [illegible]
같았다. (사이) 다음 날 아침 학교조회 시간이었다.

선생님: 우리 학교가 혁신학교라는 건 여러분도 잘 알고 있죠? 여러분의 행복이 [illegible]
교라는 뜻이에요. (들뜬 목소리로) 학교에서는 여러분이 수업 말고 다른 [illegible]
롭게 할 수 있도록 적극 지원 할 거예요!

동엽: 선생님!
선생님: 응. 동엽이 말해 봐요.
동엽: 방금 선생님께서 저희 행복이 우선이라고 하셨잖아요. 그럼 저희가 방과 [illegible]
활동을 해도 되나요?

[illegible]

동엽: 자, 이걸 봐.
민성: 뭔데? 헉!
해설: 손바닥만 한 크기의 종이에는 [illegible] 글씨로 이렇게 쓰여 있었다.
'지구가 너를 필요로 해'
-쪽지 내용-
찾아오는 길은 약도를 참고하기 바람. ->그림으로 표현

자네! 영웅이 되지 않겠는가?	내 팔자
나주중앙초 소예림	나주중앙초 이주[illegible]
자네! 영웅이 되지 않겠는가? 자네에게 신비한 능력이 느껴지네 어서 어서 어서 들어오게나 자네는 특별한 아이라네 꼭 성공할 수 있을거야! 얼른 들어오게나 꼭 들어와 대원이 될 수 있어 용기를 내! 얼른 들어와 어서 들어와	내 친구 동엽이는 이상한 친구 아이고 아이고 내 팔자야 내 친구 동엽이에게는 요상한 일이 가득가득 지지리 운없는 내 팔자야

배고픈 작가들이 만든 낭독극 대본

며 틈틈이 시를 썼는데, 주인공의 입장에서 직접 시를 쓰기도 하고 주인공의 마음과 닿아 있는 시를 시집에서 찾기도 했다. 가장 좋은 시는 주인공의 경험과 비슷한 학생들의 삶을 시로 풀어낸 것이었다.

화가 났다.

- 나혜정

오빠랑
저녁에 배드민턴
이 정도면 4학년치고는
잘하는 건데
나에게만 못한다고 한다.
앞으로 치는 것도 못한다고 한다.
그래서 기분이 나빴다.
그래서 화가 났다.

오해를 푸는 방법

- 장유은

친구와 싸우면
오해를 풀어야 한다.

오해를 풀려면

일단 마음이 가라앉아야 한다.

그리고 친구의 마음을 이해해야 한다.

마지막으로 100% 솔직하게 말해야 한다.

오해를 풀면 다시 친구와 친해질 수 있을 것이다.

대본에 시가 더해지니 낭독극의 성격과 깊이가 달라졌다. 시를 낭독극에 넣는다는 것은 단순히 극을 풍성하게 한다는 것 이외에도 학생들의 삶을 작품과 연결한다는 의미가 있다. 책의 내용을 대사와 지문으로 옮겨 읽는 것에서 더 나아가 독자가 작품을 읽으며 느꼈던 생각과 감정 그리고 비슷한 경험들을 시를 통해 표현할 기회를 얻게 되는 것이다. 학생들의 삶이 더해지면서 낭독극이 원작과는 전혀 다른 성격의 창작물이 되는 것이다.

대본이 완성되고 학급 학생들에게 모두가 작은 역할이라도 나누어서 함께하면 좋겠다는 말을 전했다. 학생들은 회의를 통해 역할 낭독팀, 해설 낭독팀, 시 낭독팀, 무대 행동팀, 기술팀(프레젠테이션 및 조명 담당), 소품 및 미술팀, 음악팀으로 역할을 나누었다.

역할 낭독팀은 작품의 주요 배역을 희망과 오디션을 통해 학생들이 직접 선발했다. 해설 낭독팀은 해설과 지문을 담당했는데 한 사람이 모든 부분을 읽는 것이 아니라 막이 바뀔 때마다 두 명씩 교대로 역할을 맡았다. 시 낭독팀은 시를 썼던 학생이 읽는 것을 원칙으로 하되,

낭독극 공연을 하고 있는 모습

그 학생이 다른 팀을 희망할 경우 자원을 받아 낭독할 수 있도록 안내했다. 무대 행동팀은 자원하는 학생들 때문에 생기게 된 역할이다. 작품의 주요 장면에 간단한 동작들로 상황을 설명하는 역할을 맡았다. 기술과 악기 연주 등 음악팀은 학생들이 가진 재능을 활용할 수 있었고, 소품을 포함한 미술팀은 따로 두지 않고 모두가 함께 준비하기로 했다.

역할이 정해지고 난 뒤 교실에서 리허설을 진행했다. 터치를 통해 전원을 켜고 끌 수 있는 스탠드를 활용하면 인물 연기팀이 자신의 역할을 낭독할 때 관객들의 집중을 좀 더 쉽게 유도할 수 있다. 사실 무대에 극을 올리기 위해서는 조명, 음향, 동선 등 신경 써야 할 것들이 많다. 그러나 낭독극은 이러한 요소들을 필요한 만큼만 사용할 수 있다.

공연은 관객으로 완성된다. 낭독극도 공연이기 때문에 관객을 초대했다. 책을 함께 읽은 옆반 친구들과 다른 학년 친구들, 부모님과 선생님들까지 다양한 사람들을 낭독극에 초대할 수 있었다. 낭독극은 공연 자체로도 의미가 크지만 낭독극 티켓 판매를 통한 수익금으로 기부를 할 수도 있고 글을 읽기 힘들어하는 사람들을 위해 낭독 파일을 제작하는 등 또 다른 프로젝트와도 연결할 수 있다.

무대에 극을 올리던 날, 긴장한 모습의 서로를 응원하며 한마음으로 공연을 했다. 작품에 학생들의 삶을 담았기에 학생들은 작품이 아닌 자신들의 삶을 낭독하고 있었다. 공연을 해서가 아니라 우리가 함께 모여 이야기를 나누고 있는 그 시간이 정말 소중하게 느껴졌다. 책을 읽고 어떤 활동을 하는 것보다 그저 책을 읽는 기쁨을 모두가 함께 누리고 있었던 것이다.

무대가 아닌 교실에서도 낭독의 기쁨을 누릴 수 있다. 책을 읽을 때 역할을 나누고 이야기를 함께 읽다 보면 어느새 서로 깔깔거리며 함께 웃는 모습을 발견할 수 있다. 책을 함께 읽는 모든 순간이 낭독극이 되는 것이다.

책을 함께 읽는 것은 즐겁다. 나에게 책은 학생들과 함께 놀며 소통하는 도구이다. 그 기쁨을 위해 오늘도 책을 학생들과 함께 읽는다.

06

규칙과 약속, 배려를 위한 연극 놀이

교육연극 활동은 혼자서 할 수 없다. 1인극조차도 관객이 필요하다. 그래서 여러 사람과 함께 생각을 정리하고 이를 표현하기 위해 소통을 해야 한다. 그래서 교육연극 활동을 하기 전에 해야 하는 일이 있다. 약속과 규칙에 대한 신뢰 그리고 배려의 습관을 몸으로 익히는 것이다.

'말로 해서 이해하면 아이들이 아닙니다.'

위의 말은 잘못 이해하면 체벌의 필요성을 말하는 것 같지만 진짜 의미는 '겪어봐야 안다'는 것이다. 어린이들은 경험을 통해 배운다. 손과 발의 감각을 통해 받아들인 자극이 있어야 비로소 머리로 이해가 된다. 그래서 학생들과 지속적으로 놀이를 한다.

'아이들은 원래 잘 노는 거 아니야?'라고 생각할지도 모르겠다. 그러나 제대로 놀기란 상당히 어렵다. 어린이들이 노는 모습을 자세히 들여다 보면 놀이의 끝이 다툼으로 연결되는 경우를 자주 볼 수 있다.

제대로 놀이를 하려면 먼저 '약속과 규칙'에 대한 모두의 신뢰가 있어야 한다. 술래가 잡았는데 잡히지 않았다고 큰 소리로 우기고 도망가면 놀이가 지속되기 어렵다. 24명이 한 공간에서 놀이를 하는데 모두가 놀이의 규칙을 잘 지킨다는 것은 그 자체만으로도 대단한 일인 것이다.

그다음으로 중요한 것이 '배려'다. '약속과 규칙'에 대한 신뢰만을 가지고 놀이를 한다면 이는 공정한 스포츠 경기에 지나지 않는다. 그런데 놀이를 하려고 준비하다 보면 모인 사람의 숫자가 홀수가 되기도 하고 운동 능력이 전혀 다른 구성원들이 모이기도 한다. 그럴 때 '배려'라는 항목이 필요하다. 놀이의 목적이 '이기고 지는 것'에 있는 것이 아니라 '함께 즐기기 위해서', '재미를 위해서' 한다는 생각에 깍두기를 만들기도 하고 어떤 친구들에게는 예외의 규칙을 두기도 한다.

이처럼 제대로 놀기 위해서는 규칙과 약속 그리고 배려가 필요하다. 이를 뒤집어서 생각하면 규칙과 약속 그리고 배려가 학급에서 얼마나 이루어지는지는 놀이를 통해 가장 정확하게 알 수 있다. 김주연 교수는《생각이 터지는 교실 드라마》에서 교육 놀이를 학급 구성원의 자율성을 측정하는 리트머스 종이라고 했다. 또 놀이를 하며 위의 가치들에 대해 학생들과 이야기를 나누고 함께 성장하는 기회를 가져볼 수도 있다.

'Book극곰(책과 교육연극을 고민하는 교사 모임으로 전국에 있는 교사들이 한 달에 한 번 모여 천천히 깊게 읽기 수업 및 책과 연계한 교육연극 수업을 연구하고 있다)'에서 나와 함께 책과 교육연극을 연구하고 있는 양승복 선생님께서 소개해 주신 몇 가지 활동을 소개한다.

계단박수

계단을 오르내리는 것처럼 숫자를 다르게 하며 박수를 치는 간단한 활동이다. 2층 박수면 '짝(1층), 짝짝(2층), 짝(1층)' 형식으로 박수를 치면 되고, 3층 박수면 '짝(1층), 짝짝(2층), 짝짝짝(3층), 짝짝(2층), 짝(1층)' 형식으로 치면 된다. 3층까지 올라갔다가 내려오고 성공하면 5층에 도전해 보고 또 성공하면 7층까지 올라갔다가 다시 박수를 치고 내려온다. 학급 전체 학생들이 마지막 박수를 치는 순간 느끼는 묘한 뿌듯함은 함께 노력해서 성공했다는 기쁨의 모습이다. 이 활동의 목표는 작은 것이라도 함께 노력해 성공하고 같이 기뻐하는 경험을 갖게 하는 것에 있다.

생일 순서대로 원형 만들기

드라마 리더(교사)를 중심으로 생일 순서가 1월에 가까운 사람이 왼쪽에 12월에 가까운 사람이 오른쪽에 원을 만들어 선다. 생일 대신 전화번호 뒷자리를 기준으로 하기도 하고 집의 주소로도 하는데 보통 모둠이나 팀을 만들 때 사용한다. 초등학교 단계의 학생들에게 생일은 상당히 중요한 의미가 있기 때문에 생일을 기준으로 자리를 잡으면 서로의 정보도 알게 되고 규칙에 맞추어 함께 움직이는 경험을 할 수 있다. 끝나고 각자 생일을 이야기하며 공동의 목표를 이루었음을 함께 느끼는 것 역시 중요하다.

손목 풀기(고리 풀기)

한 손을 다른 손 위에 올려 X자를 만들고 서로의 손을 맞잡은 뒤 엉켜 있는 손을 푸는 놀이다. 이때 주의할 점은 한 사람이 왼손 위에 오른손을 올려 X자를 만들면 다른 사람들도 모두 똑같이 왼손 위에 오른손을 올려야 한다는 것이다. 즉 모두가 같은 방향으로 손을 엇갈려 잡아야 마지막에 전체 손을 풀 수 있다. 이 놀이는 2명부터 24명 혹은 그 이상의 인원이 모두 함께해 볼 수 있다. 힌트를 주지 않아도 학생들은 스스로 해낼 수 있다.

"지금부터 선생님과 놀이 활동을 진행해 볼 거예요. 올해 우리 아주 많이 놀아볼 건데 잘 놀려면 놀큐(Q)라는 게 필요해요. IQ라는 말 들어봤어요? 놀큐는 잘 놀 수 있는 능력이라는 뜻이에요. 우리 반 놀큐가 높으면 더 재미있고 깊이 있는 놀이들을 선생님과 나눌 수 있어요. 오늘 그 놀큐가 얼마나 되는지 살펴봅시다!"

2명씩 손을 엇갈려 잡고 여러 방법으로 손을 풀어본다. 그 뒤에는 4명씩 그다음에는 8명씩 이렇게 점차 참여하는 단위를 늘려나간다. 먼저 성공한 팀은 다른 방법으로도 창의적으로 시도할 수 있게 안내한다. 문제를 해결하는 데 시간이 필요하지만 이를 위해 서로 이야기를 나누고 몸으로 시도해 보는 활동을 통해 학생들의 놀큐가 올라가는 모습을 볼 수 있다.

마지막에는 학급 전체가 함께 엇갈려 잡은 손을 풀어본다. 이미 팀 단위로 손을 풀어본 경험이 있기 때문에 어렵지 않게 손을 풀 수 있다.

"지금 친구들의 표정을 돌아봐. 어떠니?"

"모두 웃고 있어요."

"우리 모두 함께 노력해서 문제를 해결했기 때문에 기분이 좋은 거야! 이 마음으로 1년을 살자!"

이 활동의 목표 역시 '작은 성공의 경험'이었다. 물론 처음에는 손이 아프다고 손을 빼는 학생들도 보였다. 그러나 조금씩 자신이 노력하지 않으면 구성원 전체가 성공의 경험을 맛볼 수 없음을 깨닫고 모두가 적극적으로 참여하게 되었다.

1층 없이 2층과 3층을 짓지 못한다. 깊이 있고 의미 있는 활동은 작은 활동의 성공적 경험에서 출발한다. 이 작은 경험들이 쌓이며 학생들은 성장한다.

○○꽃이 피었습니다

타블로 기법, 정지 동작을 자연스럽게 익힐 수 있는 놀이로 '무궁화 꽃이 피었습니다' 놀이를 응용한 활동이다.

술래가 반대편 벽에서 "연필 꽃이 피었습니다."라고 말하면 나머지 학생들은 출발선에서부터 움직이다가 연필이 되어 정지 모습을 나타내거나 연필을 사용하는 모습을 표현하면 된다. 이 놀이가 익숙해지면 이번에는 서술어를 바꾸는 것으로 놀이를 변형하는데 술래가 "무궁화 꽃이 축구합니다"와 같이 말하면 나머지 학생들은 축구공이 되어 정지 모습을 나타내거나 축구하는 모습을 표현하면 된다. 이 활동을 통해 학생들은 신체를 활용하여 사물과 생각을 정지 동작으로 표현하는 방법을 자연스럽게 익힐 수 있다.

배려와 웃음이 함께하는 다른그림찾기

여덟에서 열두 명 정도의 학생들을 두 팀으로 나눈 뒤 서로 마주 보고 서서 짝을 자세히 관찰하게 한다. 그리고 한쪽 팀은 눈을 감고 뒤를 돌아보고, 다른 한쪽 팀은 자신의 모습 중에 머리 스타일, 옷 모양, 양말 신고 벗기, 액세서리 등 세 군데를 바꾼다. 모두 바꾸고 나면 눈을 감았던 학생들이 뒤를 돌아 상대방이 달라진 곳을 찾는다. 세 가지 달라진 곳을 모두 찾은 사람은 짝과 함께 자리에 앉는다.

이 활동을 통해 학생들은 관찰력을 기를 수 있다. 그런데 여기서 같은 사람에게 문제를 여러 번 내게 하면 어떤 변화가 생길까? 같은 학생들에게 세 군데를 또 바꿔서 문제를 내게 하는 것이다. 이때는 첫 번째 했던 곳과는 다른 곳을 바꿔야 한다.

짝과 두 번째 활동을 마친 뒤에 나는 학생들에게 역할을 바꾸지 않고 한 번 더 문제를 낼 수 있도록 안내했다. 같은 활동을 세 번 하게 되었던 것이다. 이렇게 하면 처음에는 짝이 달라진 부분을 찾을 수 없도록 어려운 곳을 바꾸던 학생들이 점점 더 과감해지기 시작한다. 한 학생은 윗도리를 바지에 넣어 배바지를 만들고 2대 8 가르마로 머리 스타일을 크게 바꿨다. 친구들이 달라진 곳을 찾지 못하도록 숨겨놓는 것이 아니라 쉽게 찾을 수 있도록 안내하고 상대방이 웃을 수 있도록 문제를 내기 시작했던 것이다.

달라진 곳을 찾아야 하는 학생들은 감고 있던 눈을 뜨자마자 웃음이 빵 터졌다. 문제를 내는 학생은 친구에게 웃음을 주는 일을 할 수 있게 된 것이다. 학생들은 터져 나오는 웃음을 가라앉히고 미소를 띠며 달라진 곳을 찾기 시작했다.

이 활동의 진짜 목적은 달라진 모습을 잘 찾게 하여 관찰력을 키우는 것이 아니라 상대방에게 즐거움을 줄 수 있도록 과감하게 변화를 주는 것이었다. 학생들은 이 활동을 통해 신체를 활용한 표현의 즐거움을 알게 되었고 결국 교육연극 활동이 서로를 생각하고 배려하며 함께 문제를 해결해 보는 과정이라는 것을 경험할 수 있었다. 또한 웃음을 주기 위해서 과감한 변화를 주는 행동을 통해 신체 표현에 대한 두려움도 상당히 극복할 수 있었다.

무엇보다 학급의 분위기가 서로를 비난하거나 책임을 전가하는 것에서 서로에게 웃음을 주기 위해서 노력하는 모습으로 변화하는 것을 느낄 수 있었다. 다른그림찾기 활동을 하며 학생들은 결과나 목표보다 더 중요한 가치를 깨닫게 된 것이다. 곁에 있는 사람을 항상 우선순위에 둔다면 결과물은 자연스럽게 따라온다.

"선생님, 오늘 책 수업 있어요?"

선생님과 학생 모두가 손꼽아 기다렸던 수업!

교과서 대신에 책 한 권을
학생들과 천천히, 그리고 깊게 나누기

일곱

천천히 깊게 읽기 수업을 위한 모든 것

01

함께 읽을 책 선정하기

아르헨티나의 국립도서관장이자 소설가인 호르헤 루이스 보르헤스는 인터뷰에서 다음과 같은 말을 남겼다.

"난 의무적인 독서는 잘못된 거라고 생각해요. 의무적인 독서보다는 차라리 의무적인 사랑이나 의무적인 행복에 대해 얘기하는 게 나을 거예요. 우리는 즐거움을 위해 책을 읽어야 해요."

학생들과 함께 책을 읽어봐야겠다고 결심한 대단한 당신! 이제 책을 골라야 한다. 그런데 책을 고르며 혹시 '학생들에게 밝고 건강한 이야기들을 들려주어야 해!', '이 책은 너무 어두운 것 같아. 그래도 같이 읽으려면 해피엔딩이면 좋을 것 같아.'라는 생각을 하고 있지 않는가? 또는 독서 전문가들이 추천해 준 검증된 목록 가운데에서 학급 학생들이 좋아할 만한 이야기를 찾고 있지는 않는가?

나도 처음엔 그런 생각을 가지고 있었다. 그런데 학생을 가르치는 교사가 아니라 어린이들과 함께 책을 읽는 동료 독자가 되면서부터 이러한 생각이 달라지기 시작했다. 어린이들이 평생 책을 읽는 건강한 독자가 되기를 원한다면 우리는 도대체 어떤 책을 어린이들 손에 건네주어야 할까?

> "나, 괜히 동식이 키웠나 봐. 2차 탈피를 하면 또 어떻게 변할지 모르잖아. 키울 자신이 없어. 홀로그램 가게에서 산 5톨짜리 먹이를 먹여서 그런가봐."
>
> 나나의 말에 에세는 소름이 쫙 돋았다.
>
> 나나가 훌쩍거리면서 말했다.
>
> "그냥 버릴까? 그러면 안 되겠지? 너무 나쁜 짓이지?"
>
> "같이 가줄게."
>
> **-《운동장의 등뼈》 중에서**

우미옥 작가의 작품집 《운동장의 등뼈》에 수록된 단편 〈동식이 사육키트〉에는 에세와 친구 나나가 등장한다. 에세는 엄마 몰래 동식이라는 유전자 조작 애완생물을 구입해 키우게 된다. 그런데 어느 날 친구 나나가 에세에게 고민을 털어놓는다. 나나의 동식이가 싼 먹이를 먹고 이상하게 성장해 버린 것이다. 나나의 고민을 듣고 있던 에세는 순간 등골이 오싹해 지는데, 에세 역시 정식 먹이가 아닌 비매품 먹이를 동식이에게 주었기 때문이었다. 이 작품에는 생명의 무게 앞에 처음 책임이라는 문제를 만난 어린이들의 모습이 생생하게 나타나 있다.

성인 독자들이 책을 통해 위로를 받고 즐거움을 누리는 것처럼 어린이들도 이야기를 통해 공감을 얻고 힘을 얻으며 즐거움을 누려야 할 권리가 있다. 생각해 보면《플란다스의 개》,《성냥팔이 소녀》처럼 우리가 어릴 때 보거나 읽었던 만화영화나 이야기들도 슬픈 결말로 이어지는 경우가 많았다. 그래서 나는 지나치게 교훈적인 이야기를 어린이들에게 권하지 않는다. 어린이들이 공감할 수 있는 건강한 이야기, 어린이들이 건강하게 실패하는 이야기를 언제나 찾아서 소개한다. 세상을 살아가며 성공하는 순간보다는 실패하는 순간이 더 많기 때문이다.

"괜찮아, 실수할 수 있어. 실패할 수 있어. 다른 많은 사람들도 실패해. 그렇다고 해서 네가 실패하는 것은 아니야. 하지만 나도 그땐 정말 괴로웠어."

나는 어린이들이 편안한 위로와 공감을 받을 수 있는 공간, 살면서 즐거움과 힘이 되어줄 수 있는 작품을 찾아서 더 소개하고 나누고 싶다. 여기서는 개인적인 경험과 연구를 바탕으로 어린이들에게 소개할 책을 선정하는 기준을 몇 가지 소개해 보려 한다. 이 기준이 절대적인 기준이 될 수는 없으나 어린이들과 책을 함께 나누려는 모든 사람들에게 좋은 길잡이가 되면 좋겠다.

하나, 주인공에게 애정을 갖게 할 수 있는 작품이 좋다.

책을 읽는 어린이의 나이가 열 살이면 열 살 어린이가 등장하는 작품처럼 주인공과 나이가 같거나 어린이들이 쉽게 공감할 수 있는 상황이 나와 있는 작품을 선정하면 좋다. 어린이들은 작품 속 인물들과 자신들에게 공통점이 있다는 사실만으로도 쉽게 마음을 연다. 이러한 주인공에 대한 애정은 작품에 대한 애정으로 이어진다.

둘, 쉬운 우리말로 쓰인 작품이 좋다.

어려운 한자말이나 번역체가 아닌 우리말로 쓰인 작품 중에 학년 수준에 맞는 어휘가 담긴 작품을 선정하면 좋다. 정유정 작가의《내 인생의 스프링캠프》를 읽고 정말 많은 감동을 받아 6학년 학생들과 나누려 했던 적이 있다. 그러나 아무리 좋은 메시지를 가지고 있는 작품이라 하더라도 학생들의 어휘 수준에 맞지 않는다면 그 작품은 학생들에게 고문으로 다가올 것이다. 그렇다면 내가 선택한 작품이 어린이들의 어휘 수준에 맞는 책인지 아닌지는 어떻게 알 수 있을까? 어린이가 소리 내어 글을 읽을 때 큰 어려움 없이 읽을 수 있는 작품인지 살펴보면 된다.

셋, 교훈적이거나 억지로 가르치려고 하는 학습 동화가 아닌 교사가 읽어도 재미있는 작품이 좋다.

읽기의 발달 과정을 고려해 볼 때 '책 읽는 즐거움'이라는 정의적 요소는 정말 중요하다. 또한 천천히 깊게 읽기 수업을 진행하면서 '재미'라는 요소는 수업을 이끌어가는 큰 동력이 된다. 그런데 재미있는 책인지 그렇지 않은 책인지 어떻게 알 수 있을까?

답은 여러분이 이미 알고 있다. 직접 읽어보면 된다. 교육연극에서는 교사가 하는 몸짓, 말의 크기와 높낮이, 눈빛 등 비언어적 표현들이 하나의 기호로서 학생들에게 전달된다고 이야기한다. 국어는 의무적으로 가르치지만 음악은 정말 사랑하는 교사가 있다고 생각해 보자. 국어 시간이 되면 이 교사는 건조하고 마땅히 해야만 하는 목소리로 "국어책 펴세요!"라는 말을 하게 될 것이다. 반면 음악 시간에는 어떨까? 기쁘고 흥분된 목소리로 "빨리 음악책 꺼내봐! 함께 나눌 신나는 음악이 있어!"라는 말을 하게 될 것이다. 보통 국가수준교육과정에 1년 동안 국어 시간이 200시간 정도 배정되어 있고 음악 시간이 30시간 정도 배정되어 있다고 생각하면 이 학급의 학생들은 국어 시간과 음악 시간에 어떻게 다른 에너지를 받을까?

어린이책 역시 마찬가지다. 교사가 재미있게 읽은 책을 소개하면 그 에너지가 그대로 학생들에게 전달된다. "이 책 한 번 읽어봐. 진짜 재밌어. 읽어보고 함께 이야기하자."라는 말 한마디는 학생들에게 책 읽기의 큰 동기가 되어준다.

넷, 어린이들의 언어로 쓰여 있고 요즘 어린이들의 삶이 담긴 작품이 좋다.

삶의 지혜가 담긴 고전 작품도 좋지만 나는 개인적으로 최근에 나온 작품들을 좋아한다. 그 까닭은 요즘 어린이들의 삶을 조금이라도 더 담고 있기 때문이다.

"하아."

연수는 고개를 숙인 채 깊은 숨을 내쉬었다.

연수의 주머니 속에서 아이들이 여전히 시끄럽게 떠들고 있었다.

-《제후의 선택》 중에서

김태호 작가의 작품집《제후의 선택》에 수록된 단편 〈창 안의 아이들〉에는 휴대폰으로만 소통하는 어린이들이 등장한다. 일요일 저녁 개그 프로그램을 보던 어린이들은 이제 개인방송을 자신이 원하는 시간에 골라보기 시작했다. 이처럼 사회는 빠르게 변해 간다. 그리고 그에 따라 우리가 당연하게 여기던 생각이 달라지기도 하고 기존에 없던 새로운 가치들이 생겨나기도 한다.

그동안 학생들과 나누었던 수업을 정리하며 예전에는 탐스런 사과로 다가왔던 몇 작품들을 돌아보게 되었다. 분명 다시 읽어도 좋은 메시지가 담긴 작품이었고 학생들과 나눌 이야기도 가득했지만 군데군데 보이는 흠집들은 나를 불편하게 했다.

몇 년 전 2학년 학생들과 천천히 깊게 읽었던 한윤섭 작가의《짜장면 로켓 발사》에서 주인공 성호는 돌아가신 할아버지의 다락방에서 설계도를 발견한다. 이 설계도는 풍선로켓을 아프리카까지 날릴 수 있는 로켓 발사대를 위한 것이었다. 아홉 살인 성호가 풍선로켓 발사대를 혼자 힘으로 만들 수 없었기에 성호는 가족들에게 도움을 구한다.

삼촌은 카센터에서 일하는 용접공으로 로켓 발사대의 골격을 만들어주었다. 또 프로그래머인 아빠는 로켓 발사대의 프로그램을 만들어서 입력해 준다. 정말 멋진 능력들을 가진 가족이다. 딱 한 명만 빼면 그렇다는 이야기이다. 엄마 또한 성호를 도와주는데 그것은 바로 이 능력이다.

> '엄마는 성호에게 약속대로 하루에 몇 번씩 간식을 가져다주었습니다.'
>
> **–《짜장면 로켓 발사》 중에서**

아빠와 삼촌은 모두 21세기에 살고 있는데 왜 엄마만 유독 19세기에 머물며 아들에게 간식을 만들어주고 있는 것일까 하는 의문이 계속 머리에 맴돌며 나를 불편하게 했다. 나만 예민한 것일까? 엄마에게도 요즘 시대에 맞는 멋진 능력을 주어도 좋지 않았을까?

예전에 옳다고 믿었던 생각들은 시간이 흐르면서 바뀌기도 하고 이전에는 불편하다고 생각하지 못했던 행위나 언어들이 오늘 이 시간에는 우리에게 불편하게 다가오기도 한다. 그런 의미에서 우리와 미래의 시간을 공유할 어린이들에게는 '오늘 이 시간의 생각들'이 담긴 작품이 필요하다고 생각한다.

'따로 국밥인 내 마음'

'풀뿌리 우정'

위에 있는 표현들은 2001년에 출판되어 많은 사랑을 받았던 한 작품의 목차 중 일부이다. 20년의 시간이 흐른 지금, 어린이들은 이런 표현에 쉽게 공감할 수 있을까? 어린이들은 항상 새로운 이야기를 기다린다. 새로운 이야기가 무조건 좋다는 것이 아니다. 새로운 이야기도 끊임없이 읽고 안내할 수 있어야 한다는 것이다. 시대를 초월한 좋은 책이라는 변명으로는 교사의 게으름을 감출 수 없다.

최근 교육청 독서교육연수에서 이런 질문을 하나 받았다.

"전문가들이나 여러 선생님들에게 검증된 책을 가지고 학생들과 수업을 하는 것과 선생님처럼 비교적 최근에 출간된 책을 가지고 수업을 하는 것은 어떤 차이가 있을까요?"

전문가라는 말에 대해서 생각해 보자. 학급 학생들의 흥미와 상황, 어휘 수준을 가장 정확하게 알고 있는 사람은 누구일까? 책 한 권이 과연 학생들과 나눌 만한 것인지에 대한 검증을 꼭 외부에 있는 다수의 사람들에게 받아야 하는가? 자기 결정에 확신이 필요하다면 또 다른 전문가인 동료 교사들과 함께 읽는 것으로 충분하다고 생각한다. 학생들에게는 교사가 가장 훌륭한 전문가다. 어린이들에게는 함께하고 있는 양육자가 가장 훌륭한 전문가다.

새로 나온 좋은 책을 자꾸 구입해 줄수록 우리 어린이들이 읽을 수 있는 좋은 책이 더 많이 출간될 수 있다. 그래서 새로 나온 좋은 책을 발견하고 함께 읽는 것은 공익적 성격마저 가진다. 그래서 '책가방'이라는 운동을 시작했다. 책가방은 '어린이책이 가득한 방'의 줄임말이다. 어린이와 함께하고 있는 사람들이 어린이책을 함께 읽으면 좋겠다는 생각에서 새로 나온 좋은 책을 소개하고 함께 나누는 플랫폼을 만든 것이다. 어린이책을 모두가 함께 읽으면 좋겠다. 그리고 그 기쁨을 어린이들과 더 많이 나누면 좋겠다.

다섯, 어린이들의 상상력을 자극할 수 있는 다양한 작품들을 안내해 주면 좋다.

영화《인사이드 아웃》에는 라일리의 어릴 적 상상 친구 빙봉이 등장한다. 2학년 학생들에게 어느 날 상상 친구의 존재에 대해서 진지하게 물어본 적이 있다.

"혹시 여러분에게 상상 친구가 있나요? 상상 친구는 다른 사람 눈에는 보이지 않는데 여러분 이야기를 들어주고 함께 놀아주는 친구를 말해요. 있다면 조용히 손을 들어줄래요?"

영화적 설정이라고 생각했던 상상 친구의 존재는 24명의 학생들 가운데 16명의 학생이 손을 들며 증명되었다. 이렇게 상상력이 풍부한 어린이들은 현실과 환상을 쉽게 넘나들 수 있다. 그래서 상상력을 자극하는 다양한 작품들을 읽으며 마음껏 뛰어놀 수 있는 것이다. 다른 사람의 상처를 볼 수 있는 열쇠를 가지게 되는《정의의 악플러》(김혜영 지음), 시간을 넘어 편지를 주고받는 《우주로 가는 계단》(전수경 지음) 같은 이야기들을 읽으며 어린이들은 세상을 다른 방향에서 바라볼 수 있는 멋진 시민으로 자라난다.

교훈을 전하는 해피엔딩에서 벗어나 어린이들에게 자유롭게 상상할 수 있는 기회를 주자. 창의적이고 독특한 시선을 가진 미래의 멋진 시민들과 함께 살아갈 사람들은 바로 우리들이기 때문이다.

02

교육과정 재구성하기

책과 함께 떠나는 여행! 이제 본격으로 여행 계획서를 작성해 볼 시간이다. 사실 독서 단원에 제시된 8~10차시를 단독으로만 활용한다면 여행 계획서를 만드는 것이 크게 어렵지 않을 것이다. 그런데 조금 더 욕심을 내어 많은 시간 동안 학생들과 책을 천천히 깊게 읽고 싶다면 학년 교육과정을 재구성하여 수업 계획을 수립해야 한다.

문학 작품 한 권을 교육과정과 연결하면 국어과 성취기준을 달성할 수 있을 뿐만 아니라 읽기 후 활동(샛길 새기)으로 사회, 음악, 체육, 미술 등 다른 여러 교과의 활동도 함께 나눌 수 있다. 책 한 권이 배움을 연결하는 주제중심통합 책이 되는 것이다.

학년 교육과정 재구성을 통해 책 수업 계획을 수립할 때에는 작품을 선정하고 학생들과 나누고 싶은 활동을 먼저 탐색한 후에 성취기

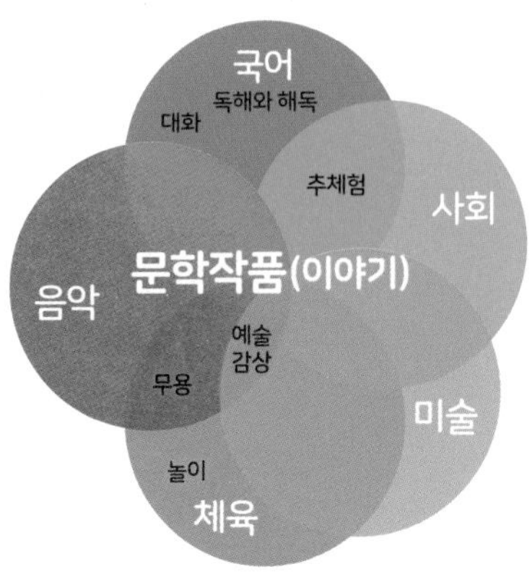

준을 연결하는 것을 권한다. 물론 책을 중심으로 통합교육과정을 정교하게 만들기 위해서는 모든 성취기준들을 분석하고 해체해서 재배열하는 과정을 거쳐야 할 것이다. 그러나 처음부터 성취기준에 얽매이면 책 수업 계획은 읽기의 본래 목적을 잃어버리고 교육과정을 달성하기 위한 도구로만 존재하게 된다. 그렇게 되면 굳이 교과서 대신 책을 함께 읽을 까닭이 사라진다. 그래서 나는 단원 수준의 재구성을 제안한다. 크게 힘을 들이지 않고도 의미 있는 수업을 쉽게 계획할 수 있기 때문이다.

단원 수준의 재구성 방법은 국어의 각 단원을 이루고 있는 성취기준을 분석하여 문학 작품으로 달성할 수 있는 성취기준은 천천히 깊게 읽기 수업과 연결해 책을 읽을 수 있는 시간을 확보하고, 교과서로 달성할 수 있는 성취기준은 억지로 연결하지 않고 그대로 교과서로 학습하는 것을 의미한다. 예를 들어 국어 1, 3, 5, 7단원이 문학 관련 성취기준으로 이루어져 있어 문학 작품으로 성취기준을 달성할 수 있다면 이 단원은 문학 작품으로 수업을 진행하고, 2, 4, 6, 8은 교과서로 나머지 성취기준을 달성하게 된다.

지금부터는 단원 수준의 재구성을 통해 책 수업 계획이 완성되는 과정을 4학년 학생들과 나누었던 《칠판에 딱 붙은 아이들》의 사례로 소개한다.

먼저 수업 계획을 만들기 전에 꼭 해야 하는 일이 있다. 수업의 주제를 정하는 일이다. 교사가 선정한 책을 통해 학생들과 나눌 이야기가 무엇인지 먼저 수업의 목적을 세워야 하는 것이다. 주제를 정하면 수업의 방향이 보인다. 또 흥미 위주의 활동들 속에서 중심을 잡고 학생들과 책을 나눌 수 있다. 나는 《칠판에 딱 붙은 아이들》의 수업 주제를 '벽 너머의 이야기에 귀 기울이기'로 정했다.

주제를 정하고 나면 책을 다시 읽으며 한 차시에 얼마 정도의 분량을 학생들과 함께 읽을지 고민하고 쪽수를 나눈다. 이때 보통 책에 나누어져 있는 장을 중심으로 나눌 수도 있고 중요한 장면 단위로 분량을 나눌 수도 있는데 교사의 수업 의도에 따라 어떤 차시에서는 적은 분량을 깊게 살펴볼 수도 있고 어떤 차시는 서사 중심으로 빠르게 읽어나갈 수도 있다.

쪽수를 나누고 몇 차시로 수업을 진행할 것인지 결정했다면 차시별로 어떤 활동을 할지 구상한다. 그 활동은 읽기 전략과 관련된 활동일 수도 있고 생길 새기와 관련된 활동일 수도 있다. 책을 처음 읽으며 메모했던 활동들을 차시에 맞게 배치하고 책의 주제에 따라 선별하여 다시 연결한다. 이때 주제와의 연관성을 고려하여 핵심 활동을 선정하면 시간적 여유가 없어 모든 활동을 다루지 못할 경우에 큰 도움이 된다.

여기까지 완성했다면 훌륭한 독서 수업 계획이 나왔을 것이다. 이제 이 수업 계획을 교육과정과 연결해야 할 차례가 왔다. 국어 및 여러 과목의 성취기준을 살펴보며 작품과 연계해서 수업할 수 있는 단원 또는 차시를 찾고 수업 계획과 연결한다. 독서 단원 8~10차시는 교사가 자유롭게 사용할 수 있는 시간이며 문학 관련 성취기준을 바탕으로 하는 단원 2개를 연계하면 16~18차시를 더 확보할 수 있다. 책을 읽으며 체육 시간에 놀이와 무용을 하고 음악 시간에 노래를 부르고 미술 시간에 예술 작품을 만든다면 40~50차시는 가볍게 확보할 수 있다.

지금까지 단원 수준의 교육과정 재구성을 통해 책 수업 계획이 완성되는 과정을 안내했다. 그러나 이러한 재구성이 무조건 즐거운 수업으로 연결되는 것은 아니다. 과도한 재구성은 오히려 학생들이 책과 멀어지는 결과를 낳을 수도 있다. 어떤 계획을 세우더라도 '책 읽는 즐거움'이라는 중심을 항상 고려해야 한다.

다음은 4학년 학생들과 함께 나누기 위해 완성했던《칠판에 딱 붙은 아이들》천천히 깊게 읽기 수업 계획서다.

《칠판에 딱 붙은 아이들》 수업 계획서

- **수업 주제** : 벽 너머의 이야기에 귀 기울이기
- **중심 활동** : 팩트 폭력에 맞서 상대방의 입장에서 생각해 보기, 오해 사연 베스트, 오해를 푸는 방법 나누기

차시	쪽수	책 내용	읽기 전략	활동 내용(샛길 새기)	관련 교과 및 단원
1	읽기 전 활동	책 내용 예상하기 • 표지 보고 모나미 활동하기 • 뉴욕에 간 가짜 예술가 활동하기	스키마 파악 및 배경지식 활성화	• 모나미 활동으로 낱말 정리하기 • 뉴욕에 간 가짜 예술가 활동 또는 고민 쪽지 익명으로 적어 고민함에 넣기	[독서단원] 읽기 전 활동
2 ~ 3	7~18	기웅, 민수, 동훈이의 손바닥이 칠판에 붙었다.	스키마 파악 및 배경지식 활성화	• 세 박자는 왜 세 박자일까? • 공통점 찾기 대회(공통점이 세 가지인 것 찾기)	[국어 4-1-5. 내가 만든 이야기] [독서단원]
4 ~ 5	19~31	반 친구들이 여러 가지 방법을 시도했지만 통하지 않았고 교장 선생님이 나타나 반 친구들을 데리고 나갔다.	이해 모니터, 요약하기	• 줄다리기(변형된 놀이로), 거인을 이겨라!	[국어 4-1-7. 사전은 내 친구] [독서단원]
5	32~44	민수, 기웅이의 부모님이 학교에 오셨다.	이해 모니터, 요약하기	• 민수, 동훈, 기웅이의 상황을 가족관계도로 정리하기	[국어 4-1-5. 내가 만든 이야기] [독서단원]
6 ~ 7	45~57	어른들이 와서 문제의 원인을 찾았지만 서로 변명만 늘어놓았다.	이해 모니터, 요약하기	• 세 박자처럼 칠판에 손 붙이기 • 교육연극 : 소시오그램	[국어 4-1-5. 내가 만든 이야기] [국어 4-1-10. 인물의 마음을 알아봐요]

8~9	58~67	반 친구들이 찾아와서 여러 가지 액체를 섞어서 해결하다가 놀아서 교실이 엉망이 되었다.	이해 모니터, 요약하기	나라면 어떻게 했을까? • 비눗방울 만들어 불기 • 컬링 놀이 하기	[국어 4-1-5. 내가 만든 이야기] [독서단원]
10~11	70~81	어른들이 한복 아줌마, 신부님, 스님, 박사님을 데려왔지만 성공하지 못했다.	질문에 답하고 질문 만들기	나라면 어떻게 했을까? • 모둠별로 정지 동작으로 나타내기(읽기 전에 활동) • 어른들이 시도한 방법 정리하기	[국어 4-1-5. 내가 만든 이야기] [국어 4-1-10. 인물의 마음을 알아봐요]
12~13	82~92	동훈이 엄마가 교실에서 인터뷰를 했다.	이해 모니터, 요약하기	• 인물 인터뷰하기, 모두가 역할을 하나씩 맡아 인물 기자회견하기(녹화하기) • 칠판에 손을 붙이고 서로 간식 먹여주기(천국에서의 식사)	[국어 4-1-10. 인물의 마음을 알아봐요] [창의적체험활동]
14~15	93~103	보건 선생님의 신고로 보건당국에서 나와서 조사를 하지만 아무것도 달라지지 않았다.	이해 모니터, 요약하기, 배경지식 활성화	• 아이들이 했던 방법과 어른들이 했던 방법 정리하기 • 교실 먼지 제거 대작전(걸레 까맣게 만들기)	[사회 4-1-3. 지역의 공공기관과 주민 참여] [독서단원]
16	104~115	세 박자 아이들이 자기 이야기를 서로에게 말해주었다.	이해 모니터, 요약하기	• 편견 소시오그램(긍정의 말로 할 것)후에 "나는 사실 OOO이야." 이야기하기	[독서단원]
17~18	116~123	세 박자 아이들이 서로 이야기를 통해 오해를 풀었다.	이해 모니터, 요약하기	• 오해 사연 베스트, 사연 해결하기	[국어 4-1-5. 내가 만든 이야기] [창의적체험활동]
19~20	124~130	기웅이 부모님의 손이 벽에 붙었다.	글의 구조 파악, 요약하기	• 핸드폰 하루 사용하지 않고 주변 사람들과 이야기 나눠보기 • 오해를 푸는 방법 편지로 쓰고 시로 만들기	[국어 4-1-10. 인물의 마음을 알아봐요] [창의적체험활동]

03

책 수업을 위해 가정으로 보내는 편지

수업 계획이 모두 완성되면 가정으로 편지를 보낸다. 편지를 보내는 목적은 크게 세 가지이다.

첫 번째는 학부모를 포함한 양육자들에게 교육과정 재구성과 앞으로 진행될 수업에 대한 안내를 하기 위해서이다. 교육과정을 재구성하여 수업을 진행하니 교과서를 모두 다루지 않을 수 있다는 사실을 근거를 들어 설명하는 것이다.

두 번째 목적은 가정에서의 격려와 지지를 받기 위함이다. 학급 학생들 중에는 책 한 권을 천천히 깊게 읽는 경험을 가지고 있는 학생도 있지만 그렇지 않은 학생도 많다. 새로운 것을 시도할 때는 비판보다는 격려와 지지가 필요하다. 가정에서 교사의 독서 수업에 대한 긍정적 반응을 경험한 학생들은 자신들의 학습 행위가 존중받고 있다는 느낌을 받는다. 그리고 이 느낌은 수업에 참여하는 태도로 연결된다. 그래서 나는 편지 이외에도 교육과정 설명회와 학년 초 개인 상담을 할 때 독서 수업에 대한 안내를 하는 등 다양한 방법으로 교육 활동에 대한 대화를 꼭 나눈다. 교사와 가정의 교육 가치관에 대한 소통은 많을수록 좋다.

마지막 목적은 책 구입에 대한 것이다. 한 학기 한 권 읽기가 현장에 적용되면서 학교 예산을 지원해 주는 곳도 있지만 그렇지 않은 곳도 많다. 나는 개인적으로 천천히 깊게 읽을 책은 '자기 책'이어야 한다고 생각한다. 그래야 책에 자기 생각을 적기도 하고 결말 부분을 묶어두고서 다양한 결말을 상상해 보기도 하는 등 다양한 방법으로 독서를 경험할 수 있기 때문이다.

책 구입을 안내하지만 미처 챙기지 못하는 가정을 위해 미리 학급 도서로 다섯에서 여섯 권 정도는 준비해 두면 좋다. 모두 책을 구입해 오더라도 학급 도서용 책은 필요하다. 책에 흥미를 가지게 된 학생들이 가정에 가져가서 읽다가 학교에 다시 가져오지 못하는 경우가 있기 때문이다. 또 형편이 어려운 학생들에게는 학급운영비나 학교복지예산을 활용해 준비해 주기도 한다.

학교에서 학생들에게 책을 사오게 하는 것은 부담일 수 있다. 따라서 교육청과 학교 차원에서 이 부담을 덜어줄 필요도 있다. 대부분의 시도 교육청들은 학교 본 회계 예산의 3%를 도서 구입비로 책정할 수 있도록 권고하고 있다. 학교에 따라 다르지만 평균 500만 원이 넘는 금액이다. 이 금액 중 일부를 한 학기 한 권 읽기를 위해 사용할 수 있다. 나주중앙초등학교에서는 꾸준히 1년마다 한 학년에 같은 책을 30권씩 한 학기 한 권 읽기용 도서로 구매해 주었다. 3년 동안 꾸준히 이렇게 구매하니 3개 학급이 돌아가며 3권을 1년 동안 읽을 수 있을 만큼의 도서가 구비되었다. 학년에 같은 책을 구매해 주는 것이 학교 예산을 살펴보았을 때 부담되는 금액은 아니다. 장기적 관점을 가지고 학교 교사들이 머리를 맞대어 학년마다 나눌 도서 리스트를 작성하고 책을 구입한다면 부담 없이 책 수업을 나눌 수 있는 학교 환경을 조성할 수 있을 것이다.

다음은 가정에 내가 보냈던 편지 내용이다. 이 편지를 읽고 24명 중에 22명의 가정에서 책을 준비해 주셨고, 적극적 격려와 지지를 받으며 천천히 깊게 읽기 수업을 할 수 있었다.

4학년 4반 학부모님들께 드리는 두 번째 편지

안녕하세요? 4학년 4반 담임 유새영입니다.

어린이들이 4학년이 된 지도 벌써 한 계절이 지났습니다. 4학년 열한 살 인생도 이제 초여름에 접어든 것입니다. 처음 서툴고 매일처럼 싸우던 어린이들도 조금씩 성장하며 서로를 이해하고 배려하는 모습을 보이고 있습니다. 가끔 다투기도 하지만, 자신의 생각과 다른 친구의 생각이 다를 수 있음을 이해하고 서로 존중하고 배려하며 평화로운 환경에서 성장할 수 있도록 노력하고 있습니다.

학부모님의 정성 덕분이라고 생각합니다.

이제 본격적으로 기초학습을 위한 활동들을 시작하려고 합니다. 저는 학급 학생들을 대상으로 책을 온전하고 깊게 읽는 '천천히 깊게 읽기 활동'을 5년 전부터 진행하고 있습니다. 학생들이 책과 글쓰기에 대해 관심을 갖고 책에 있는 어휘들을 깊고 정확하게 이해할 수 있도록 교육과정을 재구성하여 운영하고 있습니다.

교육부에서도 이러한 수업을 교육과정에 반영해 2015개정교육과정에 반영하였으며 2017년에는 한겨레신문에 제 수업이 소개되었고 지금은 '행복한 아침독서' 신문에 수업 이야기를 연재하고 있습니다.

저는 학생들이 책을 공부의 대상으로만 바라보지 않고 타인과 공감하고 소통할 수 있는 매개체로 활용했으면 합니다. 또 평생 곁에 두고 누리며 살아가는 친구가 되면 좋겠습니다.

다음 주 금요일(5월 24일)부터 시작하려고 합니다. 부탁드릴 것은 다음 주 금요일에 수업할 수 있도록 책을 준비해 주셨으면 합니다. 구입하셔도 좋고(정가 9,500원), 시립도서관에서 빌려도 됩니다. 학급문고로 8권을 신청했기 때문에 준비하기 어려우신 분은 저에게 알려주시면 제가 준비하겠습니다.

여러 사정으로 준비가 어려우신 분들께서는 저에게 문자로 알려주시면 제가 따로 준비해서 수업하겠습니다.

감사합니다. 담임 올림

04

주제에 초점을 맞춘 수업

책을 읽고 수업을 위해 활동 아이디어를 구상하다 보면 욕심이 생긴다. 학생들과 해보고 싶은 활동이 정말 많기 때문이다. 이것도 해볼 수 있을 것 같고 저것도 해볼 수 있을 것 같다. 하지만 이럴 때일수록 주제에 초점을 맞추고 수업을 진행해야 한다. 주제와 중심 활동을 세우지 않으면 수업 활동은 길을 잃게 된다.

《칠판에 딱 붙은 아이들》에서 민수, 기웅, 동훈이의 손이 칠판에 붙게 된 까닭은 무엇일까? 바로 오해와 소통의 부재였다. 서로를 향해 보이지 않는 벽이 생겼던 것이다. 그래서 이 책을 함께 읽으며 '벽 너머의 이야기에 귀 기울이기'에 대해 나누고 싶었다. 그리고 이러한 주제에 따라 작품 속 여러 인물의 입장에서 생각해 보는 활동과 오해를 푸는 방법을 함께 나누어보는 활동을 중심에 두고 수업을 계획했다.

책을 처음 함께 읽는 시간에 북마크를 하나씩 나누어주었다. 책 수업을 시작하며 북마크를 나누어주면 다음 시간에 "몇 쪽 펴세요!"라는 말을 하지 않아도 된다. 이 작은 물건이 뭐라고 학생들은 큰 기쁨을 표현한다. 책 수업이 끝나면 정성을 담아 다음 페이지에 꽂아두는 모습도 보인다.

샛길 새기 하나, 우리 반 세 박자 찾기!

책을 읽고 샛길로 새는 시간이 왔다. 작품에 등장하는 민수, 기웅, 동훈이는 학급에서 세 박자로 불린다. 학급에서 박씨가 이렇게 세 명밖에 없었기 때문이다. 그래서 우리 반 학생들과도 세 명에 해당하는 것을 찾아보았다. 이 활동은 우리 학급 구성원들의 공통점들을 찾아보기 위한 것이었는데 놀랍게도 우리 학급에도 박씨 성을 가진 학생이 딱 세 명 있었다.

샛길 새기 둘, 민수 아빠처럼!

세 박자의 손이 칠판에 붙자 학급 친구들은 간지럼을 태우기 시작한다. 세 박자가 장난을 하고 있다고 생각했기 때문이다. 그런데 이것으로 해결이 되지 않자, 부모님들이 하나 둘 학교로 찾아오게 되는데 가장 먼저 도착한 것은 민수네 가족이었다. 씨름 선수였던 민수 아빠는 힘으로 세 박자를 떼어내려고 시도한다. 하지만 세 박자는 꿈쩍도 하지 않았다.

이 장면을 함께 읽고 학생들과 민수 아빠의 상황을 재연하고 느껴보는 시간을 가졌다. 줄 반대편에 세 박자가 붙어 있다고 생각하고 힘을 써서 잡아당겨보는 경험을 한 것이다. 칠판에 붙어 있는 어린이들을 대신해 네 명의 학생이 반대편에서 줄을 고정시켜주었고 다른 학생들은 차례로 나와 민수 아빠처럼 줄을 잡아당겨 보았다.

학생들은 이러한 경험을 통해 점점 더 이야기에 빠져들었다. 직접 경험해 보지 않았지만 감각을 통해 작품 속 인물의 상황을 느껴볼 수 있었기 때문이다.

샛길 새기 셋, 세 박자처럼 칠판에 손을 붙여보기

세 박자는 칠판에 손이 붙은 채로 점심을 먹고 대소변도 해결한다. 이런 세 박자의 상황을 느껴보는 활동을 진행했다. 칠판에 손이 붙었다고 생각하고 3분간 버텨보는 것이다. 학생들은 정말 자신의 손이 붙은 것처럼 행동했다. 3분이라는 짧은 순간이지만 칠판에 손을 붙여두고 있으니 시간이 더디게 가는 느낌을 받았다고 말하는 학생도 있었다. 학생들에게 이 활동은 세 박자 어린이들이 얼마나 불편하고 두려운 상황이었는지 알 수 있는 기회가 되었다.

샛길 새기 넷, 시도한 방법 정리하고 비눗방울 불어보기

칠판 가게 사장님, 학교 건물을 시공한 정튼건설 관계자와 변호사, 구급대원들, 심지어 종교인들까지 와서 서로 책임만 떠넘기고 있을 때 세 박자와 같은 학급의 친구들은 갖가지 방법을 동원해 이 사태를 해결하려고 한다. 한나는 세제와 참기름을 이용해 세 친구를 도우려고 하는데 세제와 참기름 거품 때문에 난리가 난 교실이지만 어린이들은 이 순간에도 '즐거움'을 잃지 않았다.

작품 속에 등장하는 어른들의 모습에 대해 함께 이야기를 나누고 학급 친구들이 시도한 방법들을 정리했다. 그리고 비눗물을 만들어 함께 비눗방울을 불었다. 이야기 속의 친구들처럼 즐거움과 상상을 마음껏 누리게 하고 싶었기 때문이다.

샛길 새기 다섯, 천국에서의 식사

오해가 쌓여 눈도 마주치지 않던 세 박자 친구들이 발을 사용해 서로의 등을 긁어주기 시작한다. 혼자서 할 수 없는 일들이 자꾸 생겼기 때문이다. 이때 학생들에게 이런 질문을 했다.

"세 박자 친구들은 어떻게 밥을 먹었을까? 혼자서 밥을 먹을 수 있었을까?"

"누군가 먹여주었을 것 같아요."

"천국과 지옥이 혹시 존재한다면 사람들의 식사 장면은 어떻게 다를까? 우리가 천국에 사는 사람이라 생각하고 세 박자처럼 식사를 해

교실에서 함께한 천국에서의 식사

보자!"

언젠가 읽었던 우화 중에 '천국에서의 식사'라는 이야기가 있었다. 두 곳 모두를 다녀온 사람이 말하기를 천국과 지옥의 겉모습은 의외로 비슷했다고 한다. 단지 차이가 있다면 그곳에 사는 사람들이 식사 도구를 사용하는 방식이었다. 천국과 지옥에 있는 사람들은 똑같이 길이가 긴 젓가락을 가지고 있었다고 한다. 천국에 있는 사람들이 긴 젓가락을 사용해 음식을 서로에게 먹여주고 있는 동안 지옥에 있는 사람들은 그 긴 젓가락을 가지고 많은 음식을 혼자 먹으려고 하다가 아무것도 먹지 못했다고 한다.

벽 너머의 이야기에 귀를 기울이고 상대방을 배려하는 연습을 학생들과 함께하고 싶었다. 그래서 교실에서 천국에서의 식사를 나누었다. 긴 젓가락으로 음식을 서로에게 먹여주는 시간을 가진 것이다. 젓가락으로 다른 사람 입에 음식을 넣어준 경험이 있었을까? 학생들은 자기를 내려놓고 서로에게 집중하며 함께 간식을 먹는 모습을 보여주었다.

샛길 새기 여섯, 작품 속 인물들의 마음에 귀를 기울여 시 쓰기

학생들과 작품 속 인물들의 마음에 귀를 기울여보기 위해 교육연극을 통해 세 박자와 주변 인물들의 상황을 정지 동작으로 표현해 보는 수업을 진행했다. 그리고 각자 마음에 울림이 있는 인물 한 명을 선정한 뒤 그 인물의 입장에서 편지를 썼다. 그 편지에 있는 문장들을 엮어 함께 시로 표현해 보는 시간도 가졌다. 이렇게 학생들은 책 한 권을 통해서 자신과 다른 사람들의 마음을 이해하는 방법을 연습할 수 있었다.

샛길 새기 일곱, 오해를 푸는 방법

"그런 거였어?"

세 박자의 손은 서로에 대한 오해를 풀게 되면서 드디어 칠판에서 떨어지게 된다.

학생들과 오해를 했던 경험을 서로 나누고 투표를 통해서 베스트

사연을 뽑았다. '그럴 수도 있지', '내가 오해를 할 수도 있어'라는 생각은 다른 사람의 입장을 다시 한 번 헤아려보는 출발점이 된다. 학생들의 오해 사연에는 약속 시간에 연락이 되지 않았던 간단한 사연부터 '핫스팟과 데이터'라는 첨단 사연도 등장했다.

> "친구랑 약속을 했는데 약속 장소에 계속 오지 않아서 짜증 나서 울었다. 또 약속 장소에서는 전원이 꺼져 있었는데 집에 와서 충전을 하고 카톡을 봤더니 자기 언니 때문에 못 간다고 연락이 미리 와 있었다."
>
> "성수(쌍둥이 동생)가 핫스팟을 켜달라고 해서 내 데이터를 성수가 썼는데 데이터 다 쓴 것을 아빠가 알게 되어서 내가 혼났다. 억울하다."

오해 사연 베스트를 진행한 후에는 오해를 푸는 방법에 대해 이야기를 나누고 글을 썼다.

다시 처음으로 돌아가 보자. 《칠판에 딱 붙은 아이들》을 통해 내가 나누고 싶었던 주제는 '벽 너머의 이야기에 귀 기울이기'였다. 이 주제에 초점을 맞추고 모든 활동을 진행했던 것이다. 그리고 학생들이 쓴 글을 보며 내 수업의 주제가 학생들 마음에 와닿아 있었다는 것을 확인할 수 있었다.

오해를 푸는 방법

- 이민지

오해를 푸는 방법은
직접 만나 이야기 한다.
대충 말하고 끝내지 않는다.
진심을 담아 말한다.

그러면 오해가 대부분
풀린다.
하지만 풀리지 않으면
도움을 요청한다.

책 한 권을 읽으며 독해력을 향상시킬 수도 있고 다양한 교과와 연계해서 성취기준도 달성할 수 있다. 하지만 무엇 때문에 이 책을 학생들과 나누게 되었는지 그 목적을 반드시 생각하고 초점을 맞춰 수업을 이끌어나가야 한다. 책을 다 읽고 나서 학생들이 무엇을 얻게 되면 좋겠는지 생각해야 그 결과도 확인할 수 있는 것이다. 책에 나와 있는 텍스트를 가르칠 것인가? 메시지를 전할 것인가? 책 수업을 하며 우리는 항상 이 물음에 답을 해야 한다.

05

배움이 예술이 되는 수업

학교에서의 교육을 머릿속에 떠올려보자. 일정한 도달점을 학생들에게 안내하고 그 성취 결과를 평가하는 것을 생각해 볼 수 있다. 성취기준 중심의 교육과정 재구성이라는 말도, 과정중심평가라는 말도 결국 일정한 목표를 두고 학생들이 그 목표에 더 잘 도달할 수 있도록 돕는 것을 의미한다. 그러나 이것이 정말 교육이라고 할 수 있을까? 지금부터는 목표에 도달하는 결과의 교육이 아니라 삶의 경험을 확장하는 예술로서의 배움에 대한 경험을 나누려 한다.

4학년 학생들과 국어 교과서에 나오는 단편영화 〈오늘이〉를 보고 뒷이야기를 상상해 보는 시간을 갖게 되었다. 원천강에서 커다란 학 '야'와 함께 살던 오늘이는 침입자에 의해 홀로 외딴섬에 떨어지게 된다. 오늘이는 다시 원천강으로 돌아가기 위해 책 40만 권을 읽은 매일이와 머리 위로 비구름을 달고 다니는 구름이, 여의주를 아무리 모아도 용이 되지 못하는 이무기를 차례대로 만난다. 이때 이무기는 오늘이를 살리기 위해서 손에 쥐고 있던 여의주들을 모두 놓아버리며 용이 된다.

이 영화를 함께 보고 뒷이야기를 정지 장면으로 표현해 볼 수 있도록 했다. 대부분의 학생들은 행복을 찾고 싶어 책만 읽던 매일이와 비구름을 떨쳐낸 구름이가 마지막에 뽀뽀를 하는 장면을 보고 이 커플의 미래를 표현했다.

그런데 한 모둠의 발표는 남들과 달랐다. 용 한 마리가 하늘에 올라가서 신들에게 길을 묻는 것으로 발표가 시작된 것이다. 용이 된 이무기는 신들에게 이렇게 물었다.

"용이 되어서 하늘에 왔는데 용들이 모여 있는 곳에 가려면 어떻게 해야 하나요?"

신 역할을 맡은 오른쪽 친구가 오른쪽을 가리키며 말했다.

"이쪽!"

신 역할을 맡은 왼쪽 친구가 이번엔 왼쪽을 가리키며 말했다.

"이쪽!"

나는 학생들의 발표를 보고 깜짝 놀라서 입이 다물어지지 않았다. 용이 되었다고 해서 인생의 목적이 끝난 것이 아니라 또다시 선택을 해야 하는 순간이 온다는 것을 학생들은 정지 동작을 통해 표현하고 있었던 것이다. 이것을 목표에 도달하는 형태의 수업으로 평가할 수 있을까? 이 학생들은 이미 목표를 넘어서 삶을 예술로 표현하고 있었다.

학생들의 예술적인 모습은 글에서도 볼 수 있었다. 학생들의 생활문은 그 자체가 시인 경우가 많았다. 시 쓰는 방법을 특별히 알려주지 않아도 학생들은 사물의 본질을 담아 다른 사람들에게 감동을 주는 글을 자꾸만 쏟아냈다. 그 첫 시작은 탄산이었다.

탄산

- 장성수

탄산은 입속에서
톡! 톡! 탁! 탁!
튀어 올라온다
탄산들이 신이 났나보다

기분이 안 좋은 탄산은 튀어 오르지 않았다

다음엔 모든 탄산이 튀어 오르면 좋겠다.

이 학생은 탄산을 바라보며 튀어 오르지 않은 탄산에게 마음을 주었던 것이다. 어린이의 눈으로 본 세상은 모든 것이 시가 된다. 또 다른 시를 살펴보자.

동생

- 김태현

내년에는 동생이 하나 더 생긴다
동생이 셋이나 된다

지금은 내가 찬 밥
첫째 동생은 미지근한 밥
지금 막내는 따뜻한 밥이다

하지만 내년에는
내가 딱딱한 밥
첫째 동생이 찬밥
지금 막내는 미지근한 밥
새로운 동생이 따뜻한 밥이다.

엄마 품이 그립다

이 학생은 자신의 삶과 처지를 밥에 비유했다. 삶이 담긴 글을 예술적으로 표현한 것이다. 이런 예술 작품들을 어떻게 성취기준만으로 평가할 수 있을까? 이렇게 모두가 예술가인 학생들을 성취기준 도달의 여부에 따라 우열을 나누는 것만이 교육이라고 할 수 있을까? 적어도 국어 시간만큼은, 문학 시간만큼은, 책을 함께 읽는 순간만큼은 교육과정과 성취기준을 벗어나 학생들이 마음껏 삶의 경험을 확장시킬 수 있도록 도와주어야 한다고 생각한다. 그리고 우리 반에서 또 하나의 멋진 시가 탄생한다.

삼겹살 씨 금메달

- 염지훈

소고기보단 삼겹살
목살보단 삼겹살
치느님보단 삼겹살

삼겹살 씨 금메달입니다.

2학기가 시작되던 날, 한 학생이 '삼겹살 씨 금메달'이라는 시를 써 왔다. 삼겹살씨가 금메달이라니! 학생의 동의를 얻어 SNS에 이 시를 올렸다. 그러자 동요 작곡가 이세일 선생님이 이 시를 가지고 노래를 만들어보고 싶다고 댓글을 달았다.

그렇게 동요 '삼겹살 씨 금메달'이 완성되었다. 완성된 노래를 학급 친구들과 함께 불렀다. 이 음원은 각종 음원 사이트에 등록되었고 이 학생은 작사가로서 저작권까지 갖게 되었다. 학생들은 자신들의 글이 노래가 되어 문화로서 함께 누리는 경험을 할 수 있었다. 그리고 이 해에 학생들이 쓴 글을 모아 《오늘의 심장예보》라는 독립출판 어린이 시집을 만들었다.

우리의 교육은 목표에 도달하기 위해 존재하는가 아니면 삶의 확장을 위해 존재하는가? 예술을 통해 우리는 삶의 힘을 얻는다. 학생들은 배움을 통해 삶을 살아갈 힘을 얻어야 한다. 배움은 예술이어야 한다.

“선생님, 오늘 책 수업 있어요?”

선생님과 학생 모두가 손꼽아 기다렸던 수업!

에필로그

Epilogue

나는 처음부터 책을 가지고 학생들과 소통하는 교사가 아니었다. 처음에는 스마트 교육을 열심히 하는 선생님이었다. 태블릿PC로 학생들과 별자리 수업을 하고 UCC를 제작해 받은 상금으로 주말에 아이들과 영화를 보는 선생님이었다. 지금은 스마트 교육보다 어린이 문학에 더 관심이 생겼고 학생들에게 책을 온전히 누리는 방법을 알려주고 싶어 '책 읽는 유쌤'이 되었다.

학생들과 책을 함께 읽으며 '학생들이 1년 동안 가장 많이 보는 책은 어떤 것일까?'라는 생각을 해보았다. 학생들은 선생님이라는 책을 1년 동안 읽는다는 생각이 들었다. 스마트 교육을 할 때도 학생들은 태블릿PC를 가지고 즐겁게 수업하는 내 모습을 읽었을 것이다. 지금 나와 함께하고 있는 학생들은 책을 좋아하는 '책 읽는 유쌤'이라는 책을 읽고 있을 것이다. 학생들에게 둘 다 좋은 책이었을 거라는 생각을 한다.

학생들은 초등학교 6년 동안 6명의 담임 선생님과 몇 명의 교과 전담 선생님을 만난다. 생각해 보면 세상에 사람들이 그렇게 많은데 어린이들이 6년 동안 만날 수 있는 성인의 모습은 그리 많지 않다. 나는 학생들이 6년이라는 긴 시간 동안 '선생님'이라는 다양한 책을 읽으면 좋겠다고 생각한다.

선생님이 좋아하는 것, 즐겨하는 것을 학생들과 나누면 좋겠다. 특별하지 않아도 좋다. 책을 좋아하는 선생님, 노래를 좋아하는 선생님, 놀이를 좋아하는 선생님, 미술을 잘하는 선생님, 영화를 좋아하는 선생님, 선생님의 모습대로 학생들에게 다가가 선생님이 좋아하는 것을 소통의 도구로 삼아 학생들과 삶을 나누면 좋겠다.

한 학기 한 권 읽기가 교육과정에 도입되고 많은 교사들이 책을 가지고 아이들과 삶을 나누기 시작하면서 추천도서 목록도 많고 활동사례도 쏟아져나오고 있다. 이럴 때일수록 나는 자기 자신을 돌아보기를 권한다. 나는 자전거 타는 것을 좋아했기에 2015년 아이들과《불량한 자전거 여행》으로 신나게 수업을 꾸려갈 수 있었다. 어릴 때 짜장면을 먹었던 기억과 이상한 발명품을 마구 만들어내던 내 모습이 생각나서 학생들과《짜장면 로켓 발사》라는 작품으로 신나게 놀 수 있었다.

결국 선생님이 좋아하는 작품을 어린이들에게 들려주다 보면 선생님이 학생들보다 더 책을 재미있게 즐기게 되고 그러한 모습을 보는 어린이들은 자연스럽게 책에 빠져든다. 어떤 선생님은 역사 이야기를 어린이들에게 들려주고 싶을 수도 있고 그저 책 한 권을 읽었다는 성취감만이라도 알려주고 싶은 선생님이 있을 것이다.

남들이 다 하니까 같은 책으로 시작하는 것이 아니라, 선생님 마음에 와닿는 책을 발견하고 학생들과 '선생님의 삶', '선생님의 이야기'를 학생들의 삶과 함께 나누면 좋겠다. 오늘도 현장에서 학생들과의 교육을 고민하는 선생님들에게 우리 반 학생이 쓴 이 시를 바친다.

쌤의 극한직업

– 박지우

울쌤은 화도 내야 하고
공부도 가르쳐주고
문제도 해결해야 하고
우리랑 놀아줘야 하고 등등

하지만!

울쌤은 그걸 해내고 있다.
나는 선생님이 돼서
울쌤처럼 될 거다.

부록

천천히 깊게 나누어볼 책

학년군별 추천 도서

2015개정교육과정에 한 학기 한 권 읽기가 들어오고 나서
수많은 단체와 기관에서 추천도서를 쏟아내고 있습니다.
저는 현장 실천가(수업자)의 입장에서 학생들과
천천히 깊게 나누어볼 책을 학년군별로 정리해서 소개합니다.
여기서 소개하는 책들은 제가 직접 아이들과 수업을 나누었거나 읽고
활동을 계획했던 책들 가운데에서 최신작 위주로 선정하였으며
지극히 개인적인 의견임을 알려드립니다.
편의상 학년군으로 나누었을 뿐이지 저학년에 소개한 책들 중에도
중학년, 고학년과 충분히 나눌 수 있는 책이 있습니다.
소개글을 보시고 마음에 와닿는 책을 살펴보시면 좋겠습니다.
더 많은 책에 대한 정보를 얻고 싶으시다면
어린이책이 가득한 방 '책가방' SNS와 저의 블로그를 참고하시길 바랍니다.

저학년과 함께 나누어 보면 좋을 책

저학년을 포함한 초등학교 모든 단계에서 학생들에게는 읽기보다 듣기가 더 익숙합니다. 2학년이 끝나갈 무렵 듣고 이해할 수 있는 어휘가 4,000개 정도라면 읽을 수 있는 어휘는 600개에 불과하기 때문에 많은 그림책을 읽어주고 함께 읽는 활동이 중요하다고 생각합니다. 그래도 책 한 권을 함께 천천히 깊게 온전히 읽고 작품을 누리는 경험은 학생에게 '책 읽는 기쁨'이라는 선물로 다가올 수 있습니다. 함께 읽고 마음을 나눌 수 있는 책, 함께 읽고 마음껏 놀 수 있는 책, 함께 읽고 교과서 속의 지식을 세상 속으로 투영해 바라볼 수 있게 해주는 책을 함께 살펴보면 좋겠습니다.

저학년 아이들은 아직 물활론적 사고에 익숙하기에 동물들이 주인공인 이야기 책도 흥미있게 읽습니다. 또한 모험 서사가 담긴 책들을 좋아하는 경우가 많습니다. 모험 서사가 담긴 책들을 읽고 주인공의 여정을 따라 여행을 하고 놀이를 하면 아이들이 책에 푹 빠져드는 모습을 볼 수 있을 것입니다.

1. 《별별마을의 완벽한 하루》 윤해연 글 · 노인경 그림

학교 놀이터에서 외투를 잃어버리는 일은 어린이들에게 자주 일어나는 일입니다. 용이도 그랬습니다. 세 번째 외투를 잃어버렸거든요. 그런데 이번에는 그 외투를 찾아 별별마을 옆 깜깜한 숲으로 들어갑니다. 더 이상 찾지 않는 물건은 잃어버린 것이 아니라 잊혀진 것이라고 말하는 검은발이의 말은 우리를 뜨끔하게 합니다. 잃어버린 것을 찾아줘도 기뻐하지 않는 사람들을 떠올리며 우리 삶에서 놓치고 있는 것들을 돌아보게 됩니다. 감각적인 언어와 표현으로 저학년들에게는 어휘의 즐거움을, 고학년에게는 깊은 생각을 할 수 있는 질문을 건네는 작품입니다. 2학년부터 6학년까지의 학생들과 함께 읽으면 좋을 것 같습니다.

2. 《도개울이 어때서!》 황지영 글 · 애슝 그림

메밀묵을 파는 식당 메밀묵집의 딸 구수구수 구수아는 학교에서 친구들이 메밀묵을 좋아한다고 놀리자 메밀묵을 싫어하게 됩니다. 그때 도개울이라는 친구가 전학을 옵니다. 개울이는 누가 보든 아랑곳않고 큰 소리로 노래 부르고 메밀묵을 좋아하는 독특한 친구입니다. 조금은 독특하지만 내 편이 되어주는 개울이 같은 존재가 우리 어린이

들에게도 나타날까요? 도깨비 친구에 대한 새로운 해석이 즐거운 상상을 불러일으키는 작품입니다.

3. 《살려줘!》 강효미 글 · 박재현 그림

자전거를 타며 장난으로 생쥐를 죽일 뻔한 달이에게 어느날 쪽지가 도착합니다. 그리고 달이의 재판이 열립니다. 작은 동물이라고, 나보다 힘이 약한 생물이라고 함부로 생각하던 달이는 재판 결과에 따라 생쥐가 됩니다. 입장을 바꿔서 생각해 보며 작은 생물을 생각하는 마음을 나눌 수 있는 책입니다. 1~3학년 학생들과 나누면 좋을 것 같습니다.

4. 《겁보만보》 김유 글 · 최미란 그림

옛 이야기의 미덕이 담긴 만보의 모험 이야기입니다. 만보라는 어린이가 있었습니다. '만 가지 보물'을 가진 어린이라는 뜻입니다. 만보는 부모님이 머리가 희끗희끗할 때 낳은 늦둥이라 그런지 한 가지 보물을 가지고 있지 않았습니다. 그것은 바로 '용기'라는 보물이었습니다. 부모님 없이는 아무것도 하지 못하고 작은 일에도 크게 놀라던 만보가 먼 길을 여행하며 성장해 가는 과정을 학생들과 함께 나누어볼 수 있습니다.

5. 《멍청한 두덕 씨와 왕도둑》 김기정 글 · 허구 그림

캐릭터의 재미가 살아 있는 책! 멍청하고 느리다고 놀림받던 두덕

씨가 마을의 골칫거리인 왕도둑을 잡는 이야기를 담은 작품입니다. 충청도 사투리를 쓰는 두덕 씨와 마을 동물들의 캐릭터가 정말 인상적입니다. 캐릭터와 사건 전개가 흥미진진해서 학생들과 인물 분석을 통한 역할극을 진행하기에 좋습니다.

6.《쿵푸 아니고 똥푸》 차영아 글 · 한지선 그림

2017년 아동문학평론가들이 꼽은 최고의 어린이책입니다. 똥을 힘차게 싸면 변기에서 뛰쳐나오는 똥푸맨! 어린이들은 일단 똥이라는 소재를 좋아합니다. 똥푸맨이 주인공을 위기상황에서 구해 주고 병원에 있는 엄마까지 도와주는 유쾌한 작품입니다. 이 작품 외에도 단편작품이 총 2편 더 실려 있어서 집중력이 요구되는 저학년들과 책 한 권으로 여러 이야기를 나누기에 좋습니다.

7.《지우개 똥 쪼물이》 조규영 글 · 안경미 그림

교실에서 학생들을 보고 있으면 풀, 지우개 똥, 작은 종이 등 무엇인가 쪼물쪼물 만지고 있는 모습을 볼 수 있습니다. 조규영 작가의《지우개 똥 쪼물이》에는 학생들을 닮은 지우개 똥 친구들이 교실에서 울보도장에 맞서 싸우는 이야기가 펼쳐집니다. 학생들과 책을 함께 읽고 나면 작은 사물을 바라보는 눈이 달라져 있지 않을까요? '칭찬'과 '노력하세요'로 나뉘어 끊임없이 어른들에게 평가받던 어린이들의 마음도 함께 들여다 보면 좋겠습니다.

8.《책 먹는 여우와 이야기 도둑》 프란치스카 비어만 글 · 그림

10년 전에 《책 먹는 여우》라는 작품이 세상에 나왔습니다. 그리고 2탄 《책 먹는 여우와 이야기 도둑》이 출간되었습니다. 탐정소설을 쓰는 여우 아저씨와 작가가 되고 싶었던 몽털 씨의 이야기가 펼쳐집니다. 책에 대해서, 글쓰기에 대해서, 저중고학년 상관없이 나누면 좋은 책입니다.

9.《고양이 조문객》 선안나 글 · 이형진 그림

인간은 많은 생명들과 함께 살고 있습니다. 골목마다 돌아다니는 고양이들, 공원에 숨어 사는 너구리들, 고라니들, 길가에 피어난 이름 모를 풀꽃들. 환경친화적인 것은 없습니다. 자연 안에 함께 사는 우리들만 있을 뿐입니다. 자동차 보닛이 따뜻해 들어가 있던 고양이를 생각하며 시동 걸기 전에 보닛을 두드리는 마음, 도로를 계획할 때 그곳에 살고 있는 동물과 식물들을 한 번이라도 고려해 보려는 작은 마음을 이 작품을 읽으며 생각해 볼 수 있습니다. 할머니의 손자인 순딩이가 자신의 차를 바라보며 어두운 길을 너무 위험하게 달려왔다는 생각을 했던 것처럼 어린이들도 함께 살고 있는 생명들의 작은 소리에 귀를 기울이는 마음을 생각해 볼 수 있다면 좋겠습니다. 저학년부터 고학년까지 학년과 상관없이 읽으면 좋을 것 같습니다.

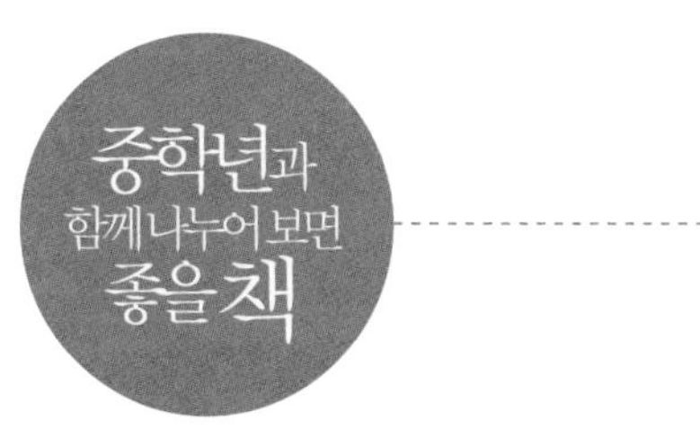

중학년 시기는 다양한 소재의 어린이책을 여러가지 방법으로 즐기고 나누어볼 수 있는 시기입니다. 읽기 수준의 향상과 함께 상상력이 가득한 작품들을 교육연극, 노래, 그림 등으로 표현하고 나눌 수 있습니다. 과학 교과와 연계하여 식물, 곤충, 동물과 관련된 많은 어린이책을 함께 살펴볼 수도 있습니다.

10.《헌터걸 3 : 헌터 캠프의 비밀》 김혜정 글 · 윤정주 그림

헌터걸 시리즈 3권《헌터걸 3 : 헌터 캠프의 비밀》은 누군가와 함께 문제를 해결할 때 '놓치기 쉬운 것'에 대해 묻습니다. 작품에 등장하는 네 명의 인물들은 각자 다른 능력을 가지고 있는 것처럼 성격도 모두 다릅니다. 다양한 캐릭터들을 통해 자신을 들여다볼 수 있다는 점이 이 작품의 큰 매력입니다. 정의감이 강한 이강지부터 인정받기를 원하는 김교준, 자신의 정체성에 대해 고민하는 주인아, 자연과 교감하고 한 가지 일에 몰입하는 이사강까지 다양한 캐릭터들을 하나의 작품 안에서 만나볼 수 있습니다. 어린이들은 이야기를 읽으며 인물들에게서 자신의 모습이나 주위 친구들의 모습을 발견할 수 있습니다.

작품 속에서 인물들이 서로의 마음을 들여다보고 갈등을 해결하는 과성을 지켜보고 나면, 어린이들은 어느새 주위 사람들의 작은 소리에 귀 기울이는 자신을 발견할 수 있을 것입니다. 헌터걸과 헌터보이 못지않게 치열하게 현실을 살아가는 우리 어린이들에게 이 책이 좋은 친구가 되기를 소망해 봅니다. 빌 슈츤 운스(Wir schutzen uns)!

1~2권을 따로 읽지 않아도 3권 단독으로 충분히 읽을 수 있습니다. 3권을 읽으며 1~2권을 희망하는 학생은 추가로 읽을 수 있도록 안내해도 좋을 것 같습니다.

11. 《욕 좀 하는 이유나》 류재향 글 · 이덕화 그림

욕은 어린이들의 큰 관심사 중 하나입니다. 보호자들은 이 욕에 대해 지나칠 만큼 민감하지만 왜 어린이들이 욕을 하는지에 대해서는 큰 관심을 두지 않는 것 같습니다. 이 작품에는 친구의 거친 욕 때문에 속상한 소미를 위해 대신 독창적인 욕 복수를 계획하는 유나가 등장합니다. 과연 유나는 욕 복수에 성공할 수 있었을까요? 무조건 욕을 금지하는 것이 아니라 어린이들과 책을 읽으며 욕을 하게 되는 까닭을 살펴보면 좋겠습니다. 함께 이야기를 나누다 보면 욕 너머에 있는 어린이들의 진짜 마음을 들여다볼 수 있을 것입니다.

12. 《닭인지 아닌지 생각하는 고기오》 임고을 글 · 김효연 그림

"저기…… 혹시 나, 닭이야?"

자신이 누구인지 모르는 상태로 태어난 고기오는 자신을 닮은 존재를 찾아 여행을 떠납니다. 타조인 줄 알았다가 날고 있는 자신을 발견해 실망을 하기도 하고, 자기를 두더지라고 불러주는 두더지들과 함께 지내다가 그들에게 '필요한 존재'이기 때문에 그곳에 있을 수 있다는 사실에 절망하기도 합니다.

'나는 누구지? 라는 질문은 고기오뿐만 아니라 인간에게도 끊임없이 다가오는 물음입니다. 고기오는 과연 닭이 맞을까요? 그리고 우리는 과연 누구일까요? 정체성에 대해 고민하는 같은 인간으로서 어린이 독자들과 함께 이 책을 읽어보면 좋겠습니다.

13.《방과 후 초능력 클럽》 임지형 글 · 조승연 그림

"자네, 영웅이 되어보지 않겠는가?"

영어, 한자, 컴퓨터 등 수업의 연장이 아닌 어린이들이 직접 만든 진짜 방과 후 클럽 이야기가 펼쳐집니다. 외계인으로부터 지구를 구해야 한다며 '초능력 클럽'을 만들고 학교에는 건강증진 클럽으로 예산과 시간까지 확보하는 능동적인 어린이들의 이야기가 펼쳐집니다. 학생들이 하고 싶은 클럽 만들기, 우정 이야기 등을 나눌 수 있습니다.

14.《한밤중 달빛 식당》 이분희 글 · 윤태규 그림

"선택은 손님의 몫이랍니다. 자, 오늘은 무엇을 주문하시겠어요?"

나쁜 기억은 사라져야 하는 것일까요? 한밤중에 나타난 달빛식당에서는 나쁜 기억으로 맛있는 음식을 먹을 수 있어요. 나쁜 기억을 다

팔고 나면 우리는 행복해질 수 있을까요? 달고 씁쓸한 초콜릿처럼 우리의 기억도 여러 모양과 향이 있지요. 완벽하게 기쁜 기억이나 완전히 나쁜 기억이라는 것이 존재할까요? 꽃길만 걷게 하고 싶지만 달콤씁쓸한 기억들을 갖게 될 어린이들을 응원하며 이 책을 함께 꺼내 먹어봅시다!

15. 《콩가면 선생님이 웃었다》 윤여림 글 · 김유대 그림

제목만 보면 선생님의 이야기인 것 같지만 초동초등학교 3학년 나반 학생들의 이야기가 챕터별로 하나씩 펼쳐집니다. 하나의 챕터가 그 자체로도 이야기가 되기 때문에 호흡이 짧은 학생들도 부담 없이 함께 읽을 수 있습니다. 작품에 나오는 다양한 학생들의 모습을 우리반에 비추어 살펴보기도 하고, 모두가 콩가면 선생님이 되어 말썽꾸러기 아이들을 너그럽게 바라봐도 좋을 것 같습니다. 다만, 이 책을 읽고 나면 학생들의 불평은 감수하셔야 합니다. "우리 반 선생님이 콩가면 선생님이면 좋겠다!"

16. 《그 소문 들었어?》 하야시 기린 글 · 쇼노 나오코 그림

학생들은 관계 속에서 많은 스트레스를 받습니다. 특히 뒷소문!(아이들은 뒷담화라고 하지요)에 대한 두려움은 어마어마합니다. 고학년으로 올라갈수록 메신저와 SNS까지 사용하여 어른들은 알 수 없는 세상이 생겨나기도 합니다.

《그 소문 들었어?》의 첫 장은 이렇게 시작합니다.

"이게 과연, 동화 속에서만 있을 법한 이야기일까요?"

뒷소문은 질투와 오해에서 쉽게 시작한다는 것, 뒷소문을 시작한 사람만 잘못한 것이 아니라는 것, 모두가 함께 노력해야 한다는 것. 학생들과 함께 이 책을 나누며 건강한 '나'와 안전한 학급공동체를 만들 수 있으면 좋겠습니다.

17. 《4학년 2반 뽀뽀사건》 정주영 글 · 국민지 그림

"찾아서 물어볼래. 왜 그런 소문을 냈는지, 왜 하필 나인지."

4학년 학생들과 천천히 깊게 읽었던 작품입니다. 수첩에 적혀 있던 짧은 메모가 커다란 소문이 되어 지아를 괴롭게 합니다. 나도 모르는 나에 대한 소문 때문에 힘들어했던 경험이 있나요? 이럴 때는 어떻게 해야 할까요?

여기 타인의 고통을 그냥 넘기지 않고 연대를 통해 문제를 해결하는 멋진 어린이들의 이야기가 있습니다. 어린이는 건강한 시민으로 함께 살아갈 우리 동료이기 때문에 이 이야기를 더욱 함께 읽고 싶습니다.

18. 《악당이 사는 집》 이꽃님 글 · 조윤주 그림

조찬이와 옆집 할아버지, 두 개의 시선이 하나의 사건을 두고 교차되며 펼쳐지는 빠른 전개가 인상적인 작품입니다. 서로가 잘 알지 못

해서 생기는 생각들에 대해 이야기를 나누어볼 수 있습니다. 오해와 편견이 생겼을 때 어떻게 해결하면 좋을지도 함께 생각해 볼 수 있습니다. 작품의 구조가 시점이 교차되는 구조라 조찬이의 입장에서만 사건을 읽는 학생들, 할아버지의 입장에서만 사건을 읽는 학생들 이렇게 둘로 나누어 색다르게 읽어봐도 좋겠습니다.

19.《고양이 섬》 이귤희 글 · 박정은 그림

"엠 바이러스에 감염되면 고열과 기침이 계속되고, 심해지면 사망에 이릅니다. 아직 감염 경로는 알려지지 않고 있으니 이런 증상이 있는 분은 가까운 병원으로 내원하시기 바랍니다."

이귤희 작가의《고양이 섬》에는 엠 바이러스의 진원지가 고양이로 지목되면서 거리로 쫓겨난 길고양이들이 등장합니다. 길고양이들 또한 바이러스를 두려워하며 서로를 멀리하고 도망가기 바쁩니다. 심지어 병든 고양이들을 이용해 자기 이익을 챙기는 고양이도 있지요. 그러나 이런 와중에도 끝까지 자기 소신을 놓치지 않고 안전한 고양이 섬으로 모두를 이끄는 고양이들도 있습니다.

혐오와 비난이 가득한 세상 한 가운데에서 진짜 우리가 지켜야 할 가치가 무엇인지 이귤희 작가의《고양이 섬》을 함께 읽으며 고민해 보면 좋겠습니다.

20. 《칠판에 딱 붙은 아이들》 최은옥 글 · 서현 그림

말 그대로 세 명의 아이가 칠판에 딱 붙어서 벌어지는 이야기입니다. 사건이 아주 단순하기 때문에 중학년 아이들과 부담 없이 나누기 좋습니다. 칠판에 손이 딱 붙은 까닭이 무엇일지 이야기를 나누고 어떻게 하면 칠판에서 손을 자유롭게 할 수 있을지 고민해 보는 과정이 흥미롭습니다.

수업 시간에 칠판에 손이 붙어 있는 모습을 따라하기만 해도 즐거운 분위기가 만들어집니다. 이 책을 함께 읽고 나면 한동안 교실 칠판에 손자국이 수없이 남겨져 있는 것을 관찰할 수 있습니다.

21. 《파리 신부》 김태호 글 · 정현진 그림

곤충 등 작은 생물들에 대해 배우는 2~4학년 학생들과 함께 나누면 좋을 책입니다. 바깥세상에서 힘들게 살던 파리 신부 내외가 신(인간)이 살고 있는 공간에 머물며 펼쳐지는 생존기를 그리고 있습니다. 보통 파리, 모기, 거미 등은 아이들이 '해충'으로 여기고 보이는 즉시 '죽어야'만 하는 존재로 생각합니다. 이 책을 함께 읽으며 작은 존재의 목소리에도 귀를 기울이는 마음을 함께 생각했으면 좋겠습니다.

고학년과 함께 나누어 보면 좋을 책

고학년 시기에는 조금 더 작품을 깊게 살펴볼 수 있습니다. 하지만 '책 읽는 기쁨'이라는 본질을 항상 먼저 생각해야 합니다. 또 심적으로 변화가 많은 시기이기 때문에 학생들 마음에 공감과 위로가 될 수 있는 작품, 건강하게 실패하는 작품, 실패해도 괜찮아라고 다독여 주는 작품을 함께 나누면 좋겠습니다. 또한 장편의 동화를 긴 호흡으로 읽는 것도 좋지만 단편들이 들어 있는 동화집을 함께 읽으며 작품에서 던지는 메시지를 가지고 토론 수업을 해보는 것도 추천합니다.

22. 《굿바이 6학년》 최영희 외 5명 글 · 최보윤 만화 · 안경미 그림

6학년의, 6학년에 의한, 6학년을 위한 어린이책입니다. 7명의 작가가 전하는 졸업을 앞둔 6학년들의 이야기가 담겨 있습니다. 갑자기 반항을 하고 싶어지는 급성는개뿔증후군에 걸리는 어린이부터 중학생 언니들과 한 판 대결을 펼치는 어린이, 심지어 외계에서 초대장을 받는 어린이까지 다양한 어린이들이 불안과 설렘 사이에서 살아가는 6학년들에게 연대의 마음을 보냅니다. 6학년 어린이들에게 적극 추천합니다.

23. 《터널》 이귤희 글 · 송진욱 그림

고학년과 함께 읽을 책을 고를 때 '역사와 관련된 작품'을 찾고 계신 분들이 많을 것입니다. 그런데 역사를 배워야 하는 당위의 관점에서 보면 '역사적 사실'보다는 '되돌아보기', '잘못에 대해 용서를 구하기' 등의 가치를 아이들과 더 나누어야 한다고 생각합니다. 《터널》은 1945년 8월 15일 해방되기 전 바로 그 하루에 초점을 맞추고 있습니다. 그래서 역사적 사실보다는 역사 공부의 본질에 대해 이야기 나누어볼 수 있는 작품입니다. 영화 〈엣지 오브 투모로우〉가 생각나는 타임루프 소재의 이야기인 것도 신선합니다.

24. 《리얼 마래》 황지영 글 · 안경미 그림

자신의 성장 과정이 SNS에 고스란히 기록되어 있는 새로운 세대의 어린이들이 우리 곁에 있습니다. 환하게 웃고 있는 사진 속의 어린이들의 모습은 어쩌면 어른들이 어린이들에게 바라는 '희망사항'은 아니었을까요? 《리얼 마래》에는 포장된 모습을 벗어나 진짜 자기 자신을 찾아가는 마래와 그 친구들의 이야기가 들어 있습니다.

부모님의 기대와 온라인 매체에서의 자아 그리고 진짜 '나'라는 정체성 사이에서 고민하는 어린이들과 이 책을 함께 읽으며 진짜 '나'의 모습들을 발견할 수 있다면 좋겠습니다.

25.《어느 날 그 애가》 이은용 글 · 국민지 그림

“단지 하루가 지났을 뿐인데, 어제와 오늘은 나에게 너무 다른 날이야.” 5학년 학생들이 읽고 나서 가장 많은 공감점수를 주었던 책입니다. 각각 다른 고민을 안고 살아가는 다섯 친구들의 이야기가 옴니버스 형식으로 진행됩니다.

함께 살게 된 언니와 친해지고 싶은 열두 살 어린이
좋아하는 이성에게 고백하고 싶은 열두 살 어린이
아이돌 멤버를 만나게 된 열두 살 어린이
예상치 못하게 친구의 2만 원을 주워버린 열두 살 어린이
아빠의 건강 때문에 시골로 이사를 가게 된 열두 살 어린이

글을 읽는 내내 다섯 친구들의 일기장을 엿보는 느낌이 들었습니다. 그만큼 열두 살 아이들의 마음과 많이 맞닿아 있다는 생각을 합니다. 어린이가 낯설게 느껴진다면 함께 이 책을 읽고 이야기를 나누어 보시기를 권합니다. 다섯 아이의 이야기가 교차되는 순간을 함께 찾는 것도 큰 기쁨 중에 하나입니다.

26.《푸른 사자 와니니》 이현 글 · 오윤화 그림

아기 암사자의 성장 이야기. 암컷에 의해 무리가 규정되는 동물들의 세계를 살펴봄으로써 남녀의 관계에 대해 이야기를 나눌 수도 있

고, '성장'에 초점을 둘 수도 있습니다. 무더운 여름날 넓은 초원의 세계를 떠올리며 함께 읽으면 좋을 작품입니다.

27. 《소리 질러, 운동장》 진형민 글 · 이한솔 그림

여자는 야구부에 들어갈 수 없어서 '막야구부'를 만든 '공희주'와 야구부에서 쫓겨난 '김동해'가 야구부 감독님과 세상을 향해 날리는 통쾌한 홈런 한 방 같은 이야기입니다. 아이들과 함께 책을 읽고 있으면 자꾸만 나가서 모자를 들고 '막야구'를 하고 싶어집니다. 개인적으로는 진형민 작가의 또 다른 작품인 《기호 3번 안석뽕》의 보리의 모습이 떠올라 함께 읽기를 권합니다.

28. 《짝짝이 양말》 황지영 글 · 정진희 그림

분명 4학년까지 단짝이었던 하나의 친구 승주가 5학년이 되자 유리와 친하게 지내기 시작합니다. 하나는 이 사태의 원인이 유리에게 있다고 생각합니다. 과연 하나는 승주를 되찾을 수 있을까요?

어린이와 함께 생활하며 가장 많은 듣게 되는 고민은 '단짝 친구'에 대한 것이었습니다. 그럴 때마다 "다른 친구들과도 놀아봐!"라는 말을 하지만 효과는 크지 않았습니다. 이제는 《짝짝이 양말》 이야기를 들려줄 수 있을 것 같습니다. 하나의 시선이 단 한 명에서 넓은 세상으로 바뀐 것처럼 우리 어린이들도 용기를 가지고 세상을 향해 걸어가면 좋겠습니다.

29.《새 나라의 어린이》 김남중 글 · 안재선 그림

1945년 8월 15일 해방의 기쁨이 가득하던 시골의 모습과는 다른 서울의 풍경, 김남중 작가는 주인공 노마를 통해 해방 이후 대한민국의 모습을 보여줍니다. 6학년 근현대사를 공부하며 이 책을 함께 읽고 오늘날의 대한민국의 모습과 새 나라의 어린이가 된 우리 아이들의 모습에 대해 함께 이야기 나누어보면 어떨까요?

30.《불량한 자전거 여행》 김남중 글 · 허태준 그림

'자전거 덕후'인 김남중 작가님 그 자체가 이야기가 된 작품입니다. 아버지와 엄마가 다투자 삼촌이 있는 광주로 밤 10시 무궁화호 기차를 타고 무작정 가게 된 호진이의 이야기입니다. 하동, 부산, 울산, 대구를 거쳐 강원도 고성 전망대를 자전거로 함께 여행하는 동안 땀을 흘리며 성장하는 건강한 이야기가 펼쳐집니다. 제가 처음으로 학생들과 슬로리딩 수업을 진행했던 책이기도 하고 천천히 깊이 읽기 수업을 처음 시작하는 고학년 선생님들께 강력하게 추천하는 책입니다. 이후에 《불량한 자전거 여행2》도 출간되었습니다.

31.《맞아 언니 상담소》 김혜정 글 · 김민준 그림

"지금, 맞아 언니에게 말하세요!"

내 말에 무조건 '맞아!'라고 공감해 줄 누군가가 있었으면 좋겠다고 생각하시나요? 여기 '맞아 언니 상담소'를 만든 아이들의 이야기가 있

습니다. 그런데 무조건 공감해 주는 것이 옳은 것일까요?

이야기와는 별개로 모든 아이들에게 '맞아 언니'와 같은 든든한 상담자가 있다면 좋겠습니다. 그리고 그들 또한 누군가에게 '맞아 언니'가 되어주기를 소망해 봅니다.

32.《우리들의 에그타르트》 김혜정 글 · 최혜원 그림

에그타르트를 정말 좋아해서 마카오에 가겠다는 계획을 세운 아이들이 있습니다. 다소 황당해 보이는 사연이지만 때로 사람들은 시시해 보이는 까닭을 가지고 큰 일을 하기도 하지요. 마카오에 가기 위해 계획을 세우고 돈을 모으는 과정을 통해 아이들은 처음으로 '목표를 가지고 꾸준히 준비하는 일'을 경험하게 됩니다. '내가 하고 싶은 것'에 대해 이야기를 나누면 좋겠습니다. 그리고 작품 속 주인공들처럼 '목표를 가지고 꾸준히 준비하는 일'을 실행해 보면 좋겠습니다.

33.《녹색 인간》 신양진 글 · 국민지 그림

이 책에는 광합성을 할 수 있는 녹색 인간이 등장합니다. 신인류가 등장한 것입니다. 그런데 언제나 빛이 있으면 어둠이 있는 법! 녹색 인간이 되지 못한 인간들은 오리진필드에 살며 오히려 굶주리며 살아야 합니다. SF에 관심이 있다면 이 책에 주목해 주세요. 어린이들과 함께 읽으며 식량 문제와 인간의 이기심 그리고 연구자의 윤리에 대해 함께 이야기를 나눌 수 있습니다.

34. 《햄릿과 나》 송미경 글 · 모예진 그림

"햄릿은 우리에게 서로 아끼고 함께 살아가면 가족이 될 수 있다는 것을 알려주었어요!"

반려동물에 대한 이야기인가 싶다가 입양 가정에 대한 이야기로 넘어가고 결국은 눈시울을 붉히며 가족의 진짜 의미에 대해 묻는 작품입니다. 진짜 가족이란 무엇일까요? 민감할 수 있는 주제이지만 햄릿으로 불리는 햄스터와 함께하는 과정을 통해 가족의 의미에 대해 함께 생각할 수 있는 작품입니다.

35. 《기호 3번 안석뽕》 진형민 글 · 한지선 그림

선거에 대한 이야기인가 싶었는데 시장과 마트에 관해서도 나눌 수 있는 이야깃거리가 많은 작품입니다. 친구 조조(조지호)와 기무라(김을하)의 즉흥적인 떠밀림에 전교 회장 선거에 나가게 된 안석뽕(안석진)의 모험기가 펼쳐집니다. 선거와 공약에 대해서 그리고 대형마트와 전통시장에 대해 나누어볼 수 있습니다. 4~6학년 모두에게 추천할 만한 책입니다. 개인적으로는 백발마녀(보리)의 흐느낌이 정말 슬프게 느껴져 가슴이 아려왔습니다. 진형민 작가 특유의 유쾌함이 돋보이는 작품입니다.

36. 《운동장의 등뼈》 우미옥 글 · 박진아 그림

발칙한 상상이 돋보이는 '요즘 스타일'의 작품집입니다. 이 작품에는 유전자 조작 동물키트를 샀으나 먹이를 줄 돈이 없어 싼 먹이를 주고 걱정하는 어린이부터 최신 장난감과 반려견의 병원비 사이에서 고민하는 어린이까지, 딜레마 상황에 놓인 많은 아이들이 등장합니다. 학생들과 함께 책을 읽으며 토론을 해봐도 좋고 작가가 제시하는 발칙한 상상을 그대로 느끼는 것만으로도 상상력 지수가 마구마구 올라가는 멋진 작품입니다.

여기에 소개된 책들 이외에도 좋은 책들은 끊임없이 독자들을 기다리고 있습니다. 지금 이 시간에도 새롭고 재미있는 작품들이 세상에 나옵니다. 어린이들과 함께하는 모든 사람들이 재미있는 어린이책을 많이 읽었으면 좋겠습니다. 그리고 그 기쁨을 어린이들과 더 많이 나누면 좋겠습니다. 새로 나온 어린이책에 많은 사람들이 관심을 가지고, 작가들 또한 좋은 어린이책을 많이 써주면 좋겠습니다.

참고도서

- 김주연, 《생각이 터지는 교실 드라마》, 연극과인간, 2016
- 김하나, 《힘 빼기의 기술》, 시공사, 2017
- 다니엘 핑크, 《DRIVE 드라이브》, 청림출판, 2011
- 데이비드 미킥스, 《느리게 읽기》, 위즈덤하우스, 2014
- 엄훈, 《학교 속의 문맹자들》, 우리교육, 2012
- 이오덕, 《민주교육으로 가는 길》, 고인돌, 2010
- 이오덕김수업교육연구소, 《삶의 이야기판을 펼치는 온작품 읽기》, 삶말출판사, 2016
- 이토 우지다카, 《천천히 깊게 읽는 즐거움》, 21세기북스, 2012
- 이현주, 《읽는 삶, 만드는 삶》, 유유, 2017
- 이현진, 《초등 저학년 학급경영》, 시공미디어, 2011
- 정재승, 《열두 발자국》, 어크로스, 2018
- 파울로 프레이리, 도날도 마세도, 《문해교육 : 파울로 프레이리의 글 읽기와 세계 읽기》, 학이시습, 2014

- 히라노 게이치로, 《책을 읽는 방법 - 히라노 게이치로의 슬로 리딩》, 문학동네, 2008
- 하시모토 다케시, 《슬로리딩 - 생각을 키우는 힘》, 조선북스, 2012
- Johnson, T, Louis, D., 《Literacy through literature》, Portsmouth, NH: Heinemann, 1987
- National Reading Panel, 《Teaching Children to read: An evidence-based assessment of scientific research literature on reading and its implications for reading instruction. (NIH Publication No. 00-4769)》, Washington, DC: U.S. Government Printing Office, 2000
- Ruth Helen Yopp, Hallie Kay Yopp, 《Literature-Based Reading Activities: Engaging Students with Literary and Informational Text》(6th Edition), Pearson College Div, 2013

「이 도서의 국립중앙도서관 출판예정도서목록(CIP)은
서지정보유통지원시스템 홈페이지(http://seoji.nl.go.kr)와
국가자료공동목록시스템(http://www.nl.go.kr/kolisnet)에서 이용하실 수 있습니다.
(CIP제어번호: CIP2020023603)」

맛있는 책 수업, 천천히 깊게 읽기

1쇄 발행 2020년 7월 10일

지은이 유새영

발행인 윤을식

펴낸 곳 도서출판 지식프레임
출판등록 2008년 1월 4일 제2016-000017호
주소 서울시 서초구 효령로26길 9-12, B1
전화 (02)521-3172 | **팩스** (02)6007-1835

이메일 editor@jisikframe.com
홈페이지 http://www.jisikframe.com

ISBN 978-89-94655-85-7 (03370)